陕西出版资金
资助项目

延安时期
图志

新闻出版卷

XINWENCHUBANJUAN

YAN'AN SHIQI TUZHI

苏雅琳　米晓蓉
高延胜　苏东超　编著

西安出版社

图书在版编目（CIP）数据

延安时期图志．新闻出版卷 / 苏雅琳编著．— 西安：西安出版社，2024. 6. -- ISBN 978-7-5541-6670-3

Ⅰ．K294.13-64

中国国家版本馆 CIP 数据核字第 2024EW3829 号

YAN'AN SHIQI TUZHI XINWEN CHUBAN JUAN

延安时期图志

新闻出版卷

编　　著：苏雅琳　米晓蓉　高延胜　苏东超
出 版 人：屈炳耀
策划统筹：吴　革
责任编辑：路　索
审　　读：汤彦宜
封面设计：李渊博
版式设计：建明文化
印刷统筹：尹　苗
出版发行：西安出版社
社　　址：西安市曲江新区雁南五路 1868 号
影视演艺大厦 11 层
电　　话：（029）85253740
邮政编码：710061
印　　刷：西安市建明工贸有限责任公司
开　　本：787 mm × 1092 mm　1/16
印　　张：22.75
字　　数：310 千
版　　次：2024 年 6 月第 1 版
印　　次：2024 年 6 月第 1 次印刷
书　　号：ISBN 978-7-5541-6670-3
定　　价：98.00 元

前　言

“延安时期”是一个历史学的概念，是特指从1935年10月19日，中共中央率领中央红军胜利到达陕北吴起镇，至1948年3月23日，毛泽东等中央领导从吴堡的川口东渡黄河离开陕北的近13年。这一时期在中国现代史上占有非常重要的地位，是中国共产党由幼小走向成熟，从失败走向胜利，为了实现民族独立，人民解放，国家强盛而进行艰苦卓绝的斗争和不懈奋斗的重要时期。

在这段历史时期内，中国共产党面临极其复杂的国内外局势。外有日本帝国主义全面侵入中国带来的亡国灭种的危险，内有连年战乱造成的民生凋敝，积弱积贫和国民精神不振，加之国民党政府对日消极抵抗，对内积极反共，中国共产党及其领导下的人民军队和根据地人民的处境极其艰难。正是处在这样内忧外患的境遇下，中国共产党统揽全局，高瞻远瞩，克服重重困难，通过建立抗日民族统一战线，坚持武装斗争、党的建设，放手发动群众，发展革命力量，形成了浩浩荡荡的革命队伍，中国共产党由小到大，由弱变强，成为抗日战争的中流砥柱，延安成为全国人民心目中的革命圣地，在延安形成了共和国的雏形。

这一时期，中国共产党领导的各项事业逆势而上，蓬勃发展，党领导下的新闻事业亦取得了巨大的发展。这一时期的新闻事业紧紧围绕中国共产党的中心工作，服务大局，坚持以马列主义、毛泽东思想为指导，实事求是地宣传党的政策路线和方针，宣传抗日和解放战争的实践活动，站在人民群众的角度，运用马克思主义的立场、观点、方法进行宣传和说理，为中国共产党的整体事业作出了独特的贡献。

首先，从事业体系发展上看，中国共产党的新闻出版事业是在建党时期萌芽，在苏区时期破土，在延安时期茁壮成长的。从初到陕北时期简单的抄收电讯工作，发展到抗战时期在延安建立报纸、通讯社、广播电台、新华书店等四位一体的新闻出版事业格局以及各地通讯分社通信网络，从国内通讯发展到通向世界连接的巨大蜕变，完成了从无到有、从单一到多元的发展历程，奠定了其后新中国新闻事业的基本体系。

其次，从职能作用上看，延安时期，中国共产党的新闻机构为党中央成功指导抗日战争和解放战争发挥了“耳目”“喉舌”作用。搜集国内外一切重要信息，为党中央成功决策提供重要依据；传播马列主义、毛泽东思想，为党中央指挥中国革命摇旗呐喊，发出指示、命令；为全国各敌后抗日根据地、解放区和国统区军民提供抗战的信息，提供重要的精神食粮。

再次，从人才培养上看，延安时期，国内外大批文化界、新闻出版界的精英汇聚于清凉山，致力于报纸、通讯社、广播等各项工作中。他们以延安精神为遵旨，培养和提携了一批批的新闻战士奔赴各抗日前线和敌人后方去，成为一支拿笔又拿枪或以笔为枪的特殊部队，战斗在最前沿和大后方。中华人民共和国成立后，他们分赴祖国的大江南北，又成为新闻出版界的业务骨干和领导者，对繁荣和发展新闻事业发挥了重要的领军作用。

最后，从理论体系上看，延安时期中国共产党的新闻工作者在党中央、毛泽东的直接领导下，建立和发展了马克思主义思想的新闻观和唯物主义新闻观教育。提出了党性、群众性、战斗性和组织性等一系列新闻工作的党性要求，这四性至今仍是做好我党新闻工作的衡量依据。

这一时期，党中央、毛泽东在努力建造一支人民武装队伍的铁军的同时，致力于建设一支精悍的新闻宣传队伍。广大新闻工作者积极响应党中央的号召，坚信“笔和枪一样是战胜敌人的两种锐利武器”。囿于环境和条件，他们在湿冷的石窟、窄小的窑洞、漏雨的民房里创办通讯社、建立广播、发行报纸刊物，传播马列主义、毛泽东思想，宣传中国共产党的路线、方针、政策，为全国各抗日根据地和解放区提供抗战的信息，鼓舞全国军民的战斗士气，为赢得抗日战争和解放战争的伟大胜利作出了卓越的贡献。

这一时期，在马列主义、毛泽东思想的指导下，中国共产党的新闻思想和观点基本形成并逐步走向成熟，第一次完整地论述了新闻的定义："新近发生的事实的报道"，强调"真实是新闻的生命"，并和资产阶级唯心主义新闻观划清了界限。明确提出了要加强党的领导，坚持新闻工作的阶级性，新闻工作者要有政治意识，坚定的政治立场尤为重要。新闻媒体要无条件地宣传党的方针政策，做党和群众的"耳目喉舌"，要善于挖掘典型报道引导舆论，坚持实事求是的文风，坚决反对媚俗、低俗、庸俗等风气，这些新闻思想符合了当时的客观实际，顺应了历史发展的潮流，从而使新闻事业出现了生机勃勃的景象，成为与"枪杆子"同等重要的"笔杆子"。

当前中国进入新时代中国特色社会主义发展的新时期，新闻传播事业空前繁荣，通讯社、报纸、电视、广播以及网络新媒体等各种新闻传媒对世界经济、政治、文化和社会各方面发展的影响都很大。虽然主流是好的，但过度的市场化、娱乐化的不良倾向也使得一些新闻媒体开始解构本已形成的一些优良传统，或多或少地给我们的新闻工作带来损失，进而妨碍我们的民族复兴大业。

2018 年 8 月 21 日至 22 日在北京召开的全国宣传思想工作会议上，习近平总书记强调指出，完成新形势下宣传思想工作的使命任务，必须以新时代中国特色社会主义思想和党的十九大精神为指导，增强"四个意识"、坚定"四个自信"，自觉承担起举旗帜、聚民心、育新人、兴文化、展形象的使命任务，坚持正确的政治方向，在基础性、战略性工作上下功夫，在关键处、要害处下功夫，在工作质量和水平上下功夫，推动宣传思想工作不断强起来，促进全体人民在理想信念、价值理念、道德观念上紧紧团结在一起，为服务党和国家事业全局做出更大贡献。2021年7月1日，习近平总书记在庆祝中国共产党成立一百周年大会上的讲话中指出：以史为鉴，可以知兴替。我们要用历史映照现实、远观未来，从中国共产党的百年奋斗中看清楚过去我们为什么能够成功、弄明白未来我们怎样才能继续成功，从而在新的征程上更加坚定、更加自觉地牢记初心使命、开创美好未来。

我们对延安时期的新闻事业进行回顾和再学习，对于提高舆论引导能力、在新形势下适应市场化路径的新闻事业、加强中国共产党的执政能力建设、更好地应对面临的新形势和新问题都有重大意义。

延安时期的历史经验充分证明，在新闻传播的过程中，其所指导的理论和导向是否正确，对于一个政党和政权的建立和巩固是至关重要的，如果指导新闻传播的理论思想出现混乱或错误，不仅会使党的思想混乱或错误，更会给人民和国家带来重大损失。“明者因时而变，知者随事而制”，新时期新闻媒体所处的环境与延安时期不能同日而语，党和人民需要新闻媒体传播、巩固、加强主流意识形态在社会中的积极作用。

《延安时期图志》（新闻出版卷）的编纂，就是要通过对延安时期新闻事业的回顾和再学习，在借鉴历史宝贵经验的基础上，巩固、立足现实，做好新时代的新闻工作，积极探索有利于破解工作难题的新举措、新办法，增强政治家办报意识，在围绕中心、服务大局中找准坐标定位，牢记社会责任，不断解决好“为了谁、依靠谁、我是谁”这个根本问题。弘扬中国精神、凝聚中国力量，充分发挥思想引领、舆论推动、精神激励和文化支撑的作用，引导广大干部群众为实现第二个百年奋斗目标和中华民族伟大复兴的中国梦而奋斗。

苏东超　苏雅琳

2021年10月

编纂说明

目前研究延安时期的学者和红色文化爱好者很多，特别是2021年2月20日，党史学习教育动员大会在北京召开后，在全党和全国人民中掀起了新的学习党史的热潮，延安精神研究和延安十三年历史的研究“正当其时，十分必要”再次成为热点显学。但很多研究者和党史爱好者普遍有一些困惑，就是第一手资料比较缺乏，又很难快速地找到线索。因此，系统地编纂一系列为党史研究者和党史爱好者提供基础资料的书籍就非常必要。本书为《延安时期图志》系列丛书的“新闻出版卷”。

这本书的编著者都是在延安文博行业或新闻单位工作多年的从业者，工作中常常遇到观众、游客问到一些常识性的问题，也有很多搞研究的同志常常询问一些基础的资料，比如一些旧址具体在什么地方？一些事件有没有留下照片资料？当年这些新闻机构是如何创立的？党是如何领导新闻事业的？这本书就是要起到这样一个作用——为热爱延安时期十三年历史的广大研究者提供基础资料，让有志于研究延安时期新闻工作的朋友，能够快速地找到一些线索。因此，对此书的编排特作以下说明：

1. 为了给读者提供一个尽量客观、真实的史料，我们采用志书的编排体例，对于整个延安时期的新闻、出版发行、印刷、广播事业，按照时间顺序，采用了图文对照的方式，以词条的形式，进行编纂。

2. 报纸杂志的条目选编，以当时出版的党报党刊为主。编排以时间为序，兼顾发行地。不同发行地的顺序按照先延安，后陕甘宁边区，再其他解放区编排。

3. 大事记除了摘录新闻事业相关的内容外，也摘录了一些当时党报党刊对于党的政策的宣传，以及一些推动历史事件的宣传报道。

4. 出版发行和印刷是新闻事业的重要组成部分，因此也是不可或缺的选编内容。

5. 人民广播事业起步于延安，是现代传媒手段在人民新闻事业中应用的发端，因此专门作为一编。

6. 依据本卷主题编的人物条目中只记述他们在延安时期对党的新闻事业的领导和贡献。比如毛泽东、周恩来，他们作为党和人民军队、中华人民共和国的缔造者，建树是伟大的，但条目中只简要记述他们对党的新闻事业的领导和贡献。同理，其他入选者也是如此。

7. 本卷中的引文未加注释是因为在行文中已有说明，或书中刊出的图片中可以看到出处，前后可以印证。

编著者本意是给广大读者提供一个大概的脉络，方便大家研究应用。

自　序

初心燃梦，至行千里

吴革女士和我是延安中学时期的同学，我们同级不同班，由于学业压力，我们交往并不多，但她却给我留下了深刻的印象。那时的她漂亮清秀，特别是两个大眼睛清澈灵动，一看就是传说中“才貌双全”的女孩。中学毕业后，各奔前程，三十多年再无音讯。

2017 年的时候，突然接到她的电话，一番寒暄之后，她话锋一转说，延安是中国革命圣地，是延安精神的发祥地，作为延安人我们应该做点事情弘扬延安精神，她想编一套关于延安的书，希望我支持她。我当然支持啦。我们当即碰撞了创意，多次磨合后决定出一套丛书。我推荐由省委党校的著名教授毕远佞和李路分别担任各册的主编，她欣然同意并坚持无论如何要我至少编著其中一册，我有些惶恐犹豫，之所以如此，是因为，编书对我来说是大姑娘上花轿——头一遭啊。但是出于对家乡的热爱和对延安时期革命历史的深厚感情，最后我还是接受了她的建议。

彼时，我在延安革命纪念地系统工作已二十七年，其间每天浸润在延安那曾经光辉的历史中。无论是刘志丹、谢子长、习仲勋等开辟西北革命根据地时的艰难困苦岁月，还是党中央在延安十三年的辉煌历程，这些历史每每鼓舞着我，也更加坚定了弘扬延安精神的信念。这次能有机会跟三位志同道合的朋友一起编著一套丛书，为所有研究延安时期历史的读者提供史料帮助，也算是得偿所愿。

既已发愿，唯有前行。为了能尽量多地提供相关史料，我搜罗了所有我的积累，包括自己积累的各种文字、图片，以及几十年来购买的这方面的公开出版物或内部资料，进行选择、比对，重新组织。这项工作繁杂辛苦，时而乐在其中，时而苦不堪言。加之都是在业余时间做，没有整段的时间保障，断断续续，效率很低。甚至中途有过放弃的想法，但一想到“不忘初心，方得始终”，我们便互相鼓励，终于坚持下来。虽然水平有限，但终于有一个初步的成果，也使得我本人在这个过程中对延安时期十三年的历史有了新的认识和提高，促使我今后要更加深入地学习研究，在弘扬延安精神的道路上扬帆再起航。

这本图志是我和延安的三位同志合作完成的，我们以对事业高度负责的态度和专业精神，夙夜在公，历时四年，相携完成了本册的编著工作。期望方家看后多提宝贵意见，指出纰漏不足，以便以后再版时纠正完善。

苏雅琳

2021 年 10 月

目　录
contents

第一编　延安时期党的新闻事业综述

第二编　延安时期新闻领导机关、出版发行机构

第三编　延安时期的党报党刊

第四编 延安新华广播电台的创建与发展

第五编 人物篇

第六编　延安时期新闻出版广播大事记

第一编

延安时期党的新闻事业综述

延安时期中国共产党领导的新闻事业不但继承了建党以来的革命传统，而且吸取之前的经验教训，结合中国革命的实际，探索新闻事业为民族革命而斗争的新路子，取得了新的、极大的发展，也为其后的中华人民共和国新闻事业建立了基本框架。

延安时期的清凉山全貌

一、全面抗战爆发前革命根据地报刊

（一）在瓦窑堡复刊的《红色中华》报

1935 年 10 月，中共中央和中央红军长征到达陕北。1935 年 11 月 25 日，《红色中华》报在瓦窑堡（今子长市）复刊。因为物质条件困难，由先前的铅印改为油印，逢一、六日出版，四开两张四版。后改为三、六、九日出版，四开一张两版，后来增加至一张半到两张。当时，瓦窑堡会议确立了建立抗日民族统一战线的策略，《红色中华》报即将此作为宣传的首要任务。同时，《红色中华》报还大力进行扩大和支援红军的宣传。

第一版　红色中华　一九三五年十一月廿五日

中华苏维埃共和国中央政府机关报

红色中华

十一月二十五日 1935年 第241期 逢一逢六出版

陕北又一新的大动员——五十天中再送三千新战士到前方去！

——全省书记联席会上的决定——

瓦窑市要争取首先胜利

把扩大红军的英雄登在红旗上

1935 年 11 月 25 日的《红色中华》报报

这一时期，《红色中华》报的党性和战斗性大大加强。

1937 年 1 月 29 日，《红色中华》报改名《新中华报》，四开油印（后改为铅印），开始是陕甘宁边区政府机关报，1939 年 2 月 7 日改为党中央机关报，并由原来的五日刊改为三日刊。

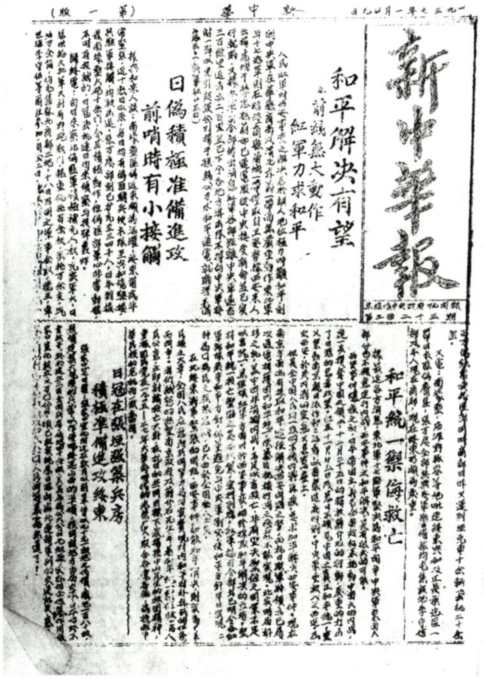
新中華報

和平解決有望

日偽積極准備進攻 前哨時有小接觸

和平統一禦侮救亡

1937 年 1 月 29 日的《新中华报》创刊号

《新中华报》继承了《红色中华》报的优良办报传统，在宣传贯彻党的方针政策中作出突出成绩。《新中华报》密切联系群众，发动广大读者来参加报纸工作，建立通讯网，在县区和红军各级政治部中发展通讯员，在地方建立读报会，在军队中建立读报班，使报纸宣传深入到群众中去。

《红色中华》报和《新中华报》的宣传方式生动活泼，宣传主题突出。报纸根据每一时期的中心工作，及时提出恰当的鼓动口号。如扩大红军时提出“武装上前线打日本去！”“踊跃参加赤卫队、地方部队，巩固扩大陕甘宁苏区！”“不愿当亡国奴的男儿当红军去！”号召供应红军粮食时提出“迅速完成粮食动员计划，让红军吃饱饭去打卖国贼打日本！”“节省每一粒粮食为了抗日战争的胜利！”还有后来《新中华报》提出的“把苏维埃区域创造成为全国的模范抗日民主根据地！”等，都很深入人心。文章通俗简短，社论一般只有几百字，容易为群众接受。

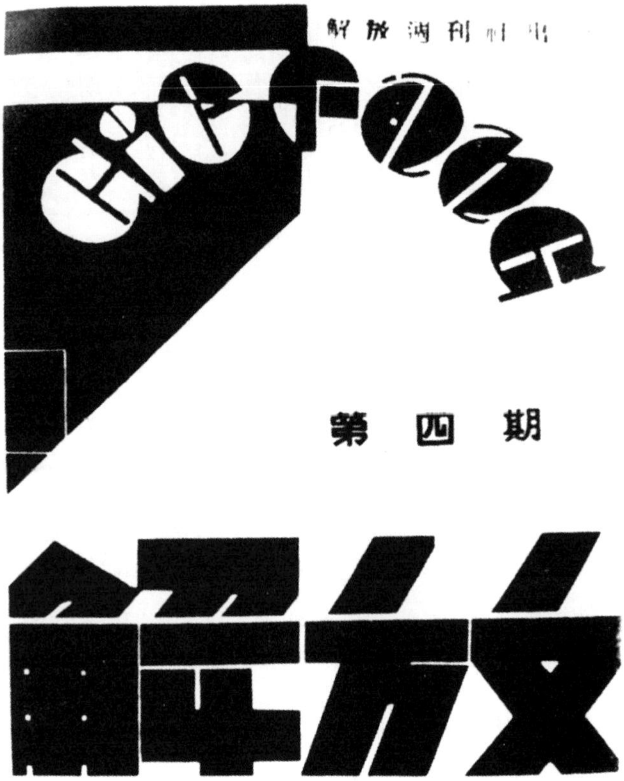

《解放》周刊

（二）《解放》周刊的创办

1937 年 4 月 24 日，中共中央机关政治理论刊物《解放》周刊在延安创刊。该刊是十六开铅印，后来改为半月刊，曾一度在国民党统治区西安等地翻印发行。1941 年 8 月 31 日出第 134 期后停刊。

《解放》周刊除刊登中央负责同志的论著文章之外，还辟有“时事”“短评”“翻译”“文艺”等专栏，是当时深受干部群众和八路军指战员欢迎的刊物之一。

《解放》周刊的创办，使党的宣传抗日救国主张的阵地得到了加强。这时国内和平已基本实现，党指出这个时期的主要任务是争取民主。因此，《解放》周刊把争取民主作为自己的宣传中心。

当时，争取民主，主要是争取在政治制度上将国民党反动独裁政体改变成各阶级各党派合作的民主政体，争取人民的言论、集会、结社等自由。为争取政治制度的改革，首先是争取国民党准备召开的国民大会的民主化。《解放》周刊指出，国民大会的选举法和组织法必须彻底修改，国民大会应制订民主的宪法，使中国成为真正的民主共和国，并选出民主的中央政府，通过抗日的民族统一纲领，发动对日抗战。为了使国民大会成为真正民主的机构，《解放》周刊强调在大会召开前，一定要给民众充分的民主自由的实际权利。《解放》周刊要求国民党立即释放沈钧儒、邹韬奋等爱国人士，要求取消《危害民国紧急治罪法》和新闻检查。

同时，《解放》周刊还驳斥了各种反对民主的谬论。如托洛茨基分子鼓吹的只有“统一”才有民主，以及所谓要民主就要打倒国民党等右的和“左”的主张。同时，《解放》周刊还驳斥了国民党及其政客宣扬的“统一”与国民党一党专政的反动主张。

《解放》周刊以争取民主为中心的宣传，为实现抗战胜利作出了重要贡献。

二、全面抗战初期解放区党的新闻事业

全面抗战初期，共产党和人民的新闻事业，在毛泽东同志的指导下，获得了空前发展。

（一）延安的报纸杂志

全面抗战初期，解放区新闻事业大发展中，陕甘宁边区新闻事业的大发展具有首要的意义。在陕甘宁边区中心延安，在中共中央和毛泽东的直接领导和关怀下，创办了许多重要报刊、杂志，对于传播党的声音，指导全国人民进行抗日战争起了重大作用。

全面抗战爆发伊始，党中央即加强了《解放》周刊和《新中华报》的工作。《解放》周刊主要宣传党的坚决抗战的方针，反对国民党妥协退让的方针；宣传党的全面抗战的路线，反对国民党片面抗战的路线；《解放》周刊还指导各解放区的抗战建设工作和马列主义的理论宣传。在一个短时期内，《解放》周刊曾在西安等地翻印发行。《解放》周刊第 12 期发表了毛泽东的文章《论反对日本进攻的方针办法与前途》，对指导抗战起了重大的作用，其基本思想也是《解放》周刊当时的宣传中心。

1937 年 1 月，《红色中华》报报更名为《新中华报》在延安出版。同年 9 月，改油印为铅印。

1939 年 2 月 7 日，《新中华报》改为党中央的机关报，同时仍是陕甘宁边区政府的机关报。《新中华报》的改版改变了当时延安没有党中央机关报的状况。毛泽东给《新中华报》题词：“把新中华报造成抗战的一枝生力军。”报纸周年的时候，毛泽东又给《新中华报》写了一篇

纪念文章《强调团结与进步》，指明了坚持抗战、团结、进步，反对投降、分裂、倒退的方针就是《新中华报》当时的政治方向。《新中华报》在反对国民党顽固派，尤其是在反对国民党顽固派掀起的第一次反共高潮的斗争中起了重大作用。1941 年 5 月 16 日，《新中华报》与《今日新闻》合并为《解放日报》。

《共产党人》创刊于 1939 年 10 月 20 日，是党中央出版的以党的建设为中心的党内刊物。毛泽东同志为它写了发刊词，指出这个刊物的任务就是："帮助建设一个全国范围的、广大群众性的、思想上政治上组织上完全巩固的布尔塞维克化的中国共产党。"毛泽东在《〈共产党人〉发刊词》中总结了中国共产党的三条根本经验，即统一战线、武装斗争、党的建设。这是中国共产党领导全国人民战胜敌人的三大法宝。1941 年 8 月停刊，共出 19 期。

《共产党人》创刊号

《中国工人》创刊号

《中国工人》创刊于 1940 年 2 月 7 日，由中共中央职工运动委员会主办。毛泽东为它写了发刊词，指出：“一个报纸既已办起来，就要当作一件事办，一定要把它办好。这不但是办的人的责任，也是看的人的责任。看的人提出意见，写短信短文寄去，表示欢喜什么，不欢喜什么，这是很重要的，这样才能使这个报办得好。”这里论述了党的报刊要走群众路线，要靠群众来办的基本原则。他还对文风问题作了指示：“我希望这个报纸好好地办下去，多载些生动的文字，切忌死板、老套，令人看不懂，没味道，不起劲。”

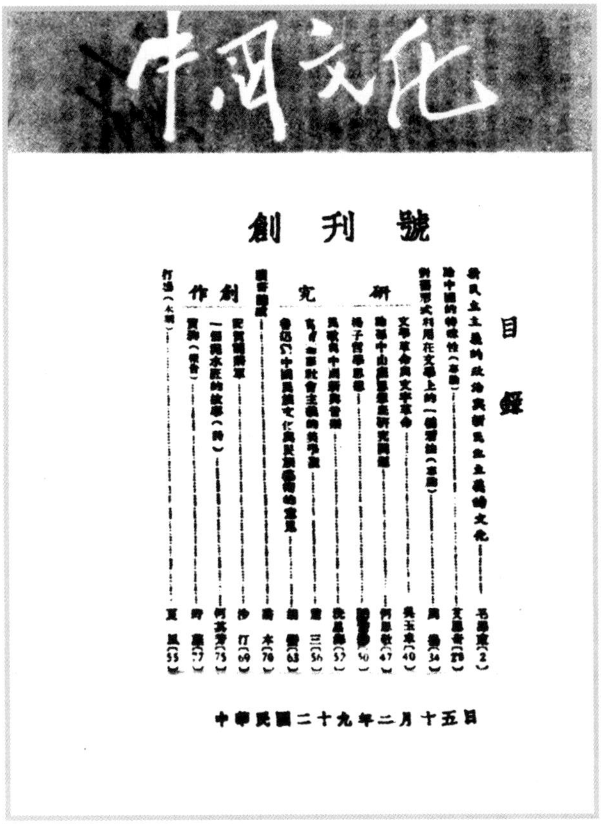

《中国文化》创刊号

《中国文化》创刊于1940年2月15日，是陕甘宁边区文化协会的机关刊物。在创刊号上，发表了毛泽东的光辉著作《新民主主义论》。毛泽东指出：“科学的态度是‘实事求是’，‘自以为是’和‘好为人师’那样狂妄的态度是决不能解决问题的。……真理只有一个，而究竟谁发现了真理，不依靠主观的夸张，而依靠客观的实践。只有千百万人民的革命实践，才是检验真理的尺度。我想，这可以算作《中国文化》出版的态度。”

《八路军军政杂志》创刊于 1939 年 1 月 15 日，由八路军总政治部出版。毛泽东也为它写了发刊词，指出该刊出版的意义是“为了提高八路军的抗战力量，同时也为了供给抗战友军与抗战人民，关于八路军抗战经验的参考材料”。

《八路军军政杂志》创刊号

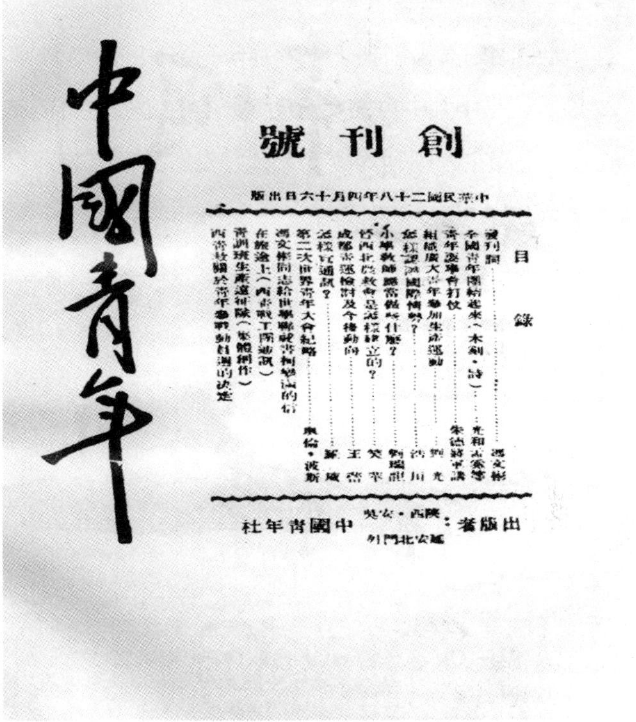

中國青年

創刊號

中華民國二十八年四月十六日出版

目錄

發刊詞……馮文彬
全國青年團結起來（木刻・詩）……光和、志豪等
青年要準備打仗……朱德將軍講
組織廣大青年參加生產運動……劉光
怎樣認識國際情勢？……浩川
小學教師應當做些什麼？……劉瑞龍
陝西北路教育是怎樣建立的？……笑苹
成都青運檢討及今後動向……王蓉
怎樣寫通訊？……蕭域
第二次世界青年大會紀略……康倫・波斯
馮文彬同志給世界學聯代表柯樂滿的信
在旅途上（西北戰工團通訊）
青訓班生產遠征隊（集體創作）
西青救關於青年參戰動員運動的決定

出版者：陝西・安吳 中國青年社 延安北門外

《中国青年》创刊号

《中国青年》于 1939 年 4 月 16 日出版，当时由全国青年联合会延安办事处主办。第 2 期发表了毛泽东的《五四运动》一文，第 3 期刊载了毛泽东的讲演《青年运动的方向》。

《中国妇女》创刊于 1939 年 6 月 1 日，1941 年 3 月停刊，共出版 22 期。这是中共中央妇女运动委员会在延安创办的第一本全国性的妇女刊物。毛泽东为创刊号题词：“妇女解放，突起异军，两万万众，奋发为雄。男女并驾，如日方东……”

《中国妇女》创刊号

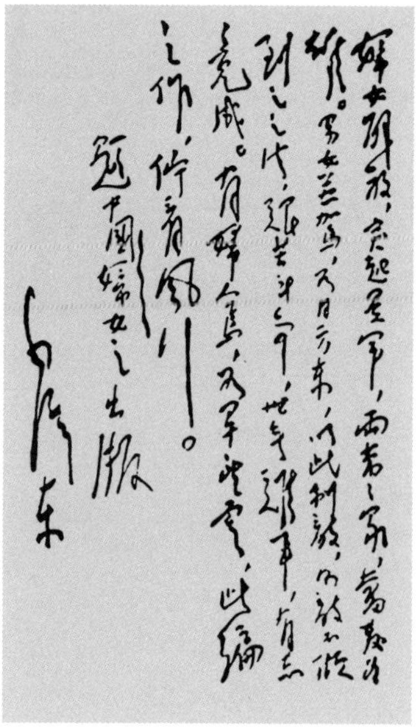
毛泽东为《中国妇女》杂志创刊题词

《边区群众报》创刊于 1940 年 3 月 25 日，是一种主要以农村基层干部和农民为对象的通俗报纸。

邊區羣衆報創刊六週年
號召讀者利用報紙推動工作

1946 年 3 月 25 日毛泽东为《边区群众报》创刊六周年题写《边区群众报创刊六周年 号召读者利用报纸推动工作》

这些报刊在延安出版，使得延安成为抗战宣传的一个中心。

在各敌后解放区，党也非常重视创办报刊的工作。在 1939 年以前，在华北、华中两个主要敌后解放区，约有小型报刊 700 余种。1939 年下半年到 1941 年上半年，各地停办或合并了许多小型报刊，集中力量建立或加强了各级党委的机关报。当时，各敌后解放区创办的党委机关报主要有：晋冀鲁豫解放区的《新华日报》（华北版）为中共中央北方局机关报，1939 年 1 月 1 日创刊，是当时敌后的第一个铅印日报。山东解放区的《大众日报》，1939 年 1 月 1 日创刊，初为中共苏鲁豫皖边区委员会机关报，不久，中共中央山东分局成立，改为山东分局机关报。晋西北解放区的《抗战日报》，1940 年 9 月 18 日创办，初为晋西北区党委机关报，1942 年 9 月中共中央晋绥分局成立后成为晋绥分局的机关报。晋察冀解放区的《晋察冀日报》，为中共中央晋察冀分局机关报，1940 年 11 月由《抗敌报》改名而成。华中解放区的《江淮日报》，为中共中央华中局机关报，1940 年 12 月 2 日在江苏盐城创刊。这些报纸在动员和指导人民坚持敌后抗战的斗争中发挥了重要作用。

DAZHUNG BAO

大眾報

西海二百萬軍民
掀起緊張備戰熱潮
一手拿槍，一手分田，
開展羣衆性對敵鬥爭！

嚴陣以待，隨時殲敵！
煙市駐軍定戰演習

加強練兵準備打仗

領導邊緣游擊戰的幾個問題

《大众报》

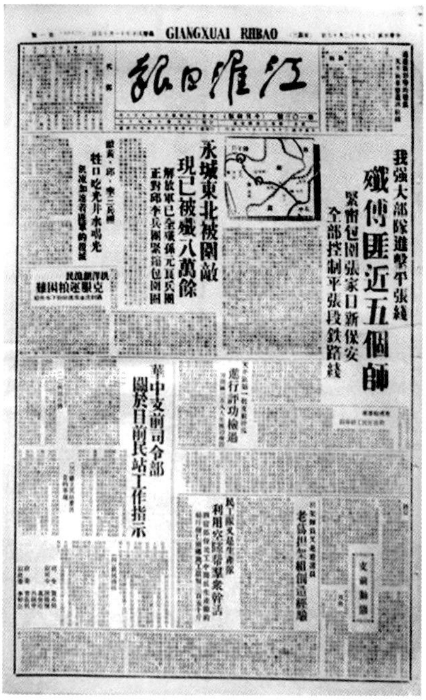

GIANGXUAI RHBAO

江淮日報

我強大部隊進擊平張綫
殲傅匪近五個師
緊密包圍張家口新保安
全部控制平張段鐵路綫

永城東北被圍敵
現已被殲八萬餘

華中支前司令部
關於目前民站工作指示

《江淮日报》

（二）党对新闻工作领导的加强与整顿

1941 年，中共中央决定将《新中华报》和《今日新闻》（一种专门刊载新华社电讯的小报）合并，改出大型的《解放日报》。《解放日报》于 1941 年 5 月 16 日在延安创刊。

Sin Zhunghua Bao
新中華報

1939 年 2 月 7 日，《新中华报》（刷新版）创刊号

《解放日报》是中共中央机关报，是解放区出版的第一个大型日报。毛泽东亲自指导《解放日报》的工作，并为它撰写和修改重要的社论、新闻和文章。《解放日报》第一任社长为博古（秦邦宪），后为廖承志。第一任总编辑为杨松，后为陆定一、余光生。许多优秀的新闻工作者和文化工作者参加过编发它的工作。《解放日报》在发刊词中写道：“本报之使命为何？团结全国人民战胜日本帝国主义一语足以尽之。这是中国共产党的总路线，也就是本报的使命。”《解放日报》在党中央和毛泽东的直接领导下，为宣传贯彻党的路线方针作出了重要贡献。它不仅继承、发扬了党报的优良传统和作风，而且为建立马

解放日報
蘇援華堅定不變

《解放日报》

克思列宁主义与中国革命实践相结合的中国无产阶级新闻理论奠定了坚实的基础。

党中央还加强了新华通讯社的工作。新华社的前身是1931年11月7日在江西瑞金与中华苏维埃共和国同时成立的红色中华通讯社（简称红中社）。1937年1月，中共中央决定将红色中华通讯社改名为新华通讯社，新华社和《新中华报》是同一个机构。全面抗战爆发后，新华社的发稿范围和数量逐渐扩大。中共中央的宣言、声明、决议，《解放》周刊和《新中华报》的评论，经过新华社传播全国。国民党统治区的人民，通过新华社的广播，了解中国共产党的抗日救国十大纲领和八路军抗击日寇的捷报，受到了极大的鼓舞。

红色中华通讯社（简称红中社）旧址

1939 年初，中共中央决定将新华社与《新中华报》分开，至此结束了报、社一家的历史，新华通讯社开始独立发展。1941 年 5 月，党中央发出关于统一各根据地对外宣传的指示以后，各地方通讯社均改组为新华社分社，单独和延安新华总社建立直接的工作联系，于是新华社进一步发展成为一个统一的强大的通讯社。这样既加强了党对外宣传的统一领导，也加强了中央的宣传力量。

党中央还对解放区的报刊网进行了整顿。1941 年 7 月，党中央宣传部发出关于各抗日根据地报纸杂志的指示。其中对一个独立根据地的报刊网作出了全面的规划，规定各中央局、中央分局和地区上有独立性的区党委应该根据条件集中力量办好五种报刊，即一个政治性的报纸、一个政治性的杂志、一个党内刊物、一个党指导下的综合的文化文艺性质的杂志和一个通俗报纸。首先政治报纸和通俗报纸是必办的，其次应该办的是党内刊物，其余两种则依人力物力决定是否要办，不要勉强凑数。政治报纸是党委的机关报，这是最重要的。通俗报纸是以广大的群众和党员为对象的报纸。陕甘宁边区出版的《边区群众报》、晋绥边区的《晋

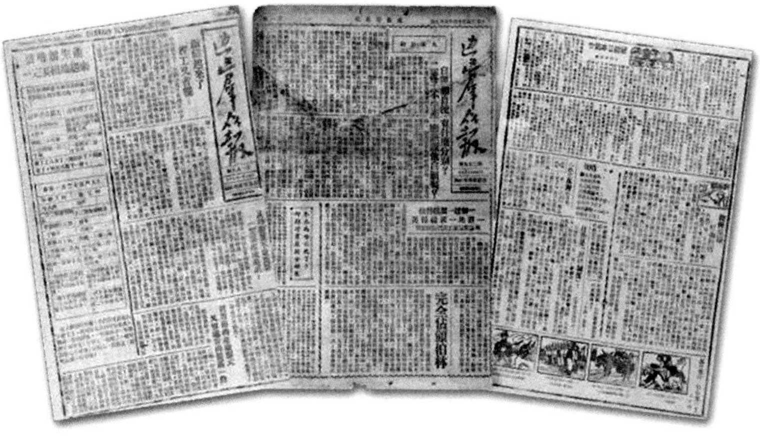

《边区群众报》转战陕北途中出版的报纸

绥大众报》、苏北盐阜地区的《盐阜大众》等，就是当时办得比较出色的通俗报纸。这个指示贯彻执行的结果，进一步形成了更合理的、更强有力的、以《解放日报》为首的解放区报刊网。

鹽阜大衆

慶祝清江收復！

第一三〇期

我軍收復清江

守敵逃向淮安

全城人民熱烈歡迎解放軍。

蔣匪逃出清江時

大肆破壞搶劫

城內羣衆無不切齒痛恨

磨好糧食送前方

部隊吃飽打勝仗

股搭鄉貫澈評工

羣衆支前情緒高

阜寧常工同到縣裏

縣委開歡迎大會

特等功臣鄒永豐得到銀獎章

《盐阜大众》

（三）创建延安新华广播电台

延安新华广播电台，是我党领导创建的第一座人民广播电台。因此，延安新华广播电台的创建，是当时解放区新闻事业发展中的一个重大事件。

1940 年春，根据中共中央的指示，成立了以周恩来为主任的广播委员会，负责领导筹建广播电台的工作，经过反复试验，克服了种种困难，到年底初步完成了建台任务。1940 年 12 月 30 日，延安新华广播电台开始试验播音，呼号：XNCR。当时，广播电台是属于新华社的一个部门，即口语广播的部分，广播稿由新华社的广播科提供。广播的主要内容有：中共中央重要文件，《新中华报》《解放日报》社论，《解放》周刊重要文章，国际国内重要新闻，以及音乐、名人讲演、科学常识、革命故事等等节目。当年，尽管播音室设备极其简陋，但其强劲的红色电波却冲破国民党的新闻封锁，传播着正义之声，引起世人瞩目。当时人们把延安广播比作“茫茫黑夜里的灯塔”。

1946 年 11 月至 1947 年 3 月，延安新华广播电台在清凉山上的办公旧址

延安新华广播电台播音室旧址（维修前）

党中央对延安新华广播电台十分关心和重视。1941 年 5 月，党中央在关于统一各根据地内对外宣传的指示中就指出，各地应经常接收延安新华社的广播，没有收音机的应不惜代价设立。同年 6 月，中宣部又在关于党的宣传鼓动工作提纲中强调了发展广播事业的重要性，指出应当在党的统一的宣传政策下，改进现有通讯社及广播事业的工作。

延安新华广播电台在建台和试播期间，条件十分艰苦。当时延安没有发电厂，他们就用一部破旧的汽车头来带动发电机发电，发射电力大约只有三百瓦。发射天线是用几根大木杆子连接起来的“木塔”。播音室只是一孔普通的土窑洞。播音员没有经过专业训练，但认真钻研业务，播出了人民的声音。为了让文艺节目更好地反映延安的生活，播音员还亲自播唱解放区的歌曲。它通过无线电波加强党同人民群众的联系，发挥了广播特有的政治宣传作用，不仅加强了中央与各敌后抗日根据地之间的联系，而且从空中突破了国民党统治区的新闻封锁。

国民党当局对延安新华广播电台十分害怕和仇视。国民党的中宣部曾密令其中央广播事业管理处“每日指定专员收听，逐日俱报”广播的内容，并指令“就近干扰”，甚至策划利用特务进行破坏活动。

1943 年春天，由于发射机的故障，延安新华广播电台暂停播音。1945 年 9 月 5 日正式恢复播音。

三、整风运动中解放区新闻工作的改革

（一）根据整风精神进行的初步改革

1942 年开始普遍的延安整风运动，是中国共产党在全党范围内进行的一次马克思列宁主义教育运动。解放区新闻工作的整风是全党整风运动的一个组成部分。

1941 年 5 月，毛泽东作了《改造我们的学习》的报告，在党的高级干部中开始了反对主观主义的学习运动。同年 7 月，中共中央宣传部关于各抗日根据地报纸杂志的指示中提出，报刊宣传要掌握党中央的政策与党的原则，要反映现实，极力纠正那种主观的、表面的、教条的、公式主义的、无的放矢的和空谈的缺点。8 月，中共中央作出《关于调查研究的决定》，这对于克服党的各项工作中包括新闻宣传工作中的主观主义有重要的指导意义。9 月 14 日，《解放日报》发表了毛泽东为《鲁忠才长征记》写的按语，指出：“这是一篇用简洁文字反映实际情况的报告”，“我们需要的是这类东西，而不是那些千篇一律的‘夸夸其谈’，而不是那些党八股”，要“把那些主观主义、形式主义

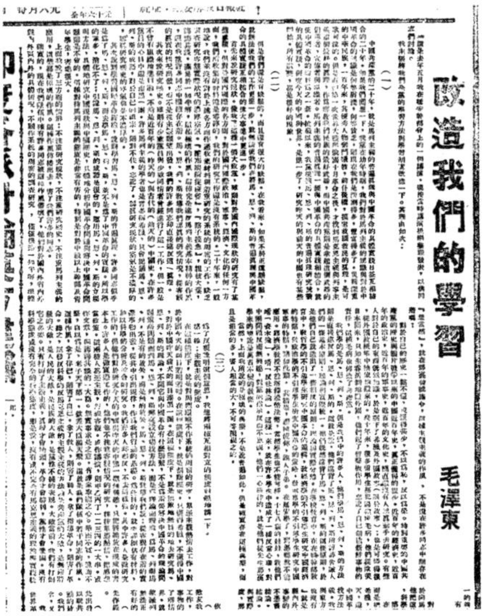
改造我們的學習
毛澤東

1942 年 3 月 27 日，《解放日报》刊登毛泽东同志的《改造我们的学习》

魯忠才長征記

毛澤東 八月二十六日

廣告

作廢

鳴謝啓事

1941 年 9 月 14 日《解放日报》刊登《鲁忠才长征记》及毛泽东按语

扫掉”。1942 年 2 月，毛泽东作了《整顿党的作风》和《反对党八股》的报告，新闻工作的改革便随着整风运动普遍开展起来了。尤其是《反对党八股》的报告，这是新闻工作改革的基本指导思想。党八股是主观主义和宗派主义的宣传工具或表现形式。反对党八股是当时新闻宣传工作进行整风改革的一个首要问题。整风开始后，各新闻单位根据整风精神检查了新闻工作中的主观主义、宗派主义，特别是检查了党八股的问题，迈开了改革的第一步。1942 年 3 月 16 日，中共中央宣传部作出《为改造党报的通知》，提出改革新闻工作的具体行动纲领，概括起来主要有以下几点：1. 加强党对报纸的领导。“把报纸办好，是党的一个中心工作”“各地方党部应当对自己的报纸加以极大注意，尤应根据毛泽东同志整顿三风的号召，来检查和改造报纸”“各地高级党的领导机关，必须亲自注意报纸的编辑工作，要使党报编辑部与党的领导机关的政治生活联成一气”。2. 增强报纸的党性和群众性。“报纸的主要任务就是要宣传党的政策，贯彻党的政策，反映党的工作，反映群众生活”“如果报纸只是或者以极大篇幅为网内外通讯社登载消息，那末这样的报纸是党性不强”“就须立即加以改正”“要有与党的生活与群众生活密切相联系的通讯员或特约撰稿员”“文字应力求通俗简洁”。3.加强报纸的战斗性。一方面，“要有适当的正确的自我批评”；另一方面，“要有对于敌人的思想的批判”。这个通知发出后，解放区新闻工作在整风运动中的改革就进一步实行起来。

星期三　第二版

黨的生活

怎樣辦黨報

中共中央宣傳部為改造黨報的通知

中宣部 三月十六日

列寧論黨報

1942 年 4 月 1 日，《解放日报》刊登《怎样办党报——中共中央宣传部为改造党报的通知》

《解放日报》在整风运动中走在最前面，树立了榜样。1942 年 4 月 1 日，《解放日报》进行了改版。这一天，它登载了中共中央宣传部《为改造党报的通知》，同时发表了改版社论《致读者》。社论检查了该报创刊十个月以来在党性、群众性、战斗性和组织性这些党报所必需的品质方面存在的问题，尤其是在宣传贯彻党中央关于整顿三风的指示方面，没有能尽其应尽的责任，篇幅上的主观主义、宗派主义和党八股还很多。这一天的《解放日报》，版面安排以崭新的面貌呈现在读者面前。以前，《解放日报》的第一、二版主要是国际新闻，第三版主要是国内新闻，第四版是陕甘宁边区新闻和副刊。这样的版面安排，把报纸的主要篇幅用来刊登了国内外通讯社的消息，刊登了过量的国际消息，这就在相当程度上脱离了解放区军民的斗争实际，脱离了党的中心工作的实际。改版以后，第一版主要是反映各解放区的要闻版，第二版是陕甘宁边区版，第三版是国际版，第四版是副刊和各种专论。改革后的版面，把解放区的新闻报道提到了首位，整风运动的宣传成了当时的一个宣传中心，如农民创造变工队的事迹也上了头版头条，这样就在联系实际联系群众方面大大向前迈进了一步。

随后，《新华日报》（华北版）、《抗战日报》等也纷纷在整风检查工作的基础上，进行了类似《解放日报》的改版，面貌为之一新，加强了报纸与实际、与群众的联系。许多报纸揭发了新闻、通讯、评论和编排工作中形形色色的党八股现象，努力改进新闻写作和编辑的表现技巧，这些方面都取得了一定的成绩。

（二）全党办报运动的开展

1942年3月底，毛泽东在《解放日报》改版座谈会上作了重要讲话，他说："我们今天来整顿三风，必须要好好利用报纸。"这就是要大家，特别是要各级党委，必须重视并好好利用报纸来更有力地宣传和贯彻党的路线，更好地为党的中心工作服务。至于如何好好利用报纸，毛泽东指出："利用《解放日报》，应当是各机关经常的业务之一。经过报纸把一个部门的经验传播出去，就可推动其他部门工作的改造。"在毛泽东办报思想的指引下，全党办报运动广泛开展起来。

毛泽东在延安散步

社論

黨與黨報

九月九日中共西北中央局通過的「關於解放日報工作問題的決定」（載月十四日本報），是一個具有重要意義的決定。趁着這個決定發表的機會，趁着各地黨的組織討論這個決定的機會，我們願就黨與黨報的關係的問題有所闡述，來貢獻給邊區以及各地的黨，並貢獻給各地黨報工作者。

我們常說：報紙是集體宣傳者和集體組織者，這句名言我們已經背得爛。但是仔細想一想，我們真正懂得了這句話的意思沒有？我們各地黨的組織和黨報工作者，真正照這句話去做了沒有？如果仔細的一檢查，就會知道我們多少還有些以背誦名言為滿足，多少還有些言行不一致。

所謂集體宣傳者集體組織者，這個「集體」是個什麼意思？報館的同人總算一個「集體」。如果說這個「集體」就是指報館同人而言，指幾個在館裏工作的人員而言，那末，報紙就不成其為黨報，而成為報館幾個工作人的報紙；在這個報紙上，報館同人可以自己依照自己的好惡、興趣，來選擇稿件，依照自己的意見來寫社論、專論；總而言之，一切依照報館同人工作人員個人辦事，不必顧及黨的意志，一切依照自己的高興不高興辦事

1942年9月22日《解放日报》刊登秦邦宪撰写的社论《党与党报》

1942年9月，党中央宣布中央机关报《解放日报》同时兼中共中央西北局机关报。9月9日，西北局作出《关于解放日报工作问题的决定》，强调“各级党委要把帮助与利用《解放日报》的工作当作自己经常的重要业务之一”。这个决定责成各级党组织在党内进行关于党报的教育，指出对党报漠不关心的态度乃是党性不强的一种表现，而经常看党报，帮助党报的发行和组织党报的通讯工作，是每个党员应当努力担起的责任。决定还规定，西北局定期讨论《解放日报》关于陕甘宁边区问题的宣传方针，吸收报社负责人参加西北局会议；各级党委要定期检查自己对《解放日报》所做的工作，并向西北局报告；各分区党委及县委的宣传部部长担任《解放日报》的通讯员并负责组织所属地区的通信工作。这就进一步落实了毛泽东关于全党办报的思想。《解放日报》配合这个

决定的贯彻执行，不久后发表了题为《党与党报》的重要社论。社论从列宁的报纸是集体的宣传员、鼓动员和集体的组织者这个著名论断中的“集体”开始分析。它说，如果把这个集体看作是报馆同人，就会不顾党的意志和影响，而依照报馆同人或工作人员个人的意见和兴趣办报，那就“一定党性不强，一定闹独立性，出乱子”。社论指出，这个集体“是指整个党的组织而言的集体”。“在党报工作的同志，只是整个党的组织的一部分。一切要依照党的意志办事，一言一动，一字一句，都要顾到党的影响。”“党报不但要求忠实于党的总路线、总方向，而且要与党的领导机关的意志呼吸相关，息息相通；要与整个党的集体呼吸相关，息息相通”。这是报社人员一方面的事情。社论进一步指出，还有另一方面，这就是“党必须动员全党来参加报纸的工作”。首先，“党的领导机关要看重报纸，给报纸以宣传方针”“要如像毛泽东同志对于《解放日报》那样，密切地注意领导和培养党的机关报”。其次，党的各级机关，各级组织，以至于每个党员，都要利用党报，向党报供给消息文章，而且要阅读、讨论党报，推销党报。这篇社论比较全面地、准确地阐述了毛泽东关于全党办报的思想。

在《解放日报》的示范和宣传指导下，全党办报运动在解放区广泛开展起来。各地党委普遍地加强了对报纸的领导，作出了改进报纸工作的决议。与此同时，在八路军、新四军中实行了全军办报。

1944 年 2 月 16 日，《解放日报》发表社论《本报创刊一千期》，总结了报纸工作改革以来的经验：“我们的重要经验，一言以蔽之，就是‘全党办报’四个字。”这是最早在党报上明确地提出“全党办报”的口号。这是整风运动中党报工作进一步改革的重要收获。正是由于开展了全党办报运动，报纸的党性、群众性、战斗性都大大加强了，报纸作为集体宣传者、集体组织者的作用更加发挥出来，报纸文风也有了显著的进步。

（三）无产阶级新闻理论的发展与完善

在解放区新闻工作的整风改革中，在反对主观主义、宗派主义和党八股的同时，还进行了新闻思想理论的建构。《解放日报》发表了一系列关于新闻工作的社论和理论文章，如《宣布党八股的死刑》《展开宣传工作上的新阵容》《致读者》《新闻必须完全真实》《党与党报》《给党报的记者和通讯员》《政治与技术》《提高一步》《我们对于新闻学的基本观点》，确立了无产阶级新闻观。

第一，坚持辩证唯物主义的新闻观，反对唯心主义的新闻观。新闻工作者必须尊重事实，在采访中，在编辑中，都要尊重客观的事实。我们主张新闻必须完全真实，这既要反对无中生有，任意夸大，也要克服对革命事业的成绩反映不够的毛病。

第二，确立"全党办报"的思想，批判"同人办报"的观点。全党办报的实质就是，办报要在党的领导下走群众路线。

第三，树立"人民公仆"的思想，反对"无冕之王"的观点。无产阶级的新闻工作者是党和人民这个大集体的公仆，是为党、为人民、为工农兵服务的。这就要热爱工农兵，密切与工农兵结合。

第四，坚持"政治第一，技术第二"的原则，反对"技术第一，政治第二"。技术是为政治服务的，如果政治立场坚定了，技术的进步是可以求得的，也是必须求得的。

第五，树立生动活泼新鲜有力的马克思列宁主义的文风，反对党八股。马克思列宁主义的文风把马克思列宁主义的理论和中国革命的具体实践密切结合起来，具体问题具体分析，为群众喜闻乐见，具有民族的、科学的、大众的优点，可以有力地推动党领导的革命事业胜利前进。

第六，发扬党报的三种作风。就是理论和实践相结合的作风，和人

給黨報的記者和通訊員

你們都是黨報的記者和通訊員，都是光榮的工作者。黨報是黨的機關報，是黨的喉舌，但是黨的每條消息，每個標題，都要從你們的筆下寫出來。沒有你們的努力，不可能辦出黨報來。沒有對於黨的事業的絕對忠誠，對於人民利益的極度尊重，對於工作的非常認真，則黨報不可能有黨性。

1942年11月17日，《解放日报》刊登陆定一《给党报的记者和通讯员》

民群众紧密地联系在一起的作风以及自我批评的作风。

抗战时期我国无产阶级新闻理论的大发展，表明我国无产阶级新闻学在马列主义、毛泽东思想的指导下，经过整风运动，在实践中已经发展到比较系统比较成熟的阶段。它丰富了马列主义的新闻学，促进了新闻工作者的思想改造，有力地推动了党报宣传工作的改进。

四、国统区、沦陷区党的新闻事业

（一）《新华日报》等党的报刊的创办

全面抗战初期，党在国统区出版的报纸杂志有《新华日报》和《群众》周刊、《西北》周刊。其中出版时间较长的是《新华日报》和《群众》周刊。《新华日报》创刊于 1938 年 1 月 11 日，终刊于 1947 年 2 月 28 日。《群众》周刊创刊于 1937 年 12 月 11 日，终刊于 1947 年 3 月 20 日出至第 14 卷 9 期后被迫停刊。《群众》周刊是由《新华日报》的编辑人员负责编辑的。

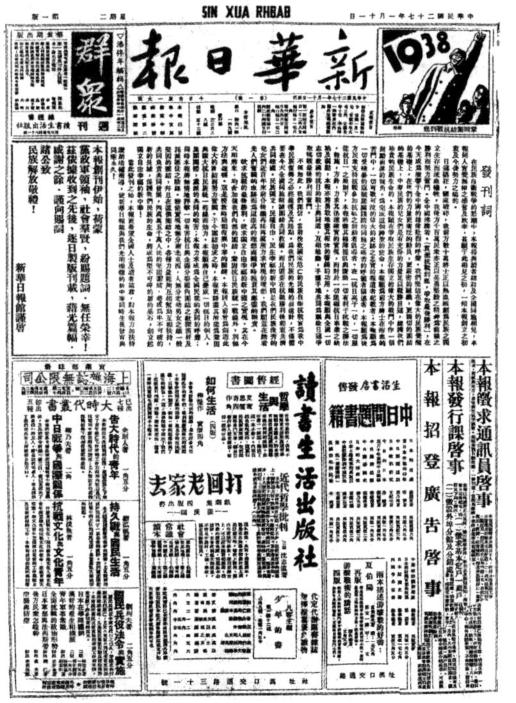
SIN XUA RHBAB

新華日報

群衆 週刊

1938

發刊詞

本報創刊伊始，荷蒙黨政軍領袖，社會耆賢，紛賜題詞，無任榮幸！茲俟據收到之先後，逐日製版刊載，藉光篇幅。感謝之餘，謹向賜詞諸公致民族解放敬禮！

新華日報館謹啓

上海雜誌無限公司

大時代叢書

讀書生活出版社

打回老家去

生活書店發售

中日問題書籍

本報招登廣告啓事

本報發行課啓事

本報徵求通訊員啓事

《新华日报》创刊号

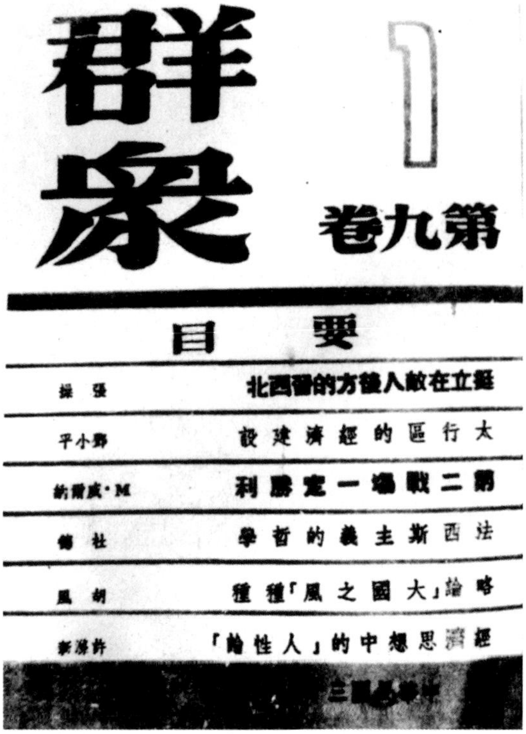
群衆

第九卷 1

要目

挺立在敵人後方的晉西北	張操
太行區的經濟建設	鄧小平
第二戰場一定勝利	M·威爾納
法西斯主義的哲學	杜衡
略論「大國之風」種種	胡風
經濟思想中的「人性論」	許滌新

中華民國三

《群众》周刊

《新华日报》和《群众》周刊高举坚持抗战、反对妥协，坚持团结、反对分裂，坚持进步、反对倒退的旗帜，在抗日民族统一战线中发挥了重要作用。

整风运动开始后，《新华日报》根据整风精神改进工作，使《新华日报》既是中共的机关报，也是为人民服务的报纸。为此，《新华日报》尽力加强与各方面群众的联系，反映他们的要求和呼声，吸收他们参加报纸工作。《新华日报》辟有《友声》栏，经常发表民主人士的文章；辟有《边鉴》栏，专门进行边区的宣传；辟有《社会服务》栏，为读者解答各种问题，并多方设法为群众办一些生活上需要帮助的事情；创办了《团结》专刊，教育地下党员，团结革命知识分子；创办的《新华副刊》，内容丰富多彩，战斗性很强，很受读者欢迎。《新华日报》还用“读者函谈会”的形式举行青年思想问题的讨论，对提高青年的革命觉悟很有帮助。

《新华日报》对重要的言论和报道坚持独立自主的原则，并想方设法地突破国民党的新闻检查。在通常的宣传上，充分利用国民党表面抗日的一面，充分利用他们说得好听的、认可的东西，如《抗战建国纲领》等，

1938年1月11日，中共中央在国民党统治区的机关报《新华日报》在汉口创刊发行。图为重庆民生路《新华日报》营业部

从正面做文章，用以发动群众。这样的做法，检查官很难找到检扣的理由；若是检扣，也使他们陷于被动的、难言的困境。在处理某些特别重要的稿件时，明知送审是一定要被检扣的，这就采取“违检”的非法手段，不将稿件送检而径直刊出。

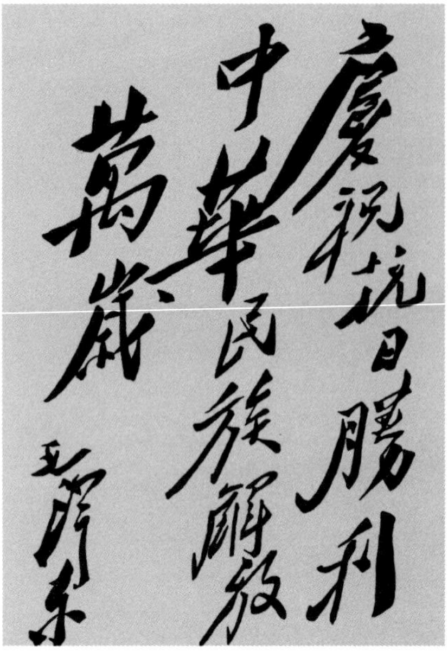

1945年9月3日毛泽东为《新华日报》题词

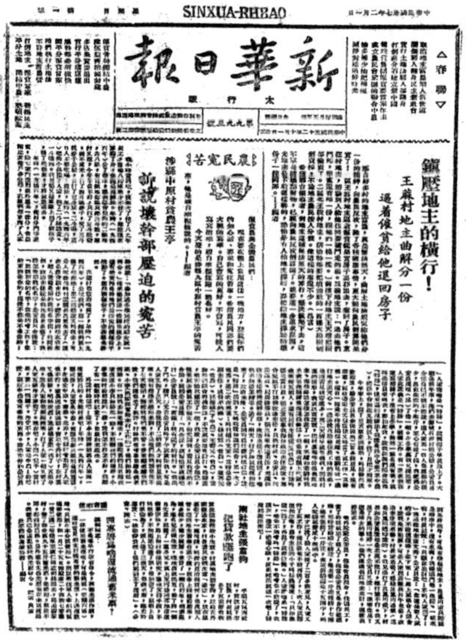

SINXUA-RHBAO

新華日報

太行版

鎮壓地主的橫行！

王蘇村地主曲解分一份

逼着僱貧給他退回房子

農民寃苦

涉縣中原村貧農王李

訴說壞幹部壓迫的寃苦

《新华日报》

《新华日报》还进行了反对封锁新闻来源的斗争。国民党中央通讯社完全垄断了国民党统治区的电讯发布权，控制了许多新闻的来源。而且，国民党当局还对《新华日报》施加特殊的限制，不让《新华日报》的记者到重庆以外的地区去采访。就是在重庆，《新华日报》记者的采访活动也要受到他们的无理限制和蛮横阻挠。《新华日报》的投稿者也受到严重的迫害。在这种情况下，《新华日报》依靠中共驻重庆代表团从内部电台抄收一些重要文件，并搜集到延安和敌后解放区的一些报道材料；依靠地下工作组织在读者中物色可靠的通讯员和作家积极分子为报纸写稿；搜集和利用国民党统治区的地方报纸，将其中的一些材料进行改写；与外国有关方面进行联系，以开辟国际新闻的来源；做好新闻界的统一战线工作，以获得一些新闻线索和材料等等。通过这些方式，粉碎了国民党对新闻来源的封锁。

《新华日报》还进行了反对国民党破坏和阻挠发行工作的斗争。国民党对《新华日报》实行“只准印，不准卖”的方针。他们操纵派报工会，通过邮局检查和扣留报纸，派出宪警、特务没收和撕毁报纸，迫害读者等等办法，来破坏报纸的发行。为了对此进行斗争，《新华日报》招收和培养了一批穷苦劳动人民出身的报丁、报童，把报纸直接送给市内以及郊区乡镇的订户，并在街上零售。他们经常遭到国民党特务的毒打和拘押，然而不畏艰险，勇敢机智地进行战斗，顺利地完成任务。这支队伍在党的培育下，从开始只有七八个人，经过四五年后发展到 100 多人，积累了丰富的斗争经验，培养了一批革命战士。《新华日报》还在西安、桂林、成都、昆明等地设立分馆和分销处。对外埠订户的报纸，往往采用伪装的方式，在全市邮筒分散投寄，并依靠邮局里同情《新华日报》的员工设法掩护，以送到读者手里。尽管国民党竭力破坏和阻挠《新华日报》的发行工作，但是《新华日报》受到广大人民群众的热烈欢迎，经过坚持斗争，报纸销量高达五万余份。

（二）国统区进步新闻事业的发展

全面抗战爆发后，在创办党的公开机关报刊的同时，党领导国民党统治区的进步新闻文化工作者创办了一批进步报刊。

《救亡日报》是上海文化界救亡协会主办的进步报纸，创刊于 1937 年 8 月 24 日。救亡日报社社长郭沫若、总编辑夏衍集中了一大批进步的新闻工作者和文化工作者。《救亡日报》不登国民党中央社和外国通讯社的消息，它是一张以特写评论、实际采访以及文艺作品为内容的报纸。在上海出版的进步报纸还有《立报》《抗战》三日刊，《文化战线》《救亡周刊》《战线》五日刊，《战时联合旬刊》《战时教育》《战时妇女》《救亡漫画》等。这些进步报刊在党的领导和影响下，向国民党统治区的人民大力宣传了党的全面抗战的主张。

救亡日報
沫若
廣州版十日合訂本第一輯

《救亡日报》

救亡日報
沫若

《救亡日报》

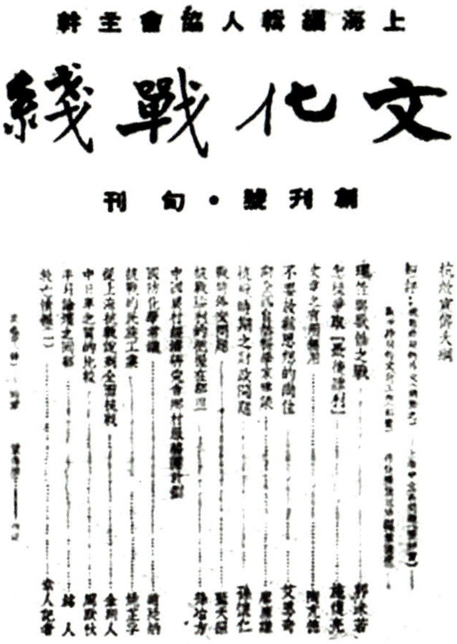

上海編輯人協會主幹

文化戰綫

創刊號·旬刊

《文化战线》创刊号

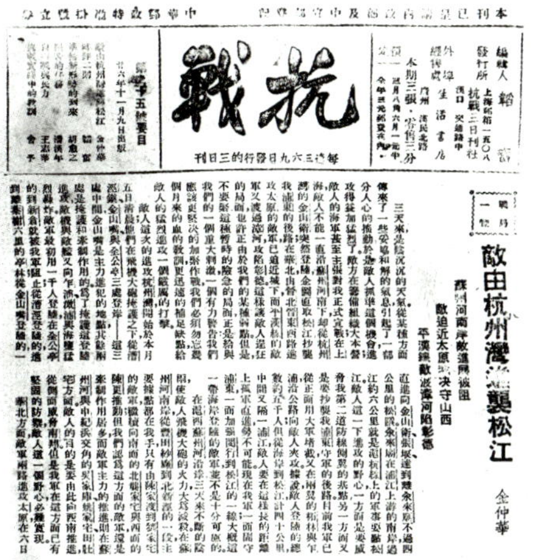

抗戰

《抗战》

上海、南京相继沦陷后，武汉成了国民党统治区的政治文化中心。《抗战》三日刊迁来武汉继续出版，后来和武汉的《全民周刊》合并为《全民抗战》。在武汉创办的大众读物还有《救中国》周刊，《抗战文艺》《自由中国》《抗敌新闻》等。1938 年 3 月在武汉成立的中国青年新闻记者学会，主要负责人和发起者是范长江，进步力量占据主要的领导地位。中国共产党通过这个组织，广泛地进行了新闻界的统一战线工作。学会会刊《新闻记者》月刊，是一份影响较大的进步新闻工作者的刊物。在武汉沦陷前夕，以中国青年新闻记者学会的会员为骨干，创办的国际新闻社，在政治上接受共产党的领导，集中了一批进步的新闻工作者，形成了全国性的通讯社。

武汉沦陷后，国民党统治区的政治文化中心移到重庆。《新华日报》《全民抗战》等报刊从武汉迁到重庆后，《全民抗战》还另出了通俗版

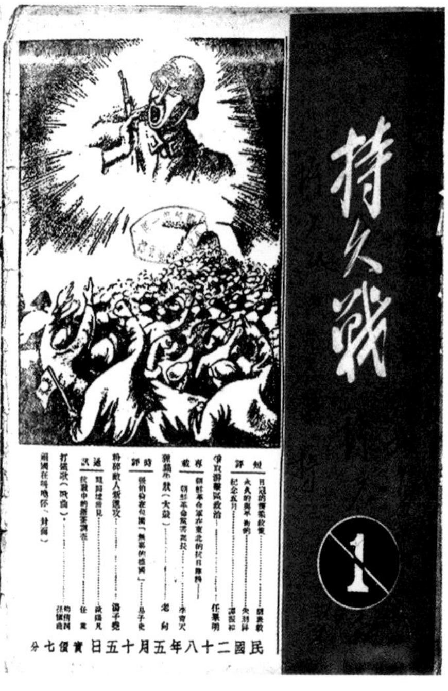

《救亡周刊》

和战地版。中国青年新闻记者学会总会也迁至重庆。国际新闻社在重庆设办事处，还创办了《读书月报》等进步期刊。

进步新闻事业利用广西地方实力派和蒋介石的矛盾，使得桂林也形成了一个重要的文化中心。《新华日报》曾在这里设分馆翻印发行。《救亡日报》在上海沦陷后迁往广州，广州沦陷后也迁至桂林。国际新闻总社也设在桂林，并出版有《力报》等。

在各地出版的进步报刊中，比较著名的还有西安的《老百姓报》，长沙的《观察日报》等。在山西，还有“全民通讯社”和“民族革命通讯社”等进步通讯社。

由于国民党的迫害，许多进步新闻文化工作者转移到香港，先后创办了《大众生活》《华商报》《光明报》《国讯》等进步报刊。

（三）沦陷区的抗日报刊

沦陷区，敌伪的反动新闻事业居于统治地位，抗日报刊被严禁出版。然而，革命的和爱国的新闻文化工作者，在中国共产党的领导和影响下，或采取地下秘密出版的方式，或利用租界的特殊条件，也创办了一些抗日报刊。

天津沦陷后，出现了《高仲铭纪事》《炼铁工》《抗战》《匡时》《前哨月刊》《火线上》《突击》《后方》等20多种小型抗日报刊。这些抗日报刊，大部分是爱国的知识分子主办的。如油印小报《高仲铭纪事》，是由一个进步的职业编辑主持出版，发行多达6000份，在天津市秘密地普遍流传。《炼铁工》是由粗通文字的工人编辑的，文字虽比较粗糙，但爱国精神溢于言表，传遍了天津的大小工厂。1938年，在苏州附近的一个小镇上，也出版过一种名叫《青白报》的小型抗日报纸。这些地下的抗日报刊，史料极少，很难找到，不能详载史册，但它们爱国和革命的精神火花将永远闪耀在中国报刊史上。

共产党领导或影响下的新闻工作者，还在租界利用外国商人的名义，创办了一批中文的抗日报刊。这些报刊由外国商人担任发行人，可以避免日寇的新闻检查。最早，在党的领导下出版了纯翻译的小报——《译报》，稿件均译自外国的报刊和通讯社，进行了抗战的宣传，但不久被迫停刊。1938 年 1 月 21 日，仍以英商的名义出版《每日译报》，开始时仍似《译报》那样专门刊登译稿，以后就增加了自己编写的一些栏目、专刊、专电、本报特讯等，并从内地重要报刊如《新华日报》等转载文章，扩大和加强了宣传的内容，很受读者欢迎。该报还编辑出版了《译报周刊》，它是当时“孤岛”定期刊物中销量最大的一种。在党的领导下还以外商名义出版了《导报》《导报增刊》《文汇报》等重要报刊。汪精卫公开叛国投敌以后，《每日译报》《导报》等团结了一切进步的抗日报刊，大张旗鼓地进行了反汪宣传，彻底揭露了汪精卫的卖国罪行，扩大了共产党在人民群众中的革命影响。

当时较著名的刊物还有《学习》半月刊、《上海周报》《职业生活》《文献》《时论丛刊》《求知文丛》，以及《时代》周刊、《苏联文艺》月刊、《苏联医药》月刊等。

1941 年太平洋战争爆发后，党领导的抗日报刊的宣传斗争主要转入地下状态。这时的斗争方式主要有以下几种：第一种是由党领导的工人、学生的群众团体出版印刷的或手抄的小型刊物，有的秘密出版，有的半公开发行。如《酱工》月刊、《东吴团契》等。第二种是支持或影响一些公开出版而没有明显政治倾向的刊物，来保持一些健康有益的宣传，如《万象》月刊等。第三种是利用敌伪和国民党反动派之间的矛盾，投稿占领敌伪的宣传阵地，把一些重要的事实真相如有关第三次反共高潮的情况透露给上海人民。此外，党还采用印发秘密传单及书籍小册子等方法进行宣传。通过各种途径，党领导的进步宣传的影响始终没有完全中断。

五、解放战争时期党的新闻事业

解放战争时期，党的新闻事业为宣传贯彻党的路线和政策作出了重要贡献。内战全面爆发以前，党和人民的新闻事业主要是揭露和反对了国民党反动派发动内战的阴谋，进行了争取和平民主的斗争，帮助党扩大了反对美蒋反动派的人民革命统一战线。内战全面爆发以后，党的新闻事业主要是进行人民解放战争宣传和土地改革宣传的有力工具。

（一）党的新闻事业的新发展

抗战胜利后，解放区党的新闻事业有了新的发展。原有的报刊得到加强，特别是各大战略区创办或改出大型报纸，同时，创办了一些新的报刊。在新建的东北解放区，1945 年 11 月 1 日，中共中央东北局机关报《东北日报》在辽宁沈阳创刊。随着东北各地区党组织的建立和发展，还创办了各级党委的机关报。这些党报对建立巩固的东北解放区起了重要的作用。1945 年 12 月 9 日，中共中央华中局机关报《新华日报》（华中版）在江苏淮阴创刊。1945 年冬，中共中央华东局成立，山东《大

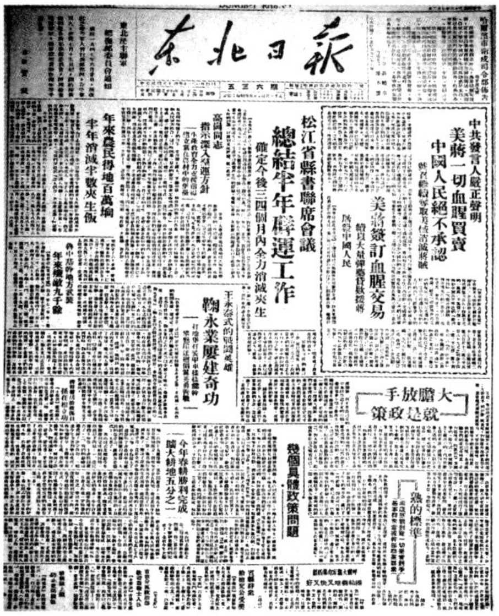
东北日报

中共發言人嚴正聲明
美蔣一切血腥買賣
中國人民絕不承認

美蔣簽訂血腥交易

松江省縣書聯席會議
總結半年群運工作
確定今後三四個月內全力消滅夾生

年來農民得地百萬垧
半年消滅半數夾生飯

大膽放手
就是政策

幾個具體政策問題

《东北日报》

DAZHUNG-RHBAO

大眾日報

陳粟大軍大反攻一個月

獲戰略上偉大勝利

殲蔣匪一萬二千餘

《大众日报》

KANGZHAN RHBAO

抗戰日報

我軍夾擊同蒲北段之敵

克據點廿餘直逼寧武城

山西一百〇五縣中

卅六縣我已完全佔領

《抗战日报》

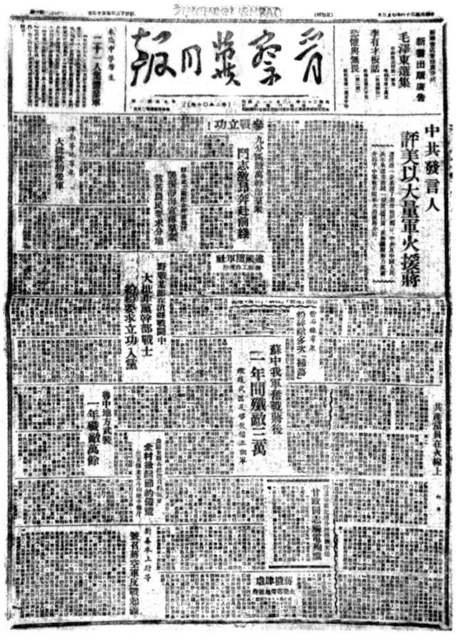
晉察冀日報

中共發言人

評美以大量軍火援蔣

《晋察冀日报》

众日报》改为华东局机关报。1946年5月15日，晋冀鲁豫中央局机关报《人民日报》在河北邯郸创刊。1945年9月，《晋察冀日报》扩大成对开大张。1946年7月，《抗战日报》改名为《晋绥日报》。各大战略区还出版了综合性的大型杂志，如晋察冀解放区的《北方文化》，晋冀鲁豫解放区的《北方杂志》等。

此外，还增出了不少地方性的小型报纸，其中值得注意的是随着工矿、城市、少数民族地区的解放，还出版了以工人为对象的报纸、城市报纸和少数民族文字的报纸。

《北方文化》

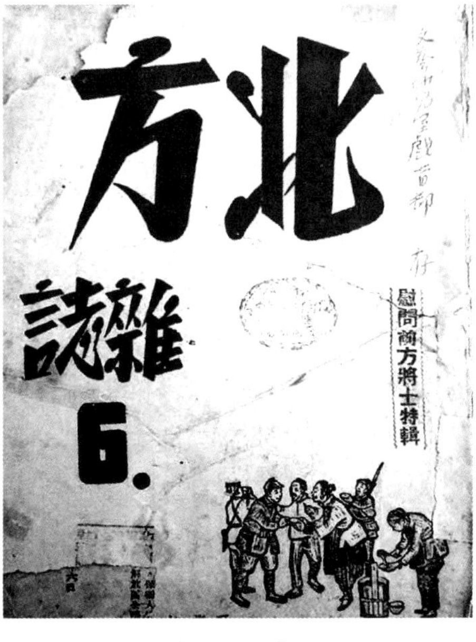

《北方杂志》

党的广播事业有了迅速发展。新华社编辑科的口头广播组扩大为语言广播部，延安新华广播电台增加播音时间，增添播送节目。1945 年 9 月刚恢复播音时，每天播两个小时。节目有时事新闻、解放区消息、解放区政策和建设介绍，言论、纪录新闻等。一年以后，播音时间增加到 3 小时 30 分，节目增添了对国民党军队广播（主要介绍各个解放区战场上被俘国民党军队尉级以上军官的名单以及他们被俘后的生活状况），人民呼声（播送国民党统治区人民的言论），广播评论、演讲等。稍后，又开办了英语新闻节目。1947 年 3 月，国民党军队进犯延安，延安新华广播电台改名陕北新华广播电台，在战争环境中多次转移，始终坚持播音。到全国解放前夕，党和人民的广播事业，包括陕北新华广播电台和各解放区先后建立的地方新华广播电台，共发展到 35 座。新华广播电台及时传播了党中央的声音，及时传播了人民解放战争的胜利捷报，以及国民党统治区人民爱国民主运动迅猛发展的消息，成为党用以揭露、瓦解敌人，团结、教育人民的锐利武器。

1948年5月23日，陕北新华广播电台由涉县沙河村，迁移到西柏坡附近的张胡庄继续播出，9月，因敌机空袭又迁往井陉窟窿峰。图为陕北新华广播电台在河北井陉窟窿峰旧址

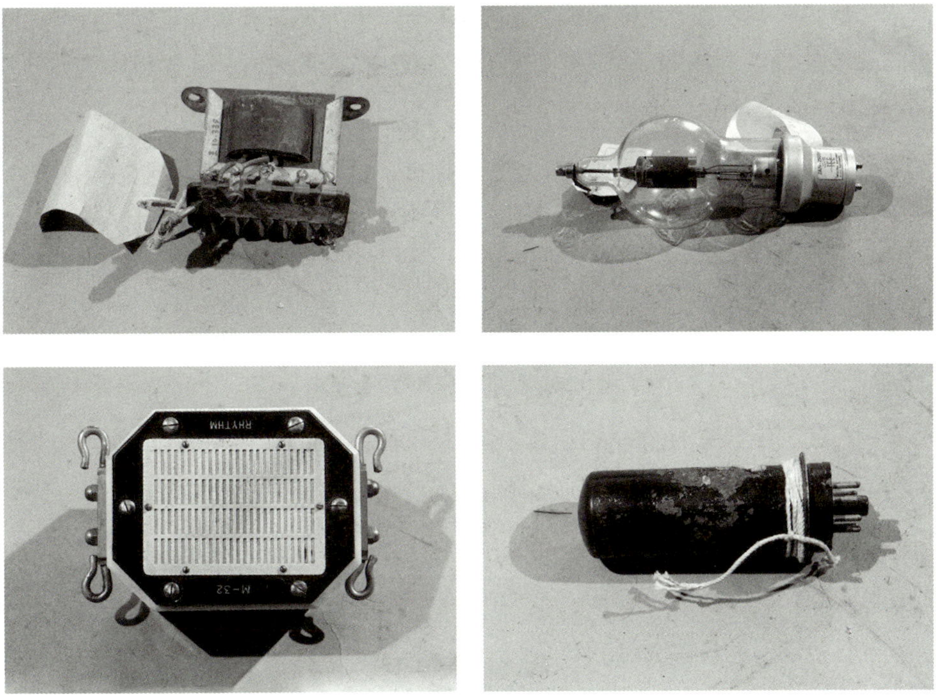

陕北新华广播电台使用过的设备器材

解放区的新闻教育事业得到发展。1946 年 2 月，华中新闻专科学校成立，这是解放区第一个专科的新闻学校。各解放区原有的和新成立的高等学校，如延安大学、华北联大、山东大学、中原大学等，也曾设立过新闻系或新闻专修班。他们贯彻理论和实践相结合的方针，注重思想改造，为党培养了一批新闻干部。

在国民党统治区中，在内战全面爆发以前，党和人民的新闻事业在和国民党反动派的斗争中获得了一定的发展。除《新华日报》和《群众》继续在重庆出版外，党于 1946 年 2 月 22 日在北平创办了一个公开的机关报《解放》报（原为三日刊，从 27 期起改为二日刊），同时成立了新华社北平分社。《解放》报辟有《群众呼声》《读者通信》《问与答》等专栏，和国民党统治区的人民建立了密切的联系，受到广大读者的欢迎。5 月 29 日，《解放》报和新华社北平分社被国民党查封。

1946 年 5 月，国民党政府迁回南京后，《新华日报》总社迁往上海，准备在上海、南京两地同时出版，并把重庆版改为中共四川省委机关报。重庆版改组后，继续坚持战斗。但是，国民党却竭力阻止《新华日报》在上海、南京出版。1946 年 6 月，《群众》在上海出版。上海《群众》杂志在一定程度上兼负党的机关报纸的任务，并由半月刊改为周刊。它用主要篇幅刊载中共中央和中共驻南京代表团的文件，刊

香港版《群众》周刊

载《解放日报》《新华日报》和新华社的重要社论和评论。它的《信箱》一栏，广泛反映国民党统治区人民群众的政治主张和要求，解答思想疑难问题，讨论普遍性的思想问题，影响很大。1947 年 3 月 2 日停刊。上海《群众》停刊之前，党于 1947 年 1 月在香港出版了《群众》周刊，直到 1949 年 10 月 20 日才自动停刊。党在国民党统治区不能公开出版报刊以后，香港《群众》周刊曾广泛传播《新华社电讯》记录稿，《群众》香港版在上海也有秘密选印的伪装封面的版本流传，继续进行宣传斗争。党的重庆地下市委秘密出版油印的《挺进报》（1947 年 2 月创刊，1948 年 4 月停刊），抄收刊载延安新华广播电台广播。上海中共地下组织秘密出版《文萃丛刊》（1947 年 3 月）和《地下文萃》（1949 年 3、4 月间）。

党团结民主党派团体和进步文化人士，领导和支持他们创办了一些进步报刊。较著名的有《联合日报》及其晚刊、《建国日报》《周报》《文萃》《民主》《消息》《展望》等。这些报刊大多在上海出版，有力地配合了党的报刊反对内战争取民主的宣传斗争。

在党的积极影响下，一些历史悠久、颇具影响的民营报刊，如《文汇报》《新民报》等，也转向民主派或接近民主派的立场。党还派出地下工作者以公开职业为掩护，打入国统区官办的或民营的报刊、通讯社，如重庆《商务日报》和北平《益世报》《平明日报》都有地下工作者在

《文汇报》

《新民报》

那里迂回曲折地进行宣传斗争。

从 1946 年底开始，随着人民解放战争的发展，在国民党统治下的北平、上海等城市的学生民主爱国运动有了新的高涨，逐步形成了反对国民党的第二条战线。在这一斗争中，许多学生团体在党的领导下出版了一批校刊、特刊、快报、壁报，如《清华周刊》、北京大学的《反饥饿、反内战罢课专刊》、上海同济大学的《争民主反迫害快报》等。这些报刊是第二条战线上的新闻尖兵，对学生民主爱国运动起了有力的宣传、鼓动和组织作用。

（二）党的新闻事业反对内战争取民主的斗争

抗日战争胜利后，中国共产党提出了“和平、民主、团结”的口号，领导全国人民在新闻战线同国民党反动派进行了针锋相对的斗争。

日本刚刚宣布投降，蒋介石公然发出“命令”，阻止共产党领导的人民武装去接受敌伪投降。在这重大的历史转变关头，毛泽东及时为新华社接连写了两篇评论，即《蒋介石在挑动内战》和《评蒋介石发言人的谈话》，深刻揭露了蒋介石的所谓“命令”和发言人的谈话“从头到尾都是在挑动内战”，是“公开发出的全面内战的信号”，而蒋介石其人才是众所公认的“人民公敌”。评论强调，中国共产党的一贯方针“就是反对内战”；并指出，制止内战的唯一办法，就是“坚决迅速努力壮大人民的民主力量”，给蒋介石以“坚决的反击”。

1945 年国共会谈后不久，《大公报》发表了社评《质中共》（1945 年 11 月 20 日重庆版），把内战责任归于共产党，要共产党交出军队和解放区政权。《新华日报》迅速写了反驳社论《与大公报论国是》（1945 年 11 月 21 日），指出阴谋发动内战的乃是不许十八集团军受降、秘密布置“剿匪”的蒋介石。社论引用孙中山关于“国民之武力”的论述，有力地驳斥了“人民不得有兵”的谬论。社论还指出，《大公报》在若干次要的问题上批评国民党当局，而在一切首要的问题上却拥护国民党当局，有力地揭露了《大公报》的反动立场和丑恶嘴脸。

1946 年 1 月，国民党被迫签订了停战协定，同时召开了政治协商会议，通过了有利于和平民主的决议。蒋介石表面上签订协定，通过决议，实际上是不执行而要撕毁它。党和人民的新闻事业揭露了蒋介石破坏停战协定和政协决议的各种阴谋，教育了广大人民群众。三四月间，蒋介石在国民党二中全会和国民参政会上，公开而彻底地破坏了政协决议和东北停战协定。《解放日报》为此发表了社论《驳蒋介石》，《新华日报》也全文转载，揭露蒋介石的反革命阴谋，取得了政治上的重大胜利。

内战全面爆发以后，蒋介石表面保持和共产党的谈判。党和人民的新闻事业在一个时期内继续进行反对内战争取民主的斗争。从 1946 年底起，国民党统治区广大学生的民主爱国运动有了新的高涨，逐步形成了反对蒋介石反动统治的第二条战线，给了国民党反动派以严重打击。党和人民的新闻事业大力支持和鼓励了第二条战线的伟大斗争。《新华日报》等被迫停刊以后，民主爱国的学生报刊在这方面起了显著的作用。1947 年 5 月，毛泽东为新华社写了评论《蒋介石政府已处在全民的包围中》，极大地支持了第二条战线的斗争，指明了中国事变的发展，号召人民为中国革命在全国的胜利迅速地准备一切必要的条件。

（三）党的新闻媒体对人民解放战争的宣传

全面内战爆发后，解放区新闻事业便把动员一切力量粉碎敌人的进攻，争取解放战争的胜利作为自己新的中心任务。

毛泽东在 1946 年 8 月发表了《和美国记者安娜·路易斯·斯特朗的谈话》一文，深刻阐明了“一切反动派都是纸老虎”的著名论断，指出美蒋反动派总有一天要失败，而我们总有一天要胜利。这对于指导当时的军事宣传具有极为重大的意义。同时，《解放日报》等报纸也指出了美蒋反动派暂时的、表面的优势，并提醒军队和人民防止骄傲轻敌的思想。这就用毛泽东关于在战略上要藐视敌人，在战术上要重视敌人的思想武装了广大军民。解放区新闻事业还大力宣传了毛泽东规定的以歼灭敌军有生力量为主要目标，不以保守或夺取地方为主要目标的原则。在战略撤退中，尽量发布歼灭敌军主力的战报，并经常在各个战役胜利的报道和评论中，用具体事实说明正确的战略思想。

1946 年毛泽东和史（斯）特朗谈话的地方

·28·~ 028

毛澤東論紙老虎

史特朗 Anna L. Strong 作
杜無門譯自「美亞」雜誌四月號

毛澤東是亞洲著名領袖之一，也是吸引我訪問延安的主要因素。他有十九年的功夫生活在「被封鎖的」環境中。其中有一半時間係在南方產米區，江西省的中國蘇維埃區，有一半時間是在中國西北荒涼的山地裏。十九年間他一直被蔣介石的兵合包圍着，有時又被日本的陣線所包圍。但是就在這種被隔絕的情況的下，毛澤東觀測並策劃中國的前途，深深地影響着亞洲以至於世界的將來。

毛氏在以延安爲首府的邊區政府內並不担任任何官職。他的職位是中國共產黨主席。中共在過去內戰與抗日戰爭的十九年中生生不息，現在已增加至兩百萬名黨員。他同時也是一位哲學家與一種政治制度的先知。這一種政府現在在東北華北轄地七十萬方哩，擁有人民一萬三千五百萬，這區域約等於美國密士失必河以東的區域，其人口約等於整個美國。

這種政治制度名爲「新民主」，實施新民主的地區就叫「解放區」。但毛澤東之名還聞於解放域外。在前幾年蔣介石避着的四川峨嵋山，某晚我的一位美籍友人與幾個農民在一起過夜。他們知道他可以信任的時候就說：「只等時機成熟。我們已有充分準備。我們都知道在朱毛底下日子要好過得多哩。」

毛澤東這位幾千民選鄉政府的領袖，這位推行廣及十幾省的土地改革的鼓勵者，這位蔣介石沒有美國援助休想攻擊的大軍的指導者，就生活在中國西北的山區，土地貧瘠的落後地方。這裏是所謂邊遠之區，在中共到來以前，其窮困每每造成五六年一場「大飢荒」。今天就靠着無間歇的勞動，改進灌溉，並推行軍政官員一體參加的「生產運動」才使這區域自給自足起來。

毛主席像延安其他人一樣，住在窰洞裏。他住的是山邊黃土地所隔相連的四個洞。同一個山邊還有幾百個洞。

我們就坐在他洞門前平坦的土臺上，遙望着日落於荒漠的羣山之間。我們坐處四周與下面都是毛的園地，其中長着高高的玉米，大而又紅的番茄，此處還有些落花生，毛夫人就由這園地裏採摘了些，供作了我們這頓津津有味的晚餐。毛的小女孩圍繞在他膝前玩耍，然後爬上了他的膝蓋，向着了外國客人探看，她的好奇心理戰勝了她的羞澀。我望到洞的上面，看到離我們五十尺的高處兩家人家的孩子正在長草後面窺着我這個有趣的外國女人在訪問主席。

史（斯）特朗的文章《毛泽东论纸老虎》刊登于美国《美亚》杂志

正是为了适应这种宣传的需要，战役分析、综合战报等带有评论性的军事新闻，成了当时的重要体裁。这些宣传使解放区广大军民正确地认清了战争形势，坚定了胜利的信心。

战略反攻阶段到来，军事宣传的要求也有了发展。这时，一方面固然仍需继续宣传胜利，鼓舞士气，另一方面更需大力揭露蒋介石的罪行，坚持把革命进行到底。当时，解放军用“诉苦”和“三查”的方法进行新式的整军运动。这一运动对进一步提高解放军的政治觉悟和战斗力具有极重要的意义。解放区的新闻事业，主要是部队报刊，对指导和推动这个运动起了重要作用。解放区新闻事业还根据毛泽东关于瓦解敌军的思想，大力进行了关于我军对待俘虏的政策和争取敌军起义投诚的宣传。这不只起了瓦解敌军的作用，而且对国民党统治区的广大社会阶层产生了广泛的影响。毛泽东写的《敦促杜聿明等投降书》等广播稿，就是瓦解敌军的典范作品。此外，由于解放军同时是一支工作队，在部队进入新解放的城市时，也便担负起初期的城市工作，有关城市工作的报道也就由担负军事报道的部队记者负责。这些都为军事宣传提供了新的丰富的内容。

当时，运用新闻工具进行军事宣传，受到全党、全军极大的重视。“全党办报”和“全军办报”在这个宣传斗争中表现得十分突出。毛泽东亲自为新华社写了大量的军事宣传稿件，有评论也有新闻。如《中国军事形势的重大变化》，就是一篇有极大影响的军事评论。它指出，再有一年左右的时间就可以打倒国民党的反动统治。这是多么鼓舞人心的科学预见，以后军事形势的发展完全证明了这一点。各战线的军事

1949 年 4 月人民解放军百万大军横渡长江

政治负责人也经常撰写或指导撰写军事新闻和评论，大大提高了军事宣传的质量。这时，出现了一些极其优秀的军事新闻作品，例如毛泽东为新华社写的《东北我军全线进攻，辽西蒋军五个军全部被我包围击溃》（1948 年 10 月 27 日）、《中原我军占领南阳》（1948 年 11 月 5 日）、《人民解放军百万大军横渡长江》（1949 年 4 月 22 日）、《南京国民党政府宣告灭亡》（1949 年 4 月 24 日）等军事消息，都是脍炙人口的典范作品。新华社为了加强军事新闻的报道，还对它在各个解放区的组织机构进行了调整，向主要战场派出随军记者或记者团。后来，这些力量得到解放军部队的大力支持，组成了新华社的前线分社和支社，建立了系统的军事报道组织。起初，在各战略区设野战分社，纵队设支社。以后，解放军扩大发展，通讯组织也随之发展，野战军设总分社，兵团设分社，各军设支社。这一支通讯组织成了整个解放战争中新闻宣传工作的重要力量。它同时又是部队政治工作的一个有机组成部分，除向新华社提供军事新闻之外，也把部队报纸工作和通讯社的工作结合在一起，担任了部队报纸的编辑工作。这时，部队报刊也有了显著的发展。从各战区、野战军到各纵队、旅、团都出有报刊。部队报刊在建设人民军队，促进解放战争的胜利方面起了重大作用。新华社的前线分社和部队的报刊工作相结合，大大加强了军事宣传与战争实际的联系，提高了军事宣传的质量。

（四）城市报纸和城市政策的宣传

解放战争进入战略反攻阶段以后，一些城市相继解放，于是城市报纸随之发展起来。1947 年 11 月，人民解放军解放石家庄后出版了《石家庄日报》（初名《新石门日报》）。以后又出版了山东的《新潍坊报》、济南的《新民主报》、开封的《开封日报》等。这些城市报纸都是在新的历史条件下创办的。我们党几乎没有在自己领导的城市办城市报纸的经验。这是迫切需要解决的新问题。解决这个问题经过了一个摸索经验的曲折过程，《石家庄日报》的经验教训在这方面起了重要作用。在进城之初，一度在城市工作中出现过机械搬用农村中与恶霸地主作斗争的经验的“左”的偏向，报纸上也作过这种错误的宣传。毛泽东在《纠正土地改革宣传中的“左”倾错误》的指示中，曾指出过这方面的错误，即在工商业和工人运动的方针上，对于某些解放区存在的严重的“左”的倾向，或者加以赞扬，或者熟视无睹。这个偏向只存在了一个很短的时间，便和中央纠正土地改革宣传中的“左”倾错误一起被克服了。《石家庄日报》纠正宣传中“左”倾错误的经验教训，使新闻工作者开始注意研究新解放城市办报的不同条件和要求，特别是正确宣传党的城市政策问题，这对以后办好新解放城市的报纸有重要意义。

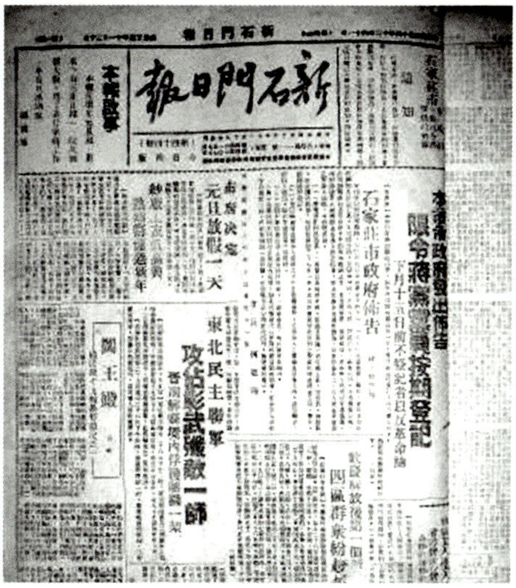
新石門日報

市府決定元旦放假一天

石家莊市政府佈告

東北民主聯軍

攻佔彰武殲敵一師

《新石门日报》

在纠正了“左”的倾向后，宣传上又出现过一些右的偏向。这主要是过高地估计了民族资产阶级在发展生产中的作用，而忽视了工人阶级和国营经济的领导作用。如有的报纸较多地报道了私营企业的复工复业，似乎私人工商业的发展就是解放区经济发展的主要标志。有一些报道城市解放的新闻，宣传商人劳军、商店开门，而没有着重表现英勇斗争的工人阶级。这些偏向也及时得到了克服。这就再一次教育了党的新闻工作者在报道中要进行阶级分析和掌握政策的重要性，以及在工作中特别是在形势转变中要加强思想改造的重要性。

如何办好城市报纸，必须解决城市报纸的方针问题。1948 年 8 月，中共中央宣传部在关于城市办报方针的指示中明确指出，我们的报纸主要是为工人和农民服务的。要反对两种偏向：一种偏向是忘记了报纸主要代表工农兵；另一种偏向是拒绝为工商业者和知识分子服务。指示要求报纸在报道新闻时，要使工人农民知道这些问题对自己有什么重要性，为什么要这样处理，也就是说，要教育工人农民和我们的干部如何做国家政权的主人。这些指示对办好城市报纸有重要意义。

由于缺乏办城市报纸的经验，加之进城之后留用了一部分旧新闻工作人员，在新闻工作中还出现过盲目抄袭资产阶级办报方法的偏向。例如经济新闻中出现了“物价涨势未艾”“普遍抬头”等标题，既没有正确分析当时物价还不能立即平稳的原因，也没有着重指出人民政府调节物价的努力。1948 年冬，中共中央宣传部和新华总社发出指示纠正这种偏向。各地报纸和通讯社进行了检查，又一次提高了党的新闻工作者的政策水平。

1949 年 3 月，党召开了有重要历史意义的七届二中全会。毛泽东在会上作了重要报告，提出了促进革命迅速取得全国胜利和组织这个胜利的各项方针；说明了在全国胜利的局面下，党的工作重心必须由乡村转移到城市；规定了党在全国胜利后各方面的基本政策和向社会主义转变的总任务和主要途径。这就用一整套完整的纲领武装了党的新闻工作者，大大提高了他们的政策思想水平。毛泽东在报告中指出：“从我们接管城市的第一天起，我们的眼睛就要向着这个城市的生产事业的恢复和发展。……通讯社报纸广播电台的工作，都是围绕着生产建设这一个中心工作并为这个中心工作服务的。”这个指示使得城市报纸进一步明确了自己宣传的中心任务，加强了报纸关于城市生产建设的宣传。这些都为中华人民共和国成立后的新闻工作作了重要准备。

（五）土地改革宣传中两条战线的斗争

党在进行解放战争的同时，在解放区彻底进行了土地改革。中共中央于 1946 年 5 月发出指示，将减租减息的政策改变为没收地主土地分配给农民的政策。1947 年 9 月，党中央召开了全国土地会议，进一步制订了中国土地法大纲，规定了彻底消灭封建土地制度的具体政策。同时，党还规定了结合土地改革开展一个整党运动，解决在党的地方组织方面，特别是在党的农村基层组织方面所存在的成分不纯和作风不纯的问题，以保证土地改革的彻底实行。

土地改革运动给了解放区的新闻事业以极深刻的影响。关于土地改革的宣传，在运动的高潮中，成了解放区新闻事业的最突出的一个中心内容。解放区新闻事业大力宣传了党的关于土地改革的方针政策，热情地指导和反映了这一伟大的群众斗争，取得了很大成绩。但是，在土地改革运动的前期，也曾宣传了一些右倾的错误观点，这在一定程度上反映了实际运动中的右倾偏向。在党中央的正确领导下，在纠正土地改革右倾偏向的同时，也发现和纠正了土地改革宣传中的右倾偏向。在这方面，反“客里空”运动起了重要的作用。“客里空”是苏联卫国战争时期的剧本《前线》中一个捏造事实、品质恶劣的记者的名字。反“客里空”就是借用这个名字和有关故事以反对不真实的新闻报道和报道中弄虚作假的资产阶级新闻作风。

1947 年春，党在晋绥解放区深入了解土地改革进行的情况和问题，发现《晋绥日报》由于发表过一些不真实的新闻，因而农民对报纸产生了一定程度的不信任心理。1947 年 6 月，《晋绥日报》在中共中央晋绥分局的领导下着手解决这个问题。《晋绥日报》先后发表了《不真实的新闻与“客里空”之揭露》和《关于“客里空”之检查》等文章，公布了揭露和检查出来的有关问题和材料，实行公开的自我批评，并广泛发动人民群众提出批评和检举。这引起了广泛的反应，反“客里空”运动大规模地开展起来。

ZINSUI RHBAO
晋绥日報

《晋绥日报》

通过运动，《晋绥日报》揭发出有些新闻是道听途说、捕风捉影的假报道，有些在报纸上表扬过的英雄模范是凭空捏造的。报纸检查了在组织报道、采访、编辑等工作中严重不负责任的，主观主义的“客里空”作风。但最重要的还是深入一步地揭发出新闻工作中的阶级立场问题。报纸宣传了一些地主“献地”“拥护”土地改革等右倾观点，严重地歪曲了党领导的土地改革运动。有的记者歪曲事实，竟把地主说成“中农”，甚至迫使农民退还斗争果实。这些情况说明，新闻队伍中也存在着成分不纯和作风不纯的严重问题。

《晋绥日报》开展自我批评以后，新华社发表了社论《学习晋绥日报的自我批评》和评论《锻炼我们的立场与作风》两篇文章。文章深刻指出，这种自我批评是在从抗日战争、减租减息发展到解放战争、土地改革的新形势下进行的。很多知识分子出身于地主富农家庭，如果不和家庭划清界限，就必然会发生立场和作风问题。文章指出，《晋绥日报》的反“客里空”运动是“土地改革中的一个收获”，号召各解放区的新闻工作者，甚至一切工作部门都应该学习《晋绥日报》的自我批评精神，锻炼立场和作风。于是，反“客里空”运动迅速扩展到了党的整个新闻事业。

反“客里空”运动检查和批评了解放区新闻工作中的立场和作风问题，造成了解放区新闻工作者的自我改造运动，并结合整党清除了解放区专业的和非专业的新闻队伍中的地主富农分子，解决了成分不纯的问题；使解放区新闻队伍的战斗力大为加强。由于运动是发动群众一起进行的，因此报纸在群众中的威信也大为提高。这样就有力地推动了新闻工作的改进。报纸纠正了土地改革宣传中的右倾错误，大力贯彻了党在农村的阶级路线和政策，满腔热情地反映和指导了土地改革运动这一伟大的群众斗争。同时，广大新闻工作者对党的新闻事业的责任心显著增强，新闻必须完全真实的原则受到很大的重视，不真实的新闻大为减少。在这些方面，《晋绥日报》的工作有显著的改进，是具有代表性的。

在反对了右倾偏向后，解放区新闻事业在土地改革宣传方面取得了很大成绩，这是主要的。但是，在一个短时期中却又出现了一些“左”的错误。这主要表现是：1. 不是全面地宣传党在土地改革工作中的阶级路线，而是孤立地宣传贫雇农路线。不是全面地宣传党的统一战线的政策，而是孤立地宣传所谓贫雇农打江山坐江山。 2. 在整党问题上有唯成分论的宣传。3. 在土地改革问题上有赞扬急性病、助长尾巴主义的宣传，如强调所谓“群众要怎样办就怎样办”。党中央及时发现了这些“左”的偏向。毛泽东于1948年2月11日起草了《纠正土地改革宣传中的“左”倾错误》的指示，指出了这些错误的表现，要求各地党的领导机关、新闻机关和新闻工作者，根据马克思列宁主义原则和中央路线，检查工作，发扬成绩，纠正错误。这个指示贯彻的结果，及时纠正了土地改革宣传中的“左”倾错误，同时，针对这些错误，在新闻工作者中又开展了一次端正立场观点方法的学习运动，使大家进一步接受经验教训。在不到一年的时间内，解放区新闻工作者先后经历了反对右倾和反对“左”倾的两条战线的斗争，受到了极深刻的教育。

1948 年 4 月 2 日，毛泽东作了《对晋绥日报编辑人员的谈话》。这个谈话对《晋绥日报》反右和反“左”的斗争，实际上也是对当时整个解放区新闻事业两条战线的斗争作了基本的总结。毛泽东指出：“晋绥日报在去年六月以后进行的反对右倾的斗争，是完全正确的。在反右倾的斗争中，你们作得很认真，充分地反映了群众运动的实际情况。”他热情地赞扬了反右倾后的报纸：“有很大进步。内容丰富，尖锐泼辣，有朝气，反映了伟大的群众斗争，为群众讲了话。我很愿意看它。”接着，毛泽东也指出了后来发生了“左”的偏向，并具体地分析说：“过去发生‘左’的偏向，是因为大家没有经验。”因此，“总结了反右反‘左’的经验，使头脑清醒起来，你们的工作就会有改进。”他还借用古人的话说：“文武之道，一张一弛。”“张”就是指的反“右”，“驰”就是指的反“左”。这就深刻地说明了进行既反右又反“左”的两条战线的斗争，是坚持正确路线的必由之径，是一个规律。毛泽东明确指出：“在我们纠正偏差的时候，有的人把过去的工作看得毫无成绩，认为完全错了。这是不对的。……对于我们的工作，对于群众的事业，应当采取分析的态度，不应当否定一切。”这样的基本总结，给解放区新闻工作者以深刻的教育与极大的鼓舞，指导他们认真总结了两条战线斗争的经验，从而把解放区的新闻事业办得更好。

毛泽东在总结党报两条战线斗争的同时，从马列主义的基本原则出发，从党的群众路线的高度，精辟地阐明了党报的作用任务、办报的路线、方针、风格等一系列重大问题。

毛泽东指出：“马克思列宁主义的基本原则，就是要使群众认识自己的利益，并且团结起来，为自己的利益而奋斗。报纸的作用和力量，就在它能使党的纲领路线、方针政策、工作任务和工作方法，最迅速最广泛地同群众见面。”党的纲领路线、方针政策等都是代表群众利益的。通过报纸使政策为广大群众知道，动员他们团结起来为之奋斗，这正是党领导广大群众进行革命斗争的一条重要纽带。报纸不是正确地宣传党的政策，就是错误地宣传党的政策。正确地宣传党的政策，使之变为群众的行动，就能产生巨大的物质力量，推动革命事业沿着正确的路线胜利前进。如果错误地宣传党的政策，就会犯右的或“左”的错误，就会脱离群众，给革命事业带来损害。因此，毛泽东深刻地指出：“办好报纸，把报纸办得引人入胜，在报纸上正确地宣传党的方针政策，通过报纸加强党和群众的联系，这是党的工作中的一项不可小看的、有重大原则意义的问题。”

人民日報

向黨中央、向毛主席致敬！向朱總司令暨前線將士致敬！

新華社社論

將革命進行到底

——一九四九年新年獻詞——

中共中央致電祝賀華北前線我軍偉大勝利

華北軍區各首長

電慰全區傷病員同志

希望安心休養早日恢復健康

1949年1月1日，《人民日报》头版刊登《将革命进行到底——一九四九年新年献词》

毛泽东《对晋绥日报编辑人员的谈话》，是党的新闻工作的纲领性文献，是对马列主义新闻理论的丰富和发展。毛泽东全党办报、群众办报的思想得到落实，不少翻身农民参加了通讯员队伍，进一步纯洁和健全了通讯网。这样就丰富了报纸的实际内容，加强了报纸的战斗力。

（六）新闻事业大变革的完成

1948 年下半年以后，辽沈、淮海、平津三大战役取得了伟大胜利，人民解放军不仅在质量上而且在数量上也转入了优势。解放战争乘胜猛进，蒋介石的失败已成定局。于是，国民党一面加紧扼杀人民的声音，一面又一次玩弄假和平的花招，妄图挽救其行将灭亡的命运。在此紧要关头，毛泽东为新华社写了 1949 年新年献词《将革命进行到底》，指出，美蒋反动派眼看已经不能用单纯的军事斗争的方法来阻止解放战争胜利前进，“就一天比一天地重视政治斗争的方法”，即一方面进行“和平”阴谋，另一方面利用某些人混入革命阵营，以便保存反动势力，破坏革命的势力。毛泽东号召，一定要彻底地消灭反动势力，粉碎敌人的政治阴谋，决不怜惜蛇一样的敌人，而“将革命进行到底”。这就用彻底革命的精神武装了全体解放军和全国人民，有力地推进了革命和打击了反革命。“将革命进行到底”，也就成了革命斗争的中心口号，成了宣传斗争的中心任务。接着毛泽东又为新华社写了一系列的重要评论，保证了这个宣传斗争的完全胜利。

蒋介石于 1949 年元旦发表求和声明以后，毛泽东就为新华社接连写了《评战犯求和》《四分五裂的反动派为什么还要空喊“全面和平”？》《国民党反动派由“呼吁和平”变为呼吁战争》《评国民党对战争责任问题的几种答案》《南京政府向何处去？》等重要评论，彻底揭露了国民党利用和平谈判来保存反革命实力的假和平阴谋。这些政治评论具有对反动派揭露的千钧力量，充满对敌人的憎恨和嘲讽，把政治性和艺术性高度圆满地结合起来。

人民日报

别了，司徒雷登

《人民日报》刊登的《别了，司徒雷登》

1949 年 8 月，美国国务院发表了题为《美国与中国的关系》的白皮书，以及艾奇逊国务卿在白皮书编好之后写给杜鲁门总统的信。这是由于美国反动阵营内部关于对华政策的争吵，迫使杜鲁门、艾奇逊等不得不采取白皮书的形式公开暴露若干反革命的真相，企图以此说服对手。这样，白皮书客观上就成为一篇美帝国主义侵华的自供状，为我们提供了一份难得的反面教材。毛泽东及时地抓住了这个问题，直接领导新华社开展了一次声势浩大的宣传斗争。新华社发表了白皮书的摘要和 6 篇重要评论，即《无可奈何的供状》《丢掉幻想，准备斗争》《别了，司徒雷登》《为什么要讨论白皮书》《“友谊”，还是侵略？》《唯心史观的破产》。其中后五篇都是毛泽东亲自写的。这些评论揭露了美国对华政策的帝国主义本质，批评了国内一部分资产阶级知识分子对于美帝国主义的幻想，彻底批判了第三条道路的错误，并且对中国革命的发生和胜利的原因作了理论上的说明。这些宣传引起了全国各民主党派、各人民团体、各报社、各学校以及各界民主人士的广泛的注意和讨论，掀起了一次学习运动。

为了迎接全国的胜利，为了准备新闻事业大变革的到来，党加强了对新闻事业的领导，加快培养新闻干部的步伐。首先是加强新闻队伍的组织纪律性教育。1948 年 6 月，党中央发出关于宣传工作中请示与报告制度的决定，要求各地党报必须无条件地宣传中央的路线和政策，各种宣传凡其内容有不同于中央现行政策和指示的，均应事前将意见及理由报告中央批准，否则不得发表。同时，中央要求各级党委加强对党报的领导，实行由完全懂得党的原则和党的政策的或者是严格注意和用心研究党的原则和政策的同志看大样的制度，并且特别注意社论及编者对新闻的政治性和政策性的按语与对读者问题的答复。按照这一指示，党的新闻工作者进行了宣传工作中无组织无纪律现象的检查，使党报宣传严格置于党中央集中统一领导之下。

1948 年 5 月，新华总社由太行山转移到河北平山西柏坡一带，与跟随党中央转战陕北的新华社工作队汇合。同年秋，党中央将新华社主要干部（包括原延安《解放日报》的编辑人员）集中到西柏坡中央负责同志住处，就近进行日常工作指导，从思想政策到文字技术各方面，进行严格训练、严格要求，培养了实事求是、严肃认真的工作作风。在毛泽东、刘少奇、周恩来等中央领导同志的关怀和培养下，加快了新闻队伍思想建设与人才建设的步伐。

1948 年 9 月—10 月间，党中央为了改进和加强新闻工作，在西柏坡召集人民日报社、新华社华北总分社的部分记者进行学习。10 月 2 日，刘少奇在这次学习会上发表《对华北记者团的谈话》，精辟地论述了无产阶级记者应该具备的四个基本条件：1. 要有马列主义的修养；2. 要熟悉党的路线和政策；3. 要有正确的态度；4. 必须独立地做相当艰苦的工作。关于马列主义修养，“谈话”提出要熟悉马列主义，特别是要“学习唯物史观认识论、学习阶级分析的方法”。关于政策路线的知识，“谈话”提出要了解党的路线和各种具体政策，要懂得两条战线的斗争。强调要“善于用两条战线斗争的方法来办报，既批评‘左’的，又批评右的”，这是马列主义的基本方法。关于正确的基本态度，就是全心全意为人民服务的态度。关于独立地做相当艰苦的工作，一方面要深入实际，多做调查研究，详细掌握材料；一方面要进行思想上的艰苦工作，独立地综合、分析、总结材料，把事情提到政策、理论的高度，透过现象，说明事物内部的联系。

1948 年 11 月，中共中央规定了处理新解放城市中中外报刊和通讯社的政策原则。党在这个问题上的根本观点是：报纸、刊物与通讯社，是一定的阶级、党派与社会集团进行阶级斗争的一种工具，不是生产事业。处理这个问题的根本原则是：保护人民的言论出版自由和剥夺反人民的言论出版自由。因此，对国民党反动派的新闻事业一律予以没收和封闭；对进步的新闻事业予以保护；对中间性的（不反共的）新闻事业则不禁止其依靠自己的力量继续出版。同时，对外国人在中国的新闻事业也制定了一些具体的处理原则和办法。

人民解放军一进入新解放的城市，军事管制委员会就封闭了当地的国民党的反动新闻机构，党的新闻单位也就立即利用这些机构的物资设备开展宣传工作。

《人民日报》创刊地——河北省邯郸市

光明日報

1949 年 6 月 16 日《光明日报》创刊

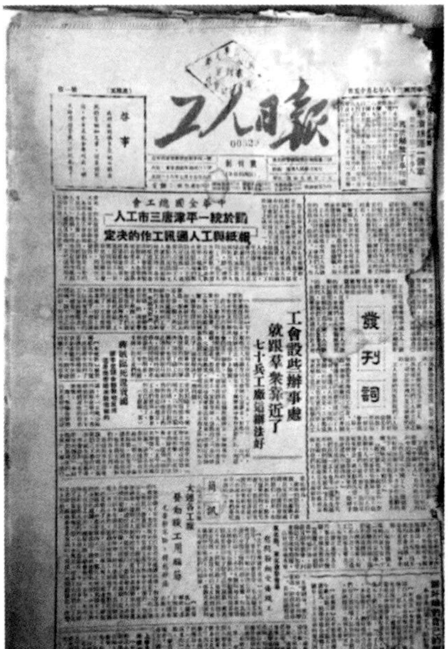

工人日報

發刊詞

1949 年 7 月 15 日《工人日报》创刊

随着解放战争胜利地向全国推进，先后建立了一批中央一级、中共中央局以及各省市委的报纸。华北《人民日报》于 1949 年 3 月迁北平出版，从 8 月起，根据中共中央的决定改为中共中央机关报。同年 6 月，中国民主同盟机关报《光明日报》创刊（1953 年改为各民主党派联合机关报）。7 月，中华全国总工会机关报《工人日报》创刊。中共中央中南局机关报《长江日报》于 1949 年 5 月创刊于武汉。中共中央华东局兼上海市委的机关报《解放日报》也于 1949 年 5 月创刊于上海。另外，一些重要的全国性的刊物，如《学习》《中国青年》《文艺报》等，也及时出版。同时，新华社和广播电台也有了很大的发展。

1949 年 3 月，新华社迁至北平，随着中华人民共和国成立而成为国家通讯社。陕北新华广播电台也和新华社同时迁至北平，6 月改名为北平新华广播电台，并离开新华社开始成为独立的宣传机关（1949 年 12 月成为中央人民广播电台）。中华人民共和国成立时，全国各地广播电台已发展到 40 座。从此，报刊、通讯社和广播电台在全国广泛建立起来，形成了全国统一的党和人民的新闻事业。

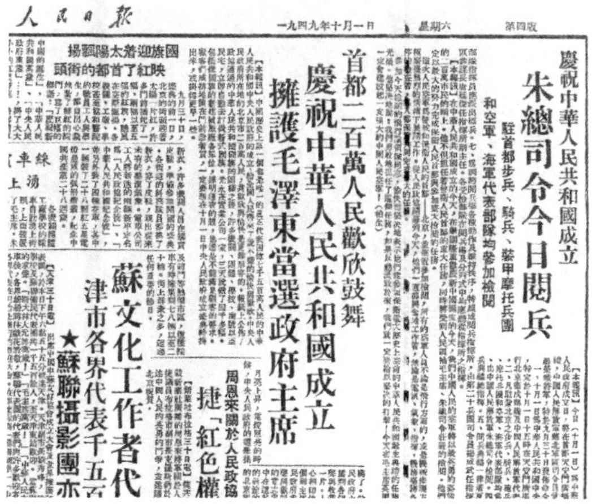
人民日報

一九四九年十月一日 星期六 第四版

慶祝中華人民共和國成立

朱總司令今日閱兵

駐首都步兵、騎兵、裝甲摩托兵團和空軍、海軍代表部隊均參加檢閱

首都二百萬人民歡欣鼓舞

慶祝中華人民共和國成立

擁護毛澤東當選政府主席

1949 年 10 月 1 日的《人民日报》

1949 年 7 月，中华全国新闻工作者协会筹备会成立。该协会推举了参加中国人民政治协商会议第一次全体会议的新闻界代表，代表新闻界参加了建立新中国的工作。同年 9 月，中国人民政治协商会议第一次全体会议开会，通过了共同纲领。纲领第 49 条规定：“保护报道真实新闻的自由。禁止利用新闻以进行诽谤，破坏国家人民的利益和煽动世界战争。发展人民广播事业。发展人民出版事业，并注重出版有益于人民的通俗书报。”这表明全中国人民和新闻工作者得到了真正的新闻自由，并在法律上得到了充分的体现和保证。

1949 年 10 月 1 日，中华人民共和国宣告成立。从此，我国的新闻事业开始了一个新纪元。

第二编　延安时期新闻领导机关、出版发行机构

一、中共中央党报委员会

1936 年 5 月，中共中央政治局在陕北瓦窑堡（今子长市）成立了由张闻天直接负责的中共中央党报委员会，委员会成员有博古（时任中华苏维埃西北办事处主任）、吴亮平（时任中央宣传部部长）、李维汉（时任中央组织部部长）、陆定一（时任红军总政治部宣传部部长）、凯丰（时任中央宣传部委员会负责人）、王稼祥（时任红军总政治部主任）。秘书为毛齐华。党报委员会负责管理红中社、《红色中华》报和中央理论刊物《斗争》《党的工作》。

1936 年 5 月至 1937 年 1 月任中共中央党报委员会主任的张闻天

1937 年 1 月至 1943 年 1 月任中共中央党报委员会主任的秦邦宪

中共中央党报委员会成员吴亮平

中共中央党报委员会秘书长廖承志

中共中央党报委员会秘书毛齐华

1937年1月，中共中央党报委员会由保安(今志丹县)迁到延安。3月，党报委员会进行了改组，由张闻天、凯丰、王明、秦邦宪、周恩来组成，博古任主任，秘书长先后为廖承志、徐冰，出版科科长刘雪苇，发行科科长王均予，统一领导中央机关杂志、报纸、通讯社。

1937年8月，博古离开延安去长江局，此后党报委员会再无实际负责人。1942年3月，中共中央政治局任命博古为中央党报委员会主任，委员有王明、张闻天、王稼祥、徐冰、杨松、肖向荣、吴亮平等。1943年3月中央机构精简和调整后成立了以毛泽东为主任的中央宣传委员会，党报委员会即行取消。

二、中共中央出版发行部

中共中央出版发行部办公地址位于延安北关西沟右侧山坡上。

1939年前，出版发行工作由中央党报委员会直接管理。党报委员会对于书籍报刊对外出版发行没有具体的规定，原则上是由党报委员会等部门编译的马克思、恩格斯、列宁、斯大林著作，毛泽东等中央首长的著作、革命书籍和刊物，以“解放社”名义出版，其他社会科学读物用“新华书局”“新华书店”的名义出版发行。

1939年3月22日，中央发出《关于建立发行部的通知》，6月1日成立中共中央出版发行部，部长李富春（兼），副部长王林，秘书处处长褚苏生，出版处处长孙萍，发行处处长向叔宝，印刷处处长祝志澄，总务处处长藏剑秋。1941年12月，中共中央出版发行部改组为中央出版局。1946年春并入中央宣传部。

位于延安城北关西沟的中央出版发行部旧址

三、新中华报社

新中华报社的编辑部最初设在延安南门外西山上的三孔窑洞里，后迁至清凉山上一孔大石窟内。随后，编辑部迁至杨家岭，1941 年 5 月，再次迁回清凉山。

1937 年 1 月 29 日，《红色中华》报改为《新中华报》，同时红色中华社改名为新中华报社。社长兼主编向仲华。先后由中共中央党报委员会、中共中央出版发行部管理。编辑有廖承志、李柱南、左漠野等。1939 年 2 月，《新中华报》改版，先后由李初梨、曹若茗担任主编。郁文、王辑、张映吾、叶澜、于敏、刘力夫、吴一铿等为该报编写人员。

1941 年 5 月 15 日，中央书记处决定将《新中华报》与新华社编印的《今日新闻》合并，创办《解放日报》。16 日，正式改名为解放日报社。

延安清凉山《新中华报》编辑部旧址。

四、解放日报社

解放日报社位于延安城东清凉山上。1941 年 5 月 15 日，中共中央书记处发出通知："五月十六日起，将延安《新中华报》《今日新闻》合并，出版《解放日报》。"毛泽东为《解放日报》题写了报头，并撰写了《发刊词》。5 月 16 日，《解放日报》正式创刊。社长秦邦宪，总编辑杨松，副总编辑余光生。《解放日报》从创刊到同年 9 月 14 日，为四开两版。从 9 月 16 日起，改为对开四版。

1942 年 3 月 16 日，中央宣传部发出《为改造党报的通知》，指出："党报要成为战斗性的党报，就要有适当的正确的自我批评，表扬工作中的优点，批评工作中的错误，经过报纸来指导各方面的工作。"3 月 31 日，中共中央在杨家岭召集《解放日报》改版座谈会，毛泽东、朱德等出席并讲话。4 月 1 日，《解放日报》发表社论《致读者》，宣布即日起，报纸版面进行改革，使之"成为真正战斗的党的机关报"。8 月 25 日，陆定一接替因病住院的杨松，参加编委会工作。

1945 年 8 月 25 日，解放日报社和新华社举行编委扩大会议，宣布余光生任《解放日报》总编辑，艾思奇任副总编辑。

1946 年 4 月 8 日，出席政治协商会议的中共代表秦邦宪、王若飞和叶挺、邓发等同志，乘飞机由重庆返回延安，遇难于山西兴县黑茶山。5 月 28 日，中共中央书记处批准了新华社和解放日报社主要领导人的任命。余光生任代社长兼总编辑，艾思奇为副总编辑兼报社编辑室主任，韩进为报社编辑室副主任。7 月，范长江、钱俊瑞（兼社论委员会主任）、石西民、梅益、徐迈进任副总编辑。

1946 年 11 月，廖承志任社长。从同月 20 日开始，《解放日报》

解放日报社旧址大门

版面由四版改为两版。同时，报社一部分人员以“文化供应社”的名义，前往子长史家畔（今属子长市史家畔乡）筹建战备基地。

1947年3月14日，《解放日报》最后在延安出版第2118期。3月16日，《解放日报》第2119期在史家畔出版，改为四开两版。3月27日，《解放日报》在史家畔出版了最后一期，即第2130期。随后，编辑和印刷人员随范长江向清涧转移。4月初，一部分人员由廖承志率领，东渡黄河，前往华北。其余人员由范长江带领，以“四大队”的番号，改为战时编制，随中共中央机关转战陕北。

五、新华通讯社

新华通讯社（简称新华社）位于延安城东清凉山上。新华通讯社的前身红色中华通讯社，与《红色中华》报社为一套机构。1931 年 11 月 7 日在江西瑞金成立。1937 年 1 月，为适应革命斗争形势的需要，根据中共中央的决定，红中社在延安更名为新华通讯社。

1936 年 12 月，廖承志参加了红色中华通讯社的工作，负责国外电讯的翻译工作。向仲华社长负责国内报道。1937 年 1 月，红色中华通讯社迁驻延安城内。29 日，《红色中华》报改名《新中华报》，红色中华通讯社改名新华通讯社。当天出版的《红色中华》报第 325 期上刊登了 1 月 27 日由新华社发布的消息《红军坚持和平统一救亡御侮之策》，这

位于延安清凉山上的新华社编辑部办公场所（旧址维修前）

是最早以新华社名义发布的消息。同时，新华社西安分社（社长李一氓）在西安正式成立，这是新华社最早的分社。3月，西安分社停止工作。同月，廖承志根据中共中央决定，开始筹办《解放》周刊。4月，沙可夫参加新华社的领导工作。这时，新华社已正式设立了收发新闻电台，台长沈一立。年底，新华社已增加到20多人，一部分住延安城内，一部分住清凉山上。1938年夏，全部迁到清凉山上。

1939年初，中共中央决定新华社与《新中华报》社分立。向仲华任新华社社长。社址迁驻杨家岭中共中央机关所在地。这时，新华社分设广播科、通讯科、译电科、油印科。新华社将抄收的电讯，除供报纸选用外，大部分则印成《参考消息》（后改《今日新闻》）供党中央领导同志参阅。12月1日，新华社的业务刊物《通讯》出版创刊号，毛泽东为《通讯》题写了刊名。

1941年5月，新华社迁回清凉山。新华社所编印的《今日新闻》与《新中华报》合并，出版《解放日报》。同年12月，向仲华调离新华社，解放日报社社长秦邦宪兼任新华社社长，吴文焘调任新华社副社长。新华社内部设电务科、翻译科、广播科。

1944年8月，新华社成立了英文广播部，并进行试播。9月1日，英文广播正式开播。1945年2月，新华社广播科改为编辑科。这是新华社业务建设上的一项重要改革。在此之前，广播科主要提供新华广播电台的口语广播稿和文字广播稿。而改为编辑科之后，则分设口播组、国内组和国际组，除为新华广播电台提供口播稿和文字广播稿外，还为《解放日报》和解放区其他报纸提供文字稿。这是中共中央为加强和改革新华社的业务建设与组织建设，在新闻宣传上的重要措施之一。

1945年8月25日，新华社社长秦邦宪宣布了新华社组织机构，新华社下设编辑科、翻译科、电务科、中译组、英文部等部门。

1946年4月8日，秦邦宪因飞机失事不幸遇难。5月28日，中共中央书记处决定由余光生代理社长。新华社编委会确定新华社下设解放区新闻编辑部、国民党区新闻编辑部、国际部、口语广播部、英文广播部、英文翻译科、资料室、电务处，干部科等部门。

1946 年 7 月，廖承志担任新华社社长

同年 7 月，廖承志担任新华社社长。11 月，新华社成立蒋管区广播部。该部负责对蒋管区的文字广播，供中共地下组织和外围组织抄收。

1947 年 3 月 13 日，廖承志率新华社总社机关撤离延安，前往子长县（今子长市）史家畔筹建战备基地。3 月 19 日，史家畔战备基地接替了总社的全部业务。总社留一支精悍的小分队（即“四大队”，范长江任队长）跟随中共中央机关转战陕北，其余人员由廖承志率领东渡黄河，前往河北省涉县。1949 年 3 月进驻北平香山。

1948 年 6 月，新华社西北总分社返回延安，驻原总社清凉山旧址，至 1949 年 5 月底离开延安进驻西安。西北总分社社长李卓然下辖关中分社、西北野战分社和各分区五个工作组。

六、新华广播电台

延安新华广播电台旧址有两处，编辑部位于延安城东清凉山上，播音室位于今宝塔区枣园镇王皮湾村。

1940 年 3 月 25 日，周恩来从苏联养伤归来回到延安，带回一部广播发射机。中共中央决定成立中央广播委员会，周恩来任主任，成员有王诤、向仲华等人。并指示由广播委员会领导筹建广播电台。军委三局遂调集 30 多人，组成九分队（队长傅英豪、政委周浣白），前往延安西川的王皮湾（今属宝塔区枣园镇）筹建广播电台。

1940 年 12 月 30 日。延安新华广播电台的口语广播首次播音，呼号 XNCR。播音员麦风（徐瑞璋）、姚雯、肖岩，稿件由设在 20 公里以外的清凉山上的新华社广播科提供。广播科科长李伍，编辑陈笑、王唯真。试播期间每天上午、下午各播一次， 每次 1 个小时左右。广播的主要内容是党中央和边区政府的重要文告和国内外新闻等。

陝甘每日廣播

XNCR

1941 年 1 月 16 日山东《大众日报》头版登载的延安新华广播电台开播的报道

1941 年 1 月 22 日，新华广播电台播发了毛泽东撰写的《中国共产党中央革命军事委员会发言人对新华社记者的谈话》，这是新华广播电台首次广播中国共产党领导人的文章。5 月 25 日，中共中央发出《关于统一各根据地内对外宣传的指示》，指出：“各地应经常接收延安新华社的广播，没有收音机的应不惜代价设立之……”同日，中央宣传部发出关于电台广播工作的指示。

1943 年春，延安新华广播电台因设备故障暂停播音。1945 年 8 月 15 日，日本宣布无条件投降，延安新华广播电台在军委三局所在地裴庄村（今属宝塔区枣园镇）恢复试播，9 月 11 日正式恢复播音。10 月 8 日，解放日报社和新华社编委会专门召开会议研究广播电台播音问题，决定成立口语广播组，负责编辑口播稿件。会议还决定延安新华广播电台每天播国内国际新闻 1500 字左右、解放区新闻 2000 至 3000 字、记录新闻 1500 至 2000 字。每天上午、下午播音各 2 个小时。

延安廣播電台
即日開始廣播

1945 年 9 月 11 日《解放日报》报道“延安新华广播电台即日开始广播”

1946 年 5 月 28 日，新华社口语广播组改为口语广播部，温济泽任主任，编辑有韦君宜、苗力沉、刘志云、高虹、刘衡。广播电台的机务工作，也由军委三局划归新华社电务处管理。6 月 21 日，新华社口语广播部制订的《暂行工作细则》正式施行。这是人民广播事业有关编播业务方面的第一份文字材料。7 月 12 日，延安新华广播电台开办了第一个针对性节目《对国民党军广播》。

1946年11月11日，周恩来在延安干部保卫边区、保卫延安动员大会上讲话，要求新华社广播和新华广播电台口播工作在战争情况下不中断广播。会议决定在子长县建立第一线战备台，并要求在华北建立第二线战备台。会后，新华社即派出先遣队前往子长，筹建战备基地。1947年3月14日，设在好坪沟（今属子长市杨家园则镇）的战备台接替播音。3月20日晚，好坪沟战备台播发了我军主动撤离延安的消息。在新闻节目之后，播发了重

延安通讯材料厂工人在安装新华广播电台的设备

位于王皮湾的延安新华广播电台发射机房和动力机房

要启事，宣布延安新华广播电台已安全撤离延安，在陕北继续播音，并宣布从次日起改称陕北新华广播电台。3 月 28 日，陕北新华广播电台撤离好坪沟，奉命向黄河以东转移。4 月 1 日，设在河北涉县的新华广播电台战备二线台，以陕北新华广播电台的名义继续广播。

1948 年 5 月，陕北新华广播电台迁至河北平山县张胡庄，后又迁至井陉县窟窿峰。1949 年 3 月 25 日，迁至北平香山，并改名为北平新华广播电台继续播音。9 月 27 日，改名为北京新华广播电台。12 月 5 日，正式改名为中央人民广播电台。

延安新华广播电台王皮湾旧址（维修后）

七、边区群众报社

边区群众报社址先后共有三处，分别位于延安杨家岭、龙湾、清凉山。1941 年 5 月 13 日，中共中央西北局成立后，《边区群众报》为西北局的机关报。1942 年 2 月，大众读物社改为边区群众报社。

《边区群众报》创刊于 1940 年 3 月 25 日，由大众读物社领导。大众读物社成立于 1940 年 3 月 12 日，由周文任社长，胡绩伟任主编，杜桴生任副社长。下设报纸科（科长赵守一，主编胡绩伟）、通讯科（科长张思俊，副科长白彦博）、丛书科（木刻科科长林今朋、庄启栋，编辑科科长赵守一）。该社以“供给边区识字少的群众以文化食粮，并提高他们的文化水准，以开展新民主主义的文化的启蒙运动”为宗旨。

3 月 25 日，周文将第一张“边区群众报”的清样送到毛泽东的办公桌上。毛泽东看到清样后非常高兴。他在仔细地审阅后，挥笔批示：“还是在群众二字上下功夫，作文章。”毛泽东还在报名下画了一杠，写上：

位于延安清凉山上的边区群众报社旧址（维修后）

“还是叫《边区群众报》好！”他当即题写了三幅报名，送周文带回选用。

位于延安南桥花石砭的中共中央西北局旧址。

大众读物社成立后，设在杨家岭。1941年6月，迁至延安城南的龙湾村。1942年2月16日，大众读物社结束工作成立边区群众报社。1946年春，边区群众报社迁到清凉山上。

1947年2月，边区群众报社和新华社西北分社、陕甘宁边区新华书店合并，成立西北新闻出版社。社长杜桴生，总编辑胡绩伟，副总编辑金照、林朗，秘书长等人。下设编辑部、新华社分社、电台、发行部、行政、财务等部门。同年3月，西北新闻出版社开始随军转战。在转战陕北期间，《边区群众报》一直没有停刊。

位于延安杨家岭的大众读物社社址，也是《边区群众报》的第一个社址

1948年1月10日，《边区群众报》在绥德改名为《群众报》，为周刊。同年5月，报社返回延安，仍驻清凉山，并改名为《群众日报》。1949年6月，群众日报社迁往西安。在延安成立陕北群众报社，后发展成为今天的延安日报社。《群众日报》于1954年10月16日，改为《陕西日报》，一直延续至今。

八、中央印刷厂

中央印刷厂位于延安城东清凉山上，其前身是中华苏维埃西北办事处财政部国家银行印刷所，贺子珍任所长。1935 年 10 月迁至瓦窑堡（今子长市）。1935 年 11 月由陕甘宁省财政部划归西北办事处财政部。贺子珍任所长，张子贞任副所长。1936 年 2 月，朱华民接任所长。同年 6 月，迁至杨家湾村（今属吴起县吴起镇）。同年 8 月，迁至保安（今志丹县城）。1937 年 1 月，迁驻延安清凉山。

中共中央进驻延安后，便开始筹建印刷厂。祝志澄等奉命前往西安、武汉、上海等地，秘密采购印刷机器，招聘技术工人。3 月，中央印刷厂正式成立，驻清凉山。同年 4 月 24 日创刊的《解放》周刊，由中央印刷厂印刷。5 月，中央印刷厂迁驻延安城内钟楼（今延安市电信

位于延安清凉山上的中央印刷厂厂部旧址

局附近）。10月，中央印刷厂迁回清凉山。中央印刷厂首任厂长祝志澄，李长彬、万启盈先后继任厂长。朱华民、李长彬、杜延庆、雷达天、惠泽民先后任副厂长。

延安新闻纪念馆陈列的场景复原：中央印刷厂的排字车间

中央印刷厂从1937年9月9日起，改第390期《新中华报》为铅印（以前均为油印）。该厂主要承担《新中华报》《解放日报》《共产党人》《今日新闻》《中国工人》《中国妇女》《中国青年》《中国文化》等报纸杂志的印刷任务，并承印各种政治理论、文艺史地书籍、政令文件、干部读物、课本教材、救国公债券、粮票、料票等。1938年6月至1940年底，该厂还承印了面值分别为贰分、伍分、壹角、贰角、贰角伍分、伍角、柒角伍分七种“光华商店代价券”。

1939年，该厂有工人70余名，分设6个部，即：印刷部、机器部、排字部、装订部、铸字部、刻印部。厂内有铅印机3部，石印机3部。到1946年底，全厂共有职工169人。主要设备是对开机5部、四开机1部、圆盘机3部、造油墨机1部、铸字炉3座、打版工具2套。

1939年春至1940年2月，该厂还在高沟口（今属安塞区王窑乡）设立过分厂。此后，还在太行山、晋西北、大青山等地建立了分厂。

中央印刷厂的生产规模逐步扩大。1941年，该厂排字2400万字，印刷用纸2415令；1942年，排字3600万字，用纸3464令；1943年，排字4000万字，用纸4471令；1944年，用纸4800令；1945年，用纸5080令。

中央印刷厂的技术人员和工人为提高印刷水平，制造了铸字铜模，创造了切纸机，发明了新式简便油印机。1943 年 6 月 16 日，经中央印刷厂工人石新发、王万定反复试验，用国产毛边纸取代进口的薄型纸制作纸版试验取得成功，填补了当时我国印刷制型材料的空白，同年 10 月至 12 月，该厂工人还在清凉山雷公洞下方建成大礼堂 1 座。这座当时估价约 310 万元边币的礼堂，实际仅耗资 19.7 万元边币。在大生产运动中，该厂工人佟玉新当选为边区特等劳动英雄。李平当选为边区第二届参议会参议员。祝志澄、杜延庆作为正式代表参加了中国共产党第七次全国代表大会。

1946 年 11 月，中央印刷厂开始在子长县（今子长市）冯家岔筹建战时印刷厂。1947 年初，总厂迁往冯家岔。同年 3 月 14 日，中央印刷厂留守清凉山的同志在印刷完《解放日报》第 2118 号后，撤离延安。从 3 月 16 日开始，《解放日报》改为四开两版，在冯家岔印刷出版。3 月 27 日，中央印刷厂印完了最后一期《解放日报》（第 2130 号）。随后，一部分同志随廖承志东渡黄河，前往华北。一部分同志则带着一台圆盘印刷机和一台石印机，在范长江带领下，随中共中央机关转战陕北，并负责印刷《参考消息》和“战报”。大部分同志改编为工人游击队第一支队。万启盈任支队长，雷达天、惠泽民任副支队长，陆斌任指导员。同年 6 月，中央印刷厂“工人游击队”和“振华造纸厂工人游击队”在甘肃环县高家塬村会合，改编为西北野战兵团后勤司令部警卫连。万启盈任连长，宜瑞珍（振华造纸厂厂长）任指导员。11 月，中央印刷厂在米脂杨家沟恢复生产。1948 年 3 月，该厂万启盈厂长等随中央机关东渡黄河，前往华北。同年 5 月，该厂一部分同志返回延安，成立西北印刷厂，驻清凉山。厂长由雷达天担任。1949 年 6 月，该厂迁往西安。一部分同志留在延安，组建陕北群众日报社印刷厂，逐步发展成为今天的延安日报社印刷厂。

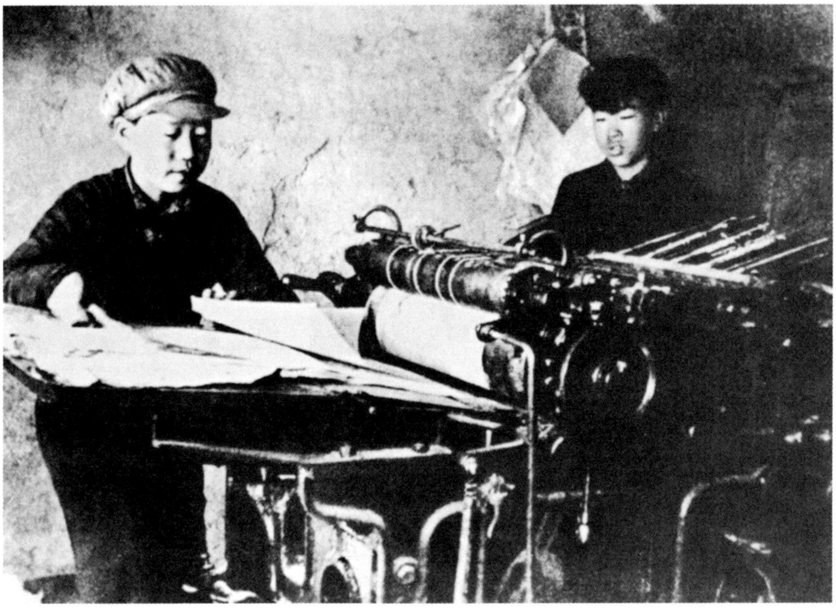

1942 年中央印刷厂工人印制书刊

1942 年中央印刷厂工人在排字

中央印刷厂工人在排字

中央印刷厂工人印刷《解放日报》

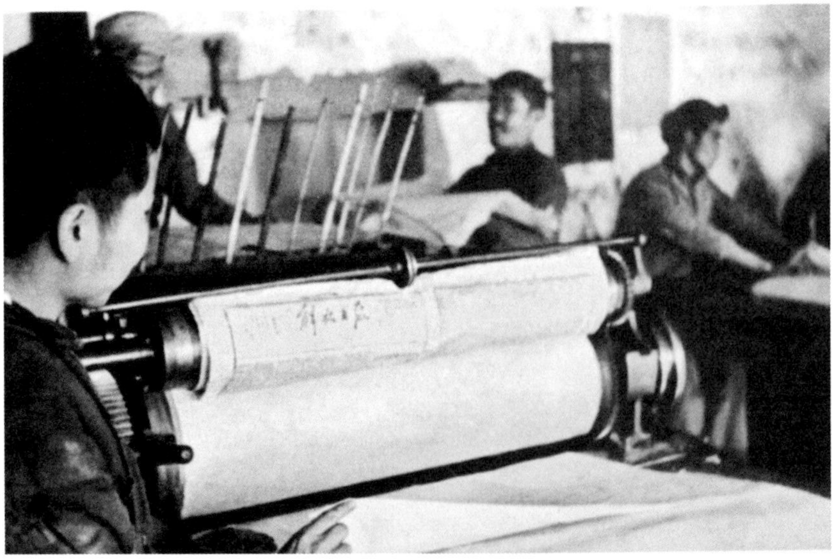

中央印刷厂工人印刷《解放日报》

九、八路军印刷厂

八路军印刷厂位于延安安塞区招安镇纸坊沟村。

1938 年 7 月，八路军总政治部抽调中央军委秘书处干事毛远耀负责筹办八路军印刷所。当时仅有两部旧式石印机，既缺乏必要的设备、材料，也没有技术工人。毛远耀便前往西安、武汉等地，在八路军驻西安和武汉办事处的协助下，采购了印刷机器和材料。同时，在西安招聘了贝明福等 10 多名技术工人来延安工作。同年 12 月 2 日，八路军印刷所在杏子河川的纸坊沟（今属安塞区招安镇）正式成立，毛远耀任所长。当时在所内工作的还有吴刚、冯启昌、时景扬、尚天善、李君、夏阿德、刘勤、周洛夫等人。一些朝鲜和日本友人也参加了该所的工作。所内分设机器班、铜模班、石印班、排字部等部门。

八路军印刷所成立后，八路军总政治部主办的《八路军军政杂志》于 1939 年 1 月 15 日创刊，由该所承担印刷。同年 2 月 1 日，八路军前

八路军印刷厂旧址

毛远耀

方总部主办的《前线》半月刊在延安复刊，也由该所承担印刷。该所还承担印刷中央军委和八路军总部的命令、指示、训令、战绩公报等文件以及军用地图。

1940年2月2日，八路军印刷所改名为八路军印刷厂，并扩大了规模。陈钧任厂长。此后，在极其困难的条件下，八路军印刷厂除承担印刷所时期的印刷任务外，还印刷出版了《堂・吉诃德》《高尔基选集》《三国演义》《孙子兵法》《司马问答》等中外名著、名篇。八路军印刷厂的印刷用纸主要由中央警备团在延安枣园村北0.5公里处的纸厂边开办的延园纸厂生产供给。

1943年5月，八路军印刷厂分出部分设备和人员，在延安北关成立了八路军留守兵团政治部印刷厂。1947年初，八路军印刷厂撤离延安，前往华北解放区。

十、光华印刷厂

光华印刷厂位于延安南关市场沟，创办于 1940 年 10 月，当时的印刷机器和技术人员都由中央印刷厂和边区教育厅文化工业社调配。厂址设新市场后沟。曹承宗、高秉仁、范耀武等先后任厂长，鲁俊耀任党支部书记。厂部下设印刷股、事务股和会计一人。印刷股分为制版组、印刷组、号码组、裁切组。

光华印刷厂主要任务是印刷钞票。钞票的设计任务大多由陕甘宁边区银行的黄亚光担任。光华印刷厂的高秉仁厂长也承担过设计任务。制版雕刻是商伯衡，书写者高秉义，绘画者范耀武、薛兆林。

1941 年 1 月起，该厂印刷了面值分别为壹角、贰角、壹元、伍元、拾元、伍拾元、壹佰元、贰佰元、伍佰元、壹仟元的边币，印刷了面值为壹佰元、伍拾元、拾元、伍元的陕甘宁边区建设救国公债。1944 年 5 月开始，该厂还印刷了面值为伍元、拾元、贰拾元、伍拾元、壹佰元、贰佰元、伍佰元、壹仟元、贰仟伍佰元、伍仟元的陕甘宁边区贸易公司

延安光华印刷厂旧址

商业流通券（券币）。

光华印刷厂除印刷钞票外，还承印各种表册、账簿、股票、商标、民用地图、画报、广告等。

1946 年 7 月，光华印刷厂迁至志丹县城南的抗日红军大学校部及红大一科旧址，继续生产。

1947 年 3 月 20 日，光华印刷厂奉命撤离志丹县，开始转战，并于当年 11 月东渡黄河，到达山西临县都督村并恢复生产。

1948 年 7 月，光华印刷厂由山西临县迁回延安，驻延安城东的拐峁村（今属宝塔区李渠镇）。从 1949 年 2 月起，该厂不再承担印刷钞票的任务。同年 6 月，迁至西安。

1941 年 4 月发行的陕甘宁边区建设救国公债

光华印刷厂的工人在磨石印石版

十一、新华书店

新华书店地址最初设在延安清凉山下的石窟内，后迁到城内凤凰山麓，由于日本飞机轰炸，又迁回清凉山。

1937 年，中共中央党报委员会发行科（新华书店）在延安清凉山万佛洞最底层的石窟中诞生

1937 年 4 月 24 日，中共中央在延安成立新华书店，作为中共中央出版委员会发行部的对外机构，中央机关刊物《解放》的发行机构，承担着党的书报刊出版发行任务。

1939 年前延安新华书店由中共中央党报委员会出版发行科管理，出版科副科长黄植，发行科科长兼支部书记涂国林，副科长臧剑秋。1939 年后由中共中央出版发行部管理，社会科学读物用“新华书局”“新华书店”的名义出版发行。

1939 年 9 月 1 日，新华书店单独建制，由清凉山搬迁至北门外的几间平房内。毛泽东题写了店名，朱德、张闻天等中央领导同志亲临门市视察并表示祝贺。新华书店迁至新址后，充实了人员，扩充了机构，设发行、进货、栈务、邮购、门市等科，王矛任经理。不久，由张道吾继任。1940 年易吉光任经理。

从 1939 年起，新华书店总店向敌后根据地大量发展发行网点，绥

陕甘宁边区新华书店南关门市部

新华书店工作人员在热情接待读者

德分区和晋绥、晋察冀等根据地都有新华书店分店。仅晋绥分局所管辖的36个县中设有7个支店和23个分销处。

抗战时期，延安出版的各种书报刊统一由新华书店向全国发行，成立后仅3年，新华书店发行延安出版的书籍50余万册，报刊数百万份。

1947年3月，新华书店总店迁往华北解放区。1948年12月，毛泽东为新华书店重新题写了店名。1949年3月，迁往北平。1950年4月1日，新华书店总管理处在北京正式成立。

十二、延安电影团

延安电影团位于延安城北文化沟沟口南侧半山坡上。

1938 年 7 月 7 日，由八路军总政治部领导的延安电影团成立，全称为八路军总政治部电影团，八路军后方留守处政治部主任谭政兼任团长，工作人员有徐肖冰、袁牧之、吴印咸、李肃等人。10 月 1 日，电影团开始在黄陵拍摄《延安与八路军》的第一组镜头。该片由袁牧之编导，吴印咸、徐肖冰摄制。电影团当时仅有两台摄影机，一台是荷兰著名摄影师伊文思赠送的，另一台是袁牧之来延安前专程到香港购买的。

1940 年 4 月，延安电影团放映队成立，队长余丰。放映机和马达由周恩来从苏联带回，并带回《列宁在十月》《列宁在一九一八》《夏伯阳》等苏联故事片。

1941 年 11 月，电影团拍摄了纪录陕甘宁边区第二届参议会实况的新闻影片。

延安电影团旧址

1938年秋，延安电影团初成立时拍摄的日本飞机轰炸后的延安城

1942年，延安电影团部分人员在驻地合影。前排左起：罗光、徐肖冰、吴本立、周从初；中排左起：王旭、佚名、马似友、唐泽华；后排：吴印咸

1942年，电影团去南泥湾拍摄了反映三五九旅大生产运动的新闻影片《南泥湾》（亦名《生产与战斗结合起来》）。摄影师由吴印咸担任。拍摄期间，共用胶片1500尺，使用率高达1300尺。1943年2月4日晚，在王家坪军委礼堂举行了该片的首映式。朱德、叶剑英、贺龙、徐向前、谭政等出席观看。放映完毕，朱德等热情赞扬了该片拍摄的巨大成绩，2月5日起,电影团还在军委礼堂举办了摄影展览,受到延安各界的广泛好评。

1944年春节期间，电影团到边区各地巡回放映电影，受到各地军民的热烈欢迎。其中以《生产与战斗结合起来》最受欢迎，每次放映，掌声、笑声、欢呼声不断。同年9月14日晚，电影团在王家坪军委礼堂放映了幻灯片24套和美国西部片一部（由美军驻延安视察组提供），受到欢迎。12月，吴印咸又率电影团赴安塞各工厂和机关慰问，放映了《苏联红军收复沃罗西斯克》《盟机轰炸汉堡》《美军攻克塔拉瓦岛》等纪录影片。

1939 年延安电影团在拍摄途中。前排右起：魏起、徐肖冰。后排右起：叶苍林（蹲者）、吴印咸、袁牧之、勤务人员、王旭、李恩荣

1944 年和 1945 年，电影团先后举办了两期摄影训练班，由吴印咸主讲，为边区各机关培养摄影人才。1945 年上半年，电影团还协助延安韬奋书店和安泰号、豫升号成立了照相部。

1945 年 4 月 23 日至 6 月 11 日，中国共产党第七次全国代表大会在延安杨家岭隆重举行。电影团用仅有的一些胶片，拍摄了大会实况，为中国共产党和中国革命事业留下了珍贵的历史文献资料。

抗日战争胜利以后，延安电影团于 1945 年 10 月派出钱筱璋、田方、许珂等人组成先遣小组，前往东北参加接收日伪电影制片厂的工作。

1946 年 6 月，延安电影团大部分同志组成挺进纵队二大队四支队，离开延安，前往东北。吴印咸任大队委员，张可奋任中队长，马似友任指导员。同年 8 月到达鹤岗。1946 年 10 月 1 日，以袁牧之任厂长，吴印咸、张新实任副厂长的东北电影制片厂正式成立。

延安电影团留在延安的程默、周从初、程铁等，组成陕甘宁晋绥联防军政治部放映队，继续从事电影工作。

十三、延安电影制片厂

中共中央西北局书记，延安电影制片厂董事长习仲勋

延安电影制片厂是由延安电影团留在延安的部分人员组成的，厂址设在延安电影团旧址。该厂成立于 1946 年 7 月底。中共中央西北局书记习仲勋担任该厂董事长，董事有陈伯达、安子文、李伯钊、李卓然、江青、鲁直。陈永清任厂长兼党支部书记。电影厂人员有翟强、冯白鲁、程默、凌子风、钟敬之、高维进、石联星等。9 月，该厂开始拍摄由陈波儿、伊明编剧的《吴满有》，这部描写当时边区著名劳动英雄吴满有的故事影片，后来由于自卫战争开始，停止拍摄。

1947 年 3 月，延安电影制片厂撤离延安，随我军转战陕北。转战期间，电影厂拍摄了蟠龙战役实况，和党中央机关转战陕北的一些珍贵历史镜

延安电影制片厂摄影师程默、美工钟敬之、厂长陈永清、导演伊明合影（左起）

头。这些影片资料，后来被辑入纪录影片《红旗漫卷西风》和《还我延安》。

1947年10月，延安电影制片厂工作结束。西北电影工学队成立。工学队成员除原电影制片厂的钟敬之、凌子风、王岚等人外，还增加了新从陕西、山西解放区文工团调来的成荫、孙谦、苏云等共30余人。钟敬之任队长。同月24日，工学队由山西兴县出发，前往东北，经8个多月到达东北电影制片厂所在地兴山（今鹤岗市）。

第三编 延安时期的党报党刊

一、《红色中华》报

该报于1931年12月11日在江西瑞金创办，是中华苏维埃共和国临时中央政府的机关报。创办初由周以栗主笔，后由梁柏台主笔。

1935年11月25日，《红色中华》报在瓦窑堡复刊后，由中华苏维埃共和国西北办事处秘书长任质斌负责，复刊号沿用长征前的期码，为四开油印，逢一、逢六出版。11月30日，中国文协在《红色中华》报上创办《红中副刊》，徐梦秋任主编。创刊号上发表的《中国文艺协会的发起》一文宣告了中国文协的宗旨和任务："培养无产者作家，创作工农大众的文艺，成为革命发展运动中一支战斗力量，是目前的重大

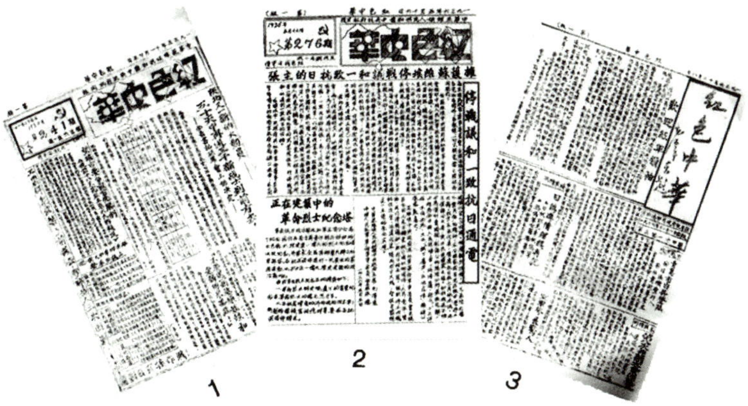

1.《红色中华》报在瓦窑堡复刊号第241期；
2.《停战议和一致抗日通电》（《红色中华》1936年5月16日）；
3.毛泽东为《红色中华》（1936年12月8日）题写的报头，复刊后的《红色中华》报样刊。

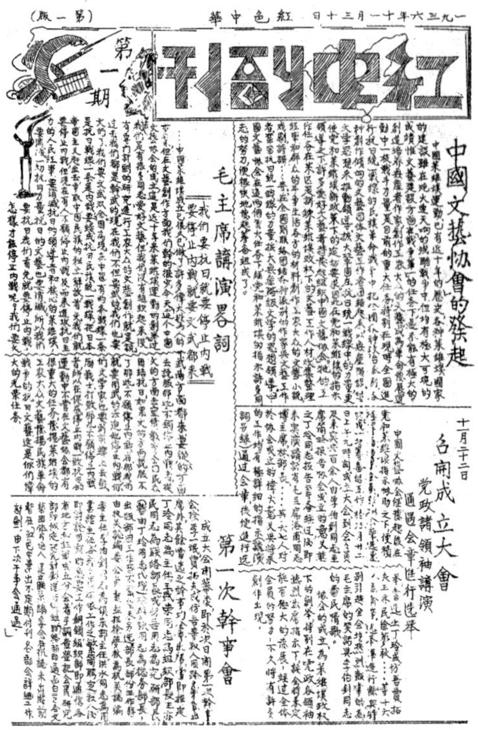

《红中副刊》第一期

任务；特别在现时全国进行抗日统一战线的民族革命战争中，把全国各种政治派别、各种创作倾向的文艺团体、文艺工作者团结起来，以无产阶级的文学思想来推动领导，扩大巩固在抗日统一战线中的力量，更是党和苏维埃新政策下的迫切要求。”《红中副刊》共编了四期，但是由于它是陕北苏区的第一个文艺园地，所以具有开创性的意义。

1936 年向仲华接替任质斌负责《红色中华》报的编辑出版工作。报纸改为逢三、六、九出版。1937 年 1 月，《红色中华》报改名为《新中华报》在延安出版。

二、《新中华报》

1937 年 1 月 29 日，《红色中华》报改名《新中华报》在延安出版，刊号延续《红色中华》报为第 325 期，五日一刊，承担陕甘宁边区政府机关报的职责，至 1938 年 12 月 25 日，共出版 149 期。1939 年 2 月 7 日，《新中华报》进行改版并以“刷新第 1 号”复刊，向仲华任该报社社长，李初黎任主编，由五日刊改为三日刊，四开四版，使用“中华民国”纪年，成为中国共产党中央委员会机关报、陕甘宁边区政府机关报、陕甘宁边区党委机关报，至 1941 年 5 月 15 日，共出版了 230 期。次日，与《今日新闻》合并为《解放日报》。

《新中华报》先后由中共中央党报委员会、中共中央出版发行部管理，由中央印刷厂承印。发行工作先后由陕甘宁边区政府收发科、光华书店、新华书店负责。

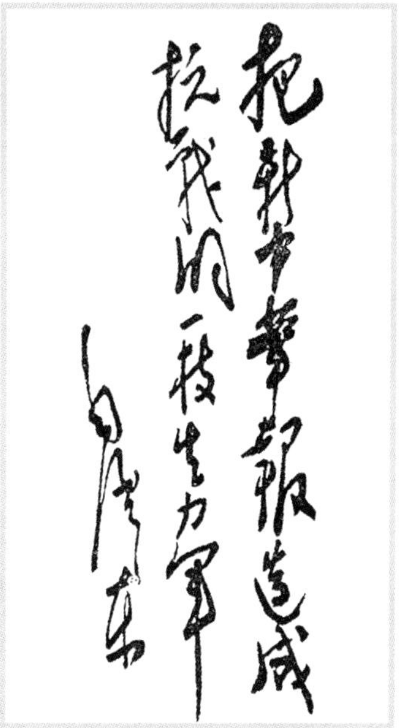

毛泽东为《新中华报》题写了报头并题词：“把新中华报造成抗战的一枝生力军”

《新中华报》改版之前，版面多有变化，初期为两版或三版，1937 年 11 月 4 日后，定型为四版，逢纪念日会有增版。第一版为“社论”“短评”，以及国际新闻、抗日消息、前线抗战捷报等。第二版为国内国际形势的分析，也有对边区民众日常工作学习生活的反映。第三版为边区内部消息，重点突出边区政治、经济、文化、社会、教育发

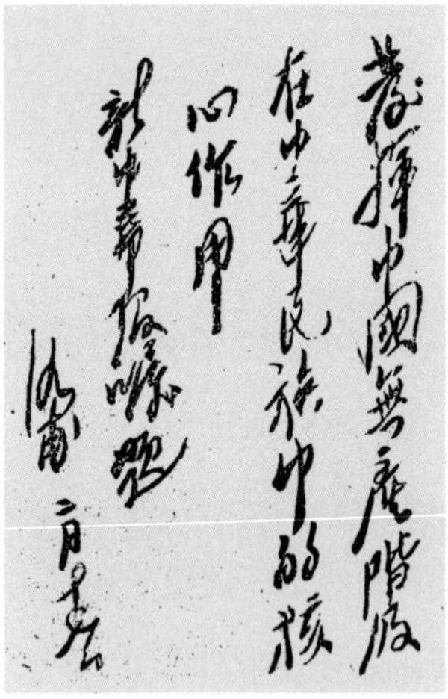

张闻天为《新中华报》改版题词

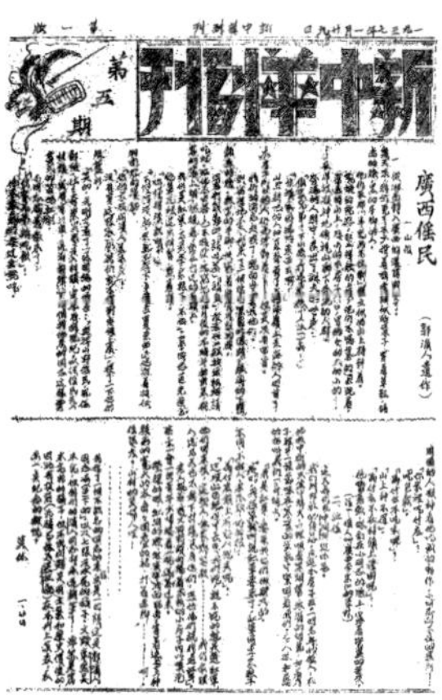

《新中华副刊》第五期

展状态，展现边区各项建设成果。第四版为副刊，序号接《红中副刊》，主要发表文艺作品和消息。“新中华副刊”这一名称只用了两期，后来其名称不断变化，而且有时交叉，先后用过青年呼声、特区文艺、边区文艺、边区文化、动员、新生等名称，1939年2月28日第四期《新生》出版之后，《新中华报》不再标示专门的副刊，但仍注重刊发文艺作品和理论文章。

《新中华报》大量刊登中共中央和边区政府的文件、规定、指示、条例、纲领、党政军领导人的文章著述，刊发新闻评论，创办各类副刊、开设多种栏目，报道典型事例，并综合运用歌曲歌谣、诗歌诗词、标语口号、漫画木刻画、戏剧话剧、谜语秧歌等大众化的形式传播并解读中共中央与边区政府的各项政策，版面设置多样，趣味性、可读性较强，数量颇多的“声明”“探访”等，又为该报增加了浓厚的人情味，新闻报道简单直白，贴近群众生活，符合边区民众的知识文化水平，因此，读者覆盖广泛，党政军民学皆以阅读该报作为日常工作生活的一种习惯，说明读者对该报的关注度较高。

毛泽东评价《新中华报》为“全国报纸中最好的一个”。《新中华报》的“好”不仅体现在内容上紧随中共中央的路线、方针、政策，也表现在形式上的灵活性、多样性、大众性，更体现在读者群体的广泛性、报纸与读者联系的密切性。

三、《解放日报》

1941年5月14日，博古主持召开了《解放日报》编辑部第一次会议，讨论了报纸的出刊问题。杨松报告了办报计划，博古做了报纸的性质、任务的长篇发言。

1941年5月16日，《解放日报》正式出刊，首任社长博古，主编杨松。毛泽东题写了报名，并亲自为报纸创刊号撰写了《发刊词》。《发刊词》开宗明义第一句话就是："本报之使命如何？团结全国人民战胜日本帝国主义一语足以尽之。这是中国共产党的总路线，也是本报的使命。"

《解放日报》在创办初期，虽然担负了党报的任务，但尚未完全尽到党报的责任。首先在版面的编排上，一直遵从一国际，二国内，三边区，四本地的固定模式，以国际报道唱主角。其次在内容上对党的政策和中心工作宣传不力。报纸创办之时，正值整风运动的准备阶段，5月19日，毛泽东在延安干部会议上作了《改造我们的学习》的重要报告，报纸对此未作报道。1942年2月1日，毛泽东作了《整顿党的作风》的著名讲演，报纸只在三版的右下角发了一条简讯。对一些反映党的政策、牵动边区千家万户民生大计的重要新闻，报纸往往不做大力宣传。因此，党中央提出了《解放日报》的改版问题。

1942年解放日报社编辑人员在办公

《解放日报》的改版是延安整风

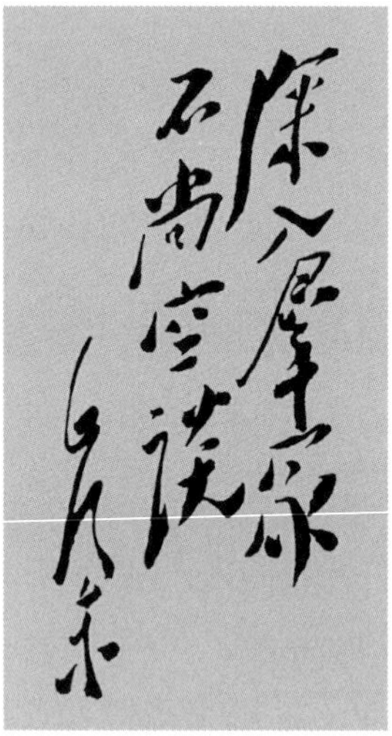

1942年3月8日毛泽东为《解放日报》的题词

《解放日报》的八个副刊

运动的一个重要组成部分，始终是在党中央、毛泽东的直接领导下进行的。1942年3月31日，毛泽东亲自主持延安各部门党内外负责同志及作家70多人在杨家岭中央办公厅召开了《解放日报》改版座谈会。会上，博古首先汇报了《解放日报》创刊10个月的工作并作了诚恳的自我批评。边区政府副主席李鼎铭、诗人柯仲平、作家肖军等各方代表都对报纸提出了尖锐的批评意见。毛泽东在确定改版方向的讲话中说："批评应该是严正的，尖锐的，但又是诚恳的、坦白的、与人为善的。冷嘲热讽是暗箭，是销蚀剂，是对团结不利的。"

座谈会后，报纸在博古、余光生等人的带领下进行了艰难的改版工作。4月1日，《解放日报》改革版以崭新的面貌和观众见面，社论《致读者》针对党报如何才能成为党的最锐利的武器而首次提出了党报必备的四个品质：坚强的党性、群众性、战斗性、组织性。至此，从延安时期到现在，这"四性"始终是办好党报的重要依据。改版后的《解放日报》无论是对整风运动、大生产运动、边区建设还是根据地人民的英勇事迹等宣传都有了新的突破，报社工作有了起色。9月15日，毛泽东给凯丰的信中谈到“今日与博古谈了半天，报社工作有进步，可以由不完全的党报变成完全的党报”。

《解放日报》在创刊以后，先后开辟了《文艺》《青年之页》《中国工人》等八个专栏。其中第四版的文艺副刊是当时全国报纸中发表文艺作品最多，规模最大、持续时间最长的文艺阵地。主要发表科学、医学、卫生、农业、教育、文艺等文章。副刊组长艾思奇，文艺栏主编丁玲，编辑先后有舒群、林默涵、白朗、刘雪苇、陈企霞、黎辛，张谔、陈学昭。每周出四五期，每期占半个版面。到1942年3月，《文艺》在延安青年中发现了三十多位新人，收到五百万字投稿，取得可观的成绩。当年许多作家的处女作和成名作在副刊登载，客观上培养和提携了一大批中青年作家，使他们成为民主革命时期和中华人民共和国建设时期的一批坚强骨干和中坚力量。

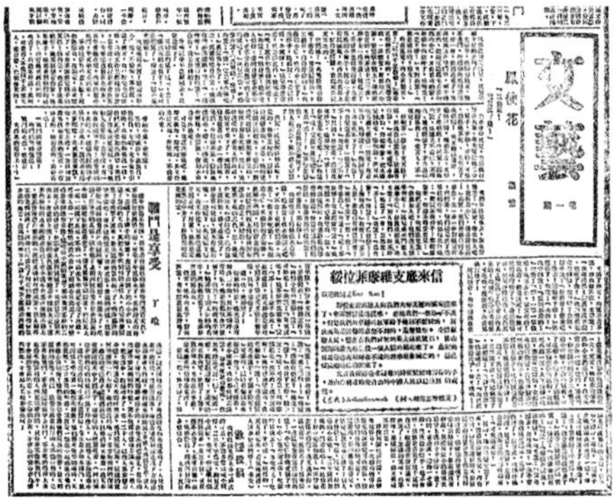
文藝

《解放日报文艺副刊》第一期

1947年3月，国民党军队大举进攻延安，解放日报社的工作人员作好了边行军、边出报的准备。3月14日，在延安出版了最后一期后撤离到子长县史家畔、冯家岔继续出版。3月27日，《解放日报》出版了第2130期后停刊。报社人员编入新华社。

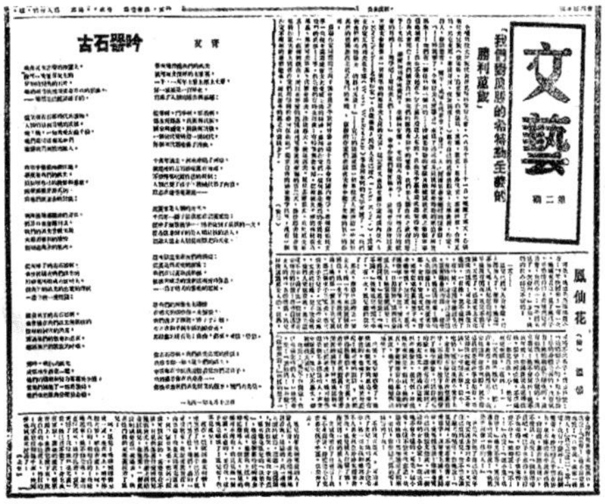
文藝
古石器吟

《解放日报文艺副刊》第二期

四、《边区群众报》

该报开始在杨家岭边区文协的一孔石窑内办报，1941 年 6 月，迁到延安南关龙湾，1946 年春又迁到清凉山同《解放日报》共同办报。延安时期由于边区人民文化程度低，文盲多，教育不发达，毛泽东提议创办一张通俗化报纸，通过大众化、边区老百姓的流行语言，创办努力让识字不多的人能够读懂，不识字的人也能够听懂的通俗小册子。并为这个报纸取名为《边区群众报》。

《边区群众报》于 1940 年 3 月 25 日创办，主编胡绩伟，毛泽东亲自题写报头。创办初期为四开两版，用晋恒白纸印刷，石印，10 天出 1 期。从第 10 期开始，改为铅印，用马兰纸印刷，每周出一期，每期 4 开 4 版，发行达一万多份。《边区群众报》最初由延安大众读物社主编。1942 年 2 月 18 日大众读物社结束，《边区群众报》社成立，谢觉哉任社长。《边区群众报》坚持“实事求是，着眼于群众”的方针，以边区基层农村干部和农民群众为主要读者对象，突出了党报的群众性，行文口语化，

邊區羣衆報

武裝保衛生產
鄜縣定出邊境區生產辦法

胡軍進攻關中

有了骨頭好長肉
婦女翻身要爭地

趕快打倒閻錫山

《边区群众报》

通俗易懂。同时，鼓励报社人员将陕北语、陕北音乐、陕北民歌作为必修课学习，报纸语言要使群众“看得懂，说得出，听得惯，写得来”。每出一期报纸，编辑人员须集体审稿，并将报纸念给识字不多或不识字的人来听，听懂后方可定稿，从而做到了让识字少的人能看懂，不识字的人能听懂，因而该报成为一张群众喜闻乐见的报纸。在陕甘宁边区曾经广泛流传着这样一个谜语：“有个好朋友，没脚就会走；七天来一次，来了不停口。说东又说西，肚里样样有：交上这朋友，走在人前头——打一报名。”谜底是“《边区群众报》”。群众对这份报纸的熟悉和喜爱程度，也可见一斑。《边区群众报》不仅受到了广大群众的热烈欢迎，也得到了党中央领导同志的高度赞扬和充分肯定。毛泽东曾以《边区群众报》通俗易懂为例，批评了那些脱离群众，搞不通大众化文化思想的同志。1946 年 3 月，在《边区群众报》创刊 6 周年之际，毛泽东欣然提笔，为报纸题词：“希望读者多利用报纸，推动工作，学习文化。”

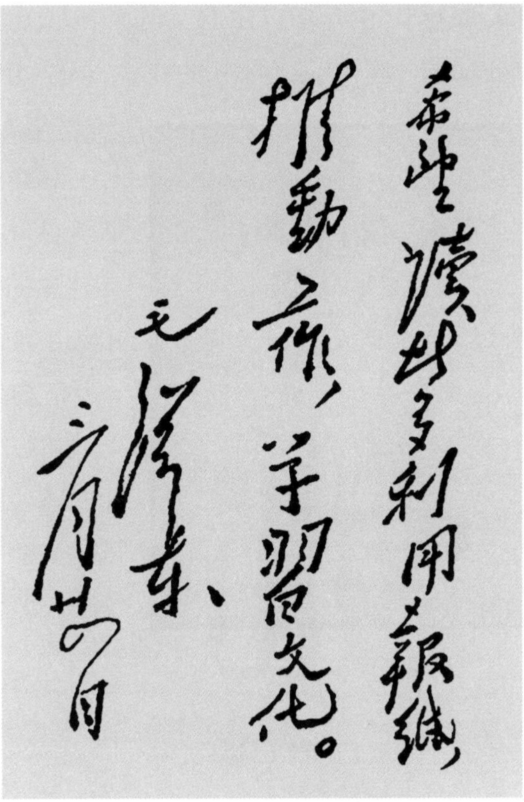

1946 年 3 月 24 日，毛泽东为《边区群众报》创刊 6 周年题词：希望读者多利用报纸，推动工作，学习文化

1947 年 3 月国民党军占领延安后，该报转战陕北继续出版。在此期

间，报社于 1947 年 9 月 1 日又创办了以文化为主的通俗综合性杂志《边区群众报·副刊》，刊载一些特写、小说、诗歌散文等，共出三期，于 1947 年 12 月 1 日停刊。

《边区群众报副刊》第二期

1948 年 1 月，《边区群众报》改为日刊，并改名为《群众日报》，毛泽东在陕北米脂杨家沟题写刊头，作为中共中央西北局的机关报。同年 4 月延安收复后，《群众日报》迁回延安出版。1949 年 6 月 1 日又迁西安。1953 年 1 月成为中共陕西省委机关报，1954 年 10 月 16 日更名为《陕西日报》至今。

1947 年，《边区群众报》编辑柯蓝（中）、毛岚（左）、谭吐同志在转移途中

五、《解放》周刊

1937 年 4 月 24 日，中共中央政治理论机关刊物《解放》周刊在延安创刊。该刊为十六开铅印杂志，不定期出版，由延安解放社编辑，延安新华书店出版，后来改为半月刊，曾在国民党统治区西安等地翻印发行。

《解放》创刊号

《解放》周刊辟有时评、论著、翻译、通讯、文艺等专栏，毛泽东、张闻天、朱德、周恩来、博古等都在该刊上发表文章。创刊之初，面临着中国共产党为建立抗日民族统一战线而奋斗的任务，此时它的宣传中心是争取千百万群众进入抗日民族统一战线。为此，它在第1卷第2、4期上刊发了毛泽东的《中国抗日民族统一战线在目前阶段的任务》和《为争取千百万群众进入抗日民族统一战线而斗争》等文章，全面分析了当前形势，提出了中国共产党在抗日民族统一战线中的任务。1937年7月8日，七七事变爆发的第二天，《解放》第10期即将出版，排版后在封二加页全文刊登了《中国共产党为日军进攻卢沟桥通电》，呼吁“只有全民族实行抗战，才是我们的出路”。此后，《解放》连续报道和评论“七七事变”后中国战局的进展，发表支持国民党二十九军抗日和敦促国民党当局下决心抗战的文章。1937年8月，中共中央在洛川召开政治局扩大会议，讨论制定全民族抗战的方针，确定党的任务及各项政策。会议通过了三个文件：《中共中央关于目前形势与党的任务的决定》《为动员一切力量争取抗战胜利而斗争》《中国共产党抗日救国十大纲领》。《解放》第15期全文刊登了这三个文件，动员全国一切力量争取抗战胜利。1937年9月，改为铅印出版。《解放》周刊第12期发表了毛泽东的重要政论《反对日本进攻的方针、办法和前途》，对指导抗战起了极重大的作用。

抗日战争进入相持阶段后，八路军、新四军在华北的广大地区和大江南北展开游击战争，不断壮大队伍，开辟新的根据地，也积累了许多战斗经验。对此，《解放》刊发了邓小平的《艰苦奋斗中的冀南》、贺龙的《一二〇师抗战两年来的总结》、左权的《论坚持华北抗战》、陆定一的《晋察冀边区粉碎敌人进攻中的几个重要经验》、张鼎丞的《新四军在抗战烽火中成长着》、关向应的《论坚持冀中平原游击战争》等文章。这些文章从不同侧面反映了八路军、新四军以及抗日游击队的发展壮大，记载了抗日战争中我军的战略战术的创新和成功实践，极大地提高了广大群众对抗战胜利的信心。此外，《解放》还刊登了各抗日根据地领导人介绍根据地情况和总结各方面工作经验的文章，使广大爱国民众对抗日根据地的各项建设有了较充分的了解，促进了根据地各项事业的发展。

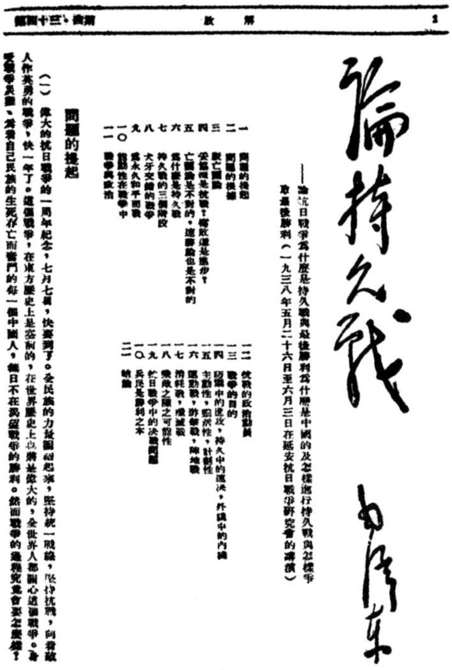
解放 第四十三、四期 1

論持久戰

——論抗日戰爭為什麽是持久戰與最後勝利為什麽是中國的及怎樣進行持久戰與怎樣爭取最後勝利（一九三八年五月二十六日至六月三日在延安抗日戰爭研究會的講演）

毛澤東

一 問題的提起
二 問題的根據
三 駁亡國論
四 妥協還是抗戰？腐敗還是進步？
五 亡國論是不對的，速勝論也是不對的
六 為什麽是持久戰
七 持久戰的三個階段
八 犬牙交錯的戰爭
九 為永久和平而戰
一〇 能動性在戰爭中
一一 戰爭與政治
一二 抗戰的政治動員
一三 戰爭的目的
一四 防禦中的進攻，持久中的速決，外線中的內線
一五 主動性，靈活性，計劃性
一六 運動戰，游擊戰，陣地戰
一七 消耗戰，殲滅戰
一八 乘敵之隙的可能性
一九 抗日戰爭中的決戰問題
二〇 兵民是勝利之本
二一 結論

問題的提起

（一）偉大的抗日戰爭的一周年紀念，七月七日，快要到了。全民族的力量團結起來，堅持抗戰，堅持統一戰線，同敵人作英勇的戰爭，快一年了。這個戰爭，在東方歷史上是空前的，在世界歷史上也將是偉大的，全世界人民都關心這個戰爭。身受戰爭災難、為着自己民族的生存而奮鬥的每一個中國人，無日不在渴望戰爭的勝利。然而戰爭的過程究竟會要怎麼樣？

1938 年毛泽东在《解放》发表《论持久战》

《解放》是在党中央和毛泽东等中央领导的亲自指导和支持下创办的。对于每个时期的宣传要点，毛泽东都亲自过问，重要的社论、评论和文章都亲自审阅。毛泽东为第 17 期《解放》题写了刊名。为纪念抗日战争一周年，毛泽东为《解放》写了封面题词：“坚持抗战，坚持统一战线，坚持持久战，最后胜利必然是中国的。”毛泽东发表在《解放》上的署名文章就有 29 篇，著名的《抗日游击战争的战略问题》《论持久战》《论新阶段》《新民主主义论》等重要文献，揭示了抗日战争发展的过程和规律，指出了夺取抗战胜利的主要力量，揭示了无产阶级领导的新民主主义革命的基本规律，为全党和全国人民指明了前进的方向，极大地推动了中国革命的胜利发展。

为了集中力量办好中央机关报《解放日报》，1941 年 8 月 31 日，《解放》周刊停刊，共出版了 134 期。

六、《共产党人》

《共产党人》创刊于1939年10月20日，是党中央出版的以党的建设为中心的党内刊物。总编辑张闻天，李维汉为编辑主任，陶希晋、马洪为责任编辑，1941年8月20日停刊，共出19期。毛泽东为它写了发刊词，称之为“专门的党报”，其中谈到了创刊的宗旨就是：“帮助建设一个全国范围的、广大群众性的、思想上政治上组织上完全巩固的布尔塞维克化的中国共产党。”为了指导党的建设，毛泽东在《〈共产党人〉发刊词》中，深刻地总结了中国共产党的三条根本经验，即统一战线、武装斗争、党的建设。这是中国共产党领导全国人民战胜敌人的三大法宝，是中国革命的三个基本问题，并阐明了三大法宝之间的关系。

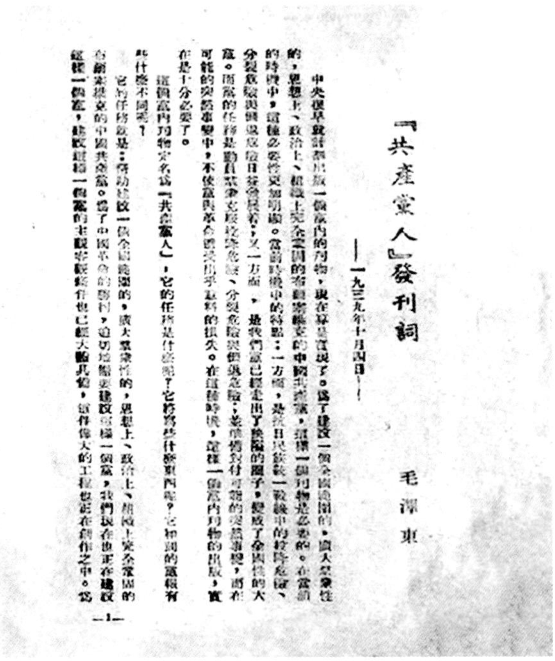

『共產黨人』發刊詞

毛澤東

——一九三九年十月四日——

中央很早就計劃出版一個黨內的刊物，現在算是實現了。為了建設一個全國範圍的，廣大群衆性的，思想上、政治上、組織上完全鞏固的布爾塞維克的中國共產黨，這樣一個刊物是必要的。在當前的時機中，這種必要性更加明顯。當前時機中的特點：一方面，是抗日民族統一戰綫中的投降危險、分裂危險與倒退危險日益發展着；又一方面，是我們黨已經走出了狹隘的圈子，變成了全國性的大黨。而黨的任務是動員群衆克服投降危險、分裂危險與倒退危險，並準備對付可能的突然事變，而在可能的突然事變中，不使黨與革命遭受出乎意料的損失。在這種時候，這樣一個黨內刊物的出版，實在是十分必要了。

這個黨內刊物定名為『共產黨人』，它的任務是什麼呢？它將寫些什麼東西呢？它和別的黨報有些什麼不同呢？

它的任務就是：幫助建設一個全國範圍的，廣大群衆性的，思想上、政治上、組織上完全鞏固的布爾塞維克的中國共產黨。為了中國革命的勝利，迫切地需要建設這樣一個黨，我們現在也正在建設這樣一個黨，建設這樣一個黨的主觀客觀條件也已經大體具備，這件偉大的工程也正在創作之中。為

—1—

《共产党人》发刊词

七、《中国工人》

《中国工人》于1924年10月在上海创刊。经历两次停刊，1940年2月7日，中共中央在延安再次创刊《中国工人》，由中共中央职工运动委员会主办，马纯古任责任编辑，1941年3月停刊，共出13期，32开本，每期约100页。毛泽东为它写了发刊词，其中对如何办好报刊作了重要指示。他指出：“一个报纸既已办起来，就要当作一件事办，一定要把它办好。这不但是办的人的责任，也是看的人的责任。看的人提出意见，写短信短文寄去，表示欢喜什么，不欢喜什么，这是很重要的，这样才能使这个报办得好。”这里论述了党的报刊要走群众路线，要靠群众来办的基本原则。他还对文风问题作了指示：“我希望这个报纸好好地办下去，多载些生动的文字，切忌死板、老套，令人看不懂，没味道，不起劲。”

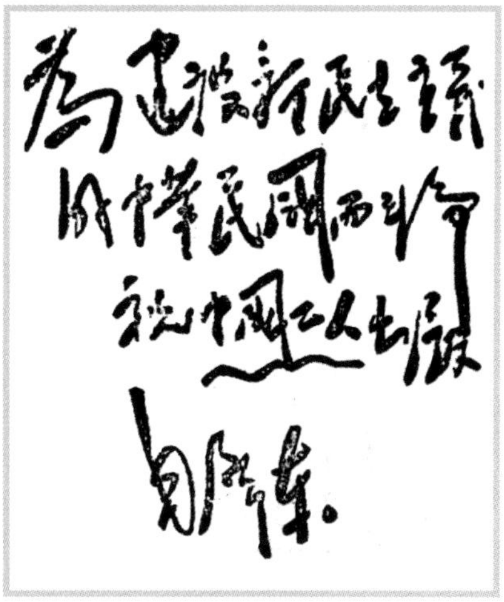

1940年7月毛泽东为《中国工人》题词

《中国工人》

八、《中国文化》

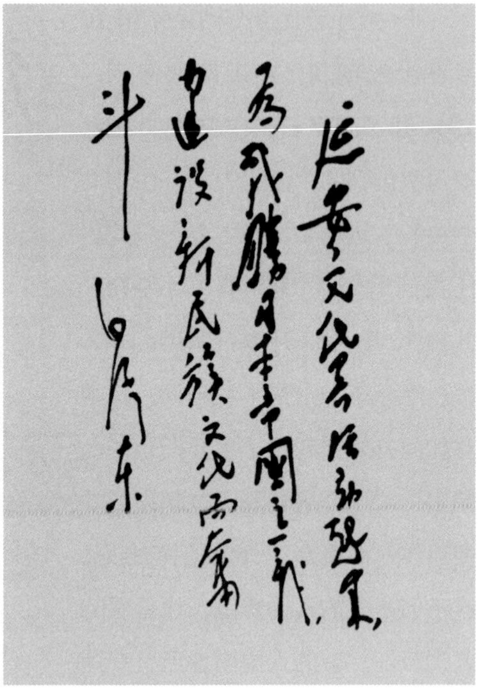

毛泽东为《中国文化》题词

《中国文化》创刊于1940年2月15日，是陕甘宁边区文化协会的机关刊物。主编艾思奇，参加编辑工作的有林默涵等。1941年8月停刊，每卷6期，出至第3卷第3期，共15期。刊物为16开大小，白色封面，封面上印有毛泽东题写的“中国文化”四个字，创刊号上“中国文化”四个字以鲜红色为底色，而后每期的封面都会更换四个字的底色颜色。刊物内页用马兰纸印刷，铅印，由在延安约35公里以外的中央印刷厂分厂印刷，在延安新华书店公开发行，订阅者多为机关部门、学校及文艺团体。在创刊号上，发表了毛泽东的光辉著作《新民主主义论》。毛泽东在这篇文章中规定了刊物的基本态度，指出：“科学的态度是‘实事求是’，‘自以为是’和‘好为人师’那样狂妄的态度是决不能解决问题的。……真理只有一个，而究竟谁发现了真理，不依靠主观的夸张，而依靠客观的实践。只有千百万人民的革命实践，才是检验真理的尺度。我想，这可以算作《中国文化》出版的态度。”

九、《八路军军政杂志》

《八路军军政杂志》创刊于1939年1月15日，是八路军总政治部机关刊物。1942年3月25日终刊。由八路军总政治部出版。毛泽东也为它撰写了发刊词，指出该刊出版的意义是：“为了提高八路军的抗战力量，同时也为了供给抗战友军与抗战人民，关于八路军抗战经验的参考材料”。《八路军军政杂志》为月刊，24开本，采用白报纸铅印，印刷精美，每期都配有套色木刻画页、铜版照片、图画、题词等。发行数约3000份。共出4卷39期，其中1—3卷各12期，第4卷3期。发表590篇文章。1卷1期至3卷8期，每期11~12万字；第3卷第9期后，每期为5~6万字。在毛泽东、郭化若、王稼祥、萧劲光、萧向荣五人组成的编委会领导下进行工作，萧向荣兼任主编。

《八路军军政杂志》

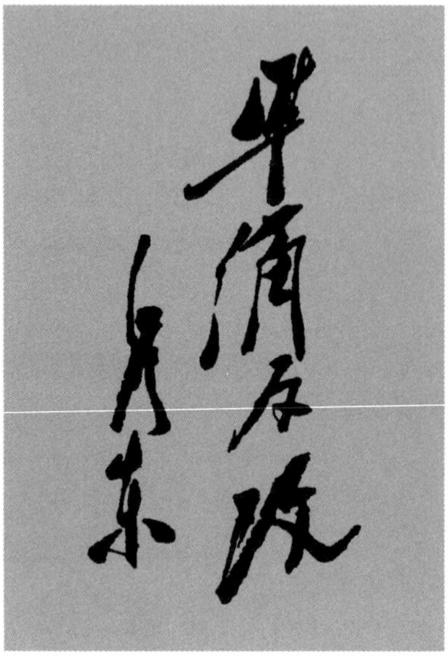

1942年4月毛泽东为《八路军军政杂志》创刊三周年题词

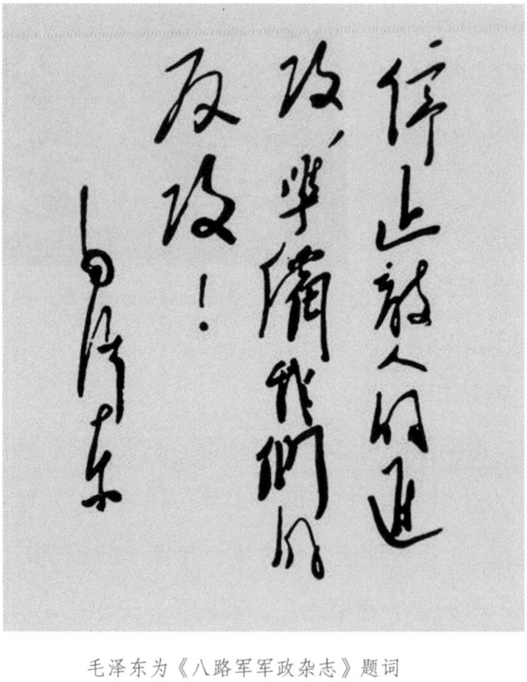

毛泽东为《八路军军政杂志》题词

十、《中国青年》

《中国青年》是中共中央青年工作委员会（对外称全国青年联合会延安办事处）主办，1939 年 4 月 16 日创刊，胡乔木任主编，1941 年 3 月 5 日出至第 3 卷第 5 期休刊。延安时期的《中国青年》两年中共出刊 29 期，其中包括 3 期晋西版的《中国青年》。

《中国青年》

《中国青年》重视宣传马列主义、毛泽东思想。曾译载了恩格斯的《从猿到人》，毛泽东的《论五四运动》《第二次帝国主义战争讲演提纲》等文章。还刊载学习和介绍马列著作及学习革命导师高贵品质的文章。

《中国青年》重视宣传党的方针、政策，刊登有关青年运动、青年工作的文章，文章内容有艾思奇谈辩证法、曾涌泉撰写的军事战术常识、王学文的政治经济学讲座、许立群的中国史话等。

由于《中国青年》编辑部能够抓住青年人的特点，所以该刊办得充实、新颖、活泼。

1948 年 12 月，中共中央青年工作委员会主持复刊，在石家庄出版，次年迁北平（今北京）。1949 年 4 月起，一直是团中央的刊物。

十一、《新华日报》（重庆版）

《新华日报》（重庆版）是抗日战争时期和解放战争初期中国共产党在国民党统治区公开出版的第一张机关报，也是中国共产党的第一张全国性的大型日报，是在周恩来同志亲自领导下创办的。在中共中央南方局直接领导下，为抗日战争和解放战争的胜利作出了重大贡献。

《新华日报》（重庆版）于 1938 年 1 月 11 日在武汉创刊，后因武汉沦陷，迁往重庆。《新华日报》（重庆版）最初迁入重庆时，馆舍位于城内的西三街和苍坪街，1939 年因日军大轰炸馆舍被毁，于是移至虎头岩村，与《群众》周刊合署办公。报社人员在这里写稿、编辑、排字、印刷、装订，宣传抗日民族统一战线，传播中国共产党的声音。1946 年 5 月，新华社重庆分社迁往《新华日报》（重庆版）总馆。分社同志利用仅有的一部电台，每天抄收延安新华总社发来的电讯，除供《新华日报》（重庆版）刊用之外，还提供给重庆其他媒体。1947 年 2 月 28 日，《新华日报》（重庆版）被国民党查封。8 年多时间里，《新华日报》（重庆版）坚持以事实为导向，宣传团结抗战，宣传真理，揭露黑暗，敢说真话，逐步成为开展抗日民族统一战线工作、发展爱国民主运动、动员广大人民群众参加抗战事业、宣传中国共产党路线方针政策的强有力的舆论武器，在鼓舞人民斗志、打击反动势力、团结领导人民群众等方面做了大量工作。

重庆化龙桥虎头岩下的《新华日报》馆

十二、《新华日报》（华北版）

《新华日报》（华北版）是中共中央北方局的机关报，也是党在敌后区域创办的第一张铅印的大型日报，1939 年 1 月 1 日在山西沁县后沟村创刊。中共中央北方局书记杨尚昆同志曾高度赞扬："《新华日报》（华北版）的努力，替我们新闻史上写下了光辉的一页，开辟了敌后新闻事业的新纪录。"创刊时为四开四版，隔日刊。报纸一出版，发行量就达两万份。到它周岁时发行量达 5 万余份。

《新华日报》华北分馆的干部来源，主要是四个途径：《新华日报》总馆、西安分馆的编辑、印刷人员；《中国人报》报社的全体职工；"记者训练班"的学员；延安抗大、陕公、鲁艺学校派赴太行抗日前线的一批文字和美术工作者。

《新华日报》华北分馆创办初期，由中共中央北方局组建的党报委员会负责领导，实行社长兼总编负责制。党报委员会成员：杨尚昆、彭德怀、左权、陆定一、傅钟、李大章、何云、陈克寒。

《新华日报》（华北版）到 1943 年 10 月 1 日时改为《新华日报》（太行版），归中央太行分局领导。发行范围基本上以晋察冀地区为主，遍及华北各抗日根据地，常年发行量为 3 万份。该报编辑出版时间为 4 年 9 个月，共编号出版 846 期。每期编辑出版两万字，隔日刊，每逢单日出版一大张，四开四版。1942 年 1 月 1 日起，不定期出版日刊，每日出版一大张，仍为四开四版。该报版面安排：第 1 版是社论、要闻；第 2 版是国内新闻；第 3 版是国际新闻；第 4 版是根据地建设、文章。开辟的主要栏目有：社论、要闻、华北新闻、敌后方通讯、华北战况、战地通讯、华北捷报、华中通讯、华东通讯、半月军事动态、领导人文章等。

《新华日报》（华北版）是华北人民的喉舌，是华北人民“坚持抗战，坚持持久战，坚持统一战线”的号角，是一座具有无穷杀伤威力的堡垒。日寇对《新华日报》（华北版）恨之入骨。1942 年 5 月，日本侵略军对太行山进行残酷“扫荡”，重重包围报社，报社同志英勇阻击，突围中社长兼总编辑何云等 27 人献出了宝贵的生命。何云牺牲时年仅 38 岁。

《新华日报》（华北版）报社旧址

十三、《晋察冀日报》

1937年12月11日,《晋察冀日报》由晋察冀军区出版,原名《抗敌报》。1938年8月改由晋察冀边区出版，成为中共晋察冀边区党委机关报。1940年11月，《抗敌报》改名为《晋察冀日报》，邓拓任社长兼总编辑。1948年6月14日，《晋察冀日报》在平山县里庄村发表终刊启事。从创刊至终刊，共10年6个月3天，出版报纸2854期。《晋察冀日报》最后一期刊载了社长邓拓撰写的《终刊启事》，对《晋察冀日报》办报10年的历史作了一个简要的总结。1948年6月15日,《晋察冀日报》与邯郸市晋冀鲁豫《人民日报》合并成为中共中央华北局机关报《人民日报》。

晉察冀日報

中國共產黨中央委員會
發佈五一勞動節口號

獎勵工業的勞動政策與稅收政策

《晋察冀日报》

作为中国共产党晋察冀中央局的机关报，《晋察冀日报》伴随着晋察冀边区根据地一起发展壮大，见证了根据地的创建、巩固和发展，成为中国共产党在敌后根据地创刊最早、连续出版时间最长、影响最

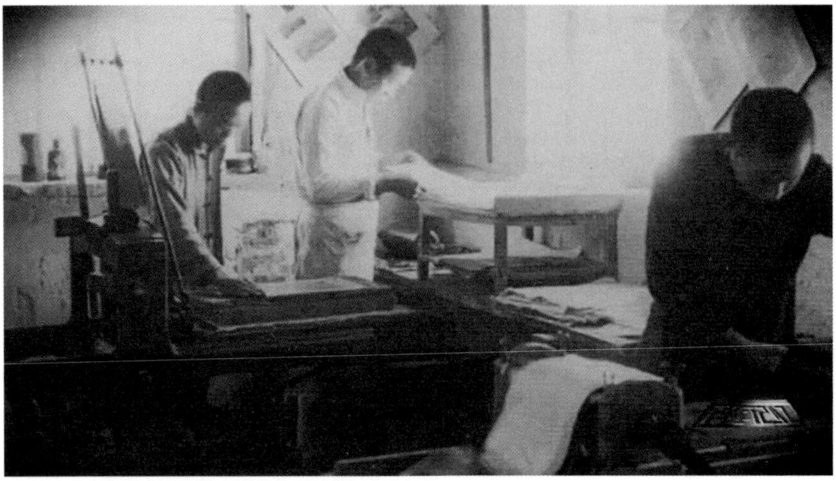

邓拓带领大家改造出轻便式印刷机

大的大区党报之一。在办报期间，面对敌人层层封锁和恶劣的环境，《晋察冀日报》的工作人员利用广泛的消息源，巧妙地绕过敌人的封锁线，源源不断地获取消息、出版报纸，像地雷战英雄李勇、狼牙山五壮士、英雄王二小等英雄事迹，都是在那段时间刊出的。

《晋察冀日报》内容丰富多彩，形式多样，既有国际新闻、国内新闻，又有副刊《老百姓》，还有漫画、顺口溜、诗歌等。每天都会出小评论，每周出周评。报纸不仅在解放区出版发行，就是在敌占区也发行。由于文章内容通俗易懂、幽默诙谐、脍炙人口，成为当时根据地广大军民了解八路军政策和根据地战况的主要渠道，也是晋察冀边区党和人民对敌作战的重要宣传武器。

十四、《大众日报》

1939 年 1 月 1 日，《大众日报》创刊于山东省沂水县云头峪村，初为中共苏鲁豫皖边区委员会机关报，不久，中共中央山东分局成立，改为山东分局机关报。

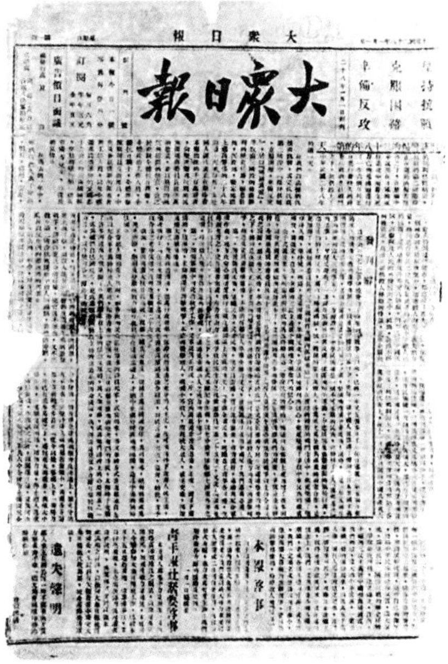
大衆日報

《大众日报》

《大众日报》创刊伊始，正是山东抗日根据地的初创阶段，各方面条件都非常困难。在恶劣的环境中，报纸的编辑、印刷、发行等人员工作都十分艰苦。编辑部设在王庄村农户家中，印刷厂就在云头峪村几户农家草屋里，厂房和工作间不足 50 平方米，有两间还是农户主动让出的结婚新房。简陋的机器设备都是通过关系，分别从泰安和济南买来的。在中共中央山东分局的领导下，依靠人民群众，发挥集体的智慧和力量，工作人员战胜了一个又一个无法想象的困难。经过紧张的筹备，报社出版了两期名为《突击》的油印试刊，锻炼了一批编辑和印刷队伍，为《大众日报》顺利出刊做好了准备工作。

1938 年 12 月 31 日，编辑部编好了创刊号的稿子，画好版样，交通员冒雪送到印刷厂。印刷厂的干部、工人按各自分工，紧张有序地分班轮流作业，赶排印刷，晚上十二点上机开印，到 1939 年元月 1 日凌晨五点，两千份《大众日报》创刊号全部印完。装订车间遂即剪裁、分发，交通员快速将报纸送到王庄营业部，营业部马上分发到分局和纵队领导及各部门。

《大众日报》的诞生，开创了山东抗日根据地新闻事业的新纪元，在《创刊词》中，它宣布自己的宗旨和任务是“为大众服务，成为他们精神上的必要因素之一，成为他们自己的喉舌，更成为他们所热烈支持的最公正的舆论机关。”因此，该报自创刊就深得社会各界的拥护和支持，开始发行时为 2000 份，第二期不得不增加到 3000 份。两个月后，订户竟发展到 6000 多个，发行范围不仅在山东各地区、江苏、河南、安徽和华北根据地，直至发行到延安和国民党统治下的重庆、长沙、常德、金华等地。

在 1941 年冬季反“扫荡”中,《大众日报》工作人员组成战时新闻小组，在印刷工人同志的武装掩护下，冒着敌人的炮火收报、编报、印报。他们没有桌子，就在膝盖上编写，没有刻钢板的铁笔，就把纳鞋的针磨细了用；没有粮食吃，就吃花生饼等食物充饥。仅在这一次反“扫荡”中，报社就有三十几位同志牺牲。在次年冬季反“扫荡”中，社长李竹如也牺牲了。德国籍反法西斯的著名记者希伯，1942 年在山东解放区采访，随军坚持沂蒙山区的游击战争，同年 12 月在激战中牺牲。

在敌后解放区，报纸能够克服重重困难，坚持出版发行，很重要的一个原因是报纸与群众有着密切的联系，得到了广大人民群众的大力支持。广大人民群众从各个方面帮助报纸，甚至不惜牺牲生命来保卫报社的物资设备，掩护报社的工作人员。

作为中共中央山东分局的喉舌，《大众日报》采用多种形式，广泛大量地宣传报道中国共产党的抗日民族统一战线的路线、方针和政策，发动和团结各阶级、各阶层共同抗日。1945 年冬，中共中央华东局成立，山东《大众日报》改为华东局机关报。

十五、《抗战日报》

《抗战日报》，中共中央晋绥分局的机关报，1940 年 9 月 18 日在山西兴县石楞子村创刊，四开四版铅印报纸，初创为三日刊，后改为间日刊、日刊。从创刊到终刊，报纸经历了抗日战争和解放战争时期，历时近 9 年，共出版 2171 期。

《抗战日报》创刊号的《发刊词》明确宣布：“抗战到底，团结到底，建设晋西北，便是本报的三大任务。”贺龙为报纸创刊写了“抗战日报，人民呼声”的题词，鼓励广大新闻工作者为根据地的建设再立新功。在《抗战日报》创办的第一个年头，正赶上日军反复开展大规模扫荡，加之国民党的多次军事围剿。面对残酷的战争，报社工作人员不得不“游击办报”。在战斗紧张激烈的时候，为了保证报纸按时出版，编辑人员就渡过黄河在

抗戰日報
發刊詞
創刊號
抗戰日報
人民呼聲
賀龍

《抗战日报》创刊号

神府安营扎寨，战斗结束后再返回河东。

报纸创刊初期，由于缺少编辑、记者太少，又缺乏在农村根据地办党报的经验，加之地方稿源有限，可采纳的质量合格的稿件并不多，从而导致报纸初期的新闻宣传效果并不理想，存在着因袭过去城市办报的老框框、脱离根据地实际的问题。具体表现为：报纸每期以二、三版的全部版面刊登国内、国际新闻，地方新闻仅占头版除报头、社论以外不足一版的篇幅，数量很少，质量也不高。第四版的副刊，也主要发表或转载一些大篇幅文章。其次，在用稿方面可以发现其过于依赖新华社供稿的痕迹。再次，便是大量刊登边区政府的工作文件全文。报纸这种状况不能适应根据地工作与斗争的需要，不能满足干部与群众的要求。为了改变这种状况，从 1941 年 5 月起，《抗战日报》第一次调整了版面。调整后的一版以刊登社论和要闻为主，二版为国内国际新闻混合版，三版全部刊登地方新闻，四版刊登专文。通过这次改版，报纸在联系晋西北实际方面，有了一定改进。

1942 年，晋绥边区正式形成，《抗战日报》由中共晋西区党委机关报改为中共中央晋绥分局的机关报。随着边区的扩大，《抗战日报》的影响力也不断扩大，其逐渐得到了各级领导和广大群众的关注，以及来自各方的鼓励和工作建议，报社开始酝酿第二次改版。整风运动的贯彻和深入，成为这次报纸改版的催化剂。整风运动中，报社首先发现报纸工作中存在的“聋、盲、哑、软”四种疾病。具体表现为：常常听不见群众的呼声和要求，看不见群众的活动和根据地工作中的各种症结问题，不能向群众透彻解释党的政策和民主政府法令，对敌斗争不够有力，工作中批评与自我批评差。为此，1942 年 5 月 19 日的改版报纸在当天的《为改变告读者》的社论中，检查了自己脱离晋绥实际、脱离群众的观点。与此同时，《抗战日报》学习延安《解放日报》改版经验。一版改为以刊登地方重要新闻和社论为主的要闻版；二版为地方新闻版；三版为国内、国际混合版；四版刊登与地方工作有关的文章和反映根据地工作与对敌斗争的文艺作品。这样一来，相对冗余的国际新闻报道撤下版面，而贴近晋西北人民的新闻报道内容大量填充进来，使报纸在版面设置上更加趋向地方化，更符合边区干部和群众的看点。

1944年12月20日，毛泽东在延安和晋绥分局代理书记林枫的谈话中，对改进《抗战日报》工作做了重要指示："本地消息，至少占两版多到三版。排新闻的时候，应以本地为主，国内次之，国际又次之。对于外地与国际消息，应加以改造。对新华社的文章不能全登，有些应摘要，有些应印成小册子。不是给新华社办报，而是给晋绥边区人民办报，应根据当地人民的需要（联系群众，为群众服务），否则便是脱离群众，失去地方性的指导意义。"这个指示在报社传达以后，经过学习和讨论，编采人员开阔了思路，解放了思想，大家明确了报纸的地方化问题，不仅要着眼于扩大地方新闻的版面，还要从版面的组织安排上，国内、国际新闻的选择和编辑上加以改进，要多层次、多角度改变报纸报道工作，真正做到"给晋绥边区人民办报"。此后，报社在全区大力发展通讯工作，组成了记者、通讯干事、通讯员、读报小组紧密结合的通讯报道网。在各级领导干部、广大群众、部队战士、参与报纸编辑出版的记者、编辑、通讯员的共同努力下，《抗战日报》有了长足的进步，彻底扭转了从前稿件匮乏，消息渠道不畅、编辑用稿捉襟见肘的尴尬局面。

抗战胜利后，国际国内形势进入了争取和平民主的新阶段，为了适应解放战争的需要，1946年7月1日，晋绥分局决定将《抗战日报》更名为《晋绥日报》，社址仍在山西兴县。《晋绥日报》的内容主要是社论、国际国内新闻、地方消息等，宣传中国共产党的政策，指导地方的工作。1948年4月2日，毛泽东曾对该报编辑人员发表《对晋绥日报编辑人员的谈话》。1949年5月1日，《晋绥日报》随着解放战争的胜利完成了历史使命而终刊。

十六、《解放》报

北平《解放》报创刊于1946年2月22日，是中国共产党在北平创办的第一份公开报纸，这份报纸利用合法渠道公开宣传中国共产党的政策和主张，揭露国民党政府“假和平、真内战”的真实面目，对号召民众为实现和平民主而斗争发挥了积极作用。

1946年1月，在全国人民要求和平民主的呼声下，召开了国民党、共产党和其他民主党派及社会贤达代表参加的政治协商会议。这次会议，国共双方签订了停战协定。为了监督停战协定的执行，在北平设立了国共两党和美国代表联合组成的北平军调处执行部。会上规定：经三方代表批准的命令、协议和公报等，概由国民党中央通讯社、共产党新华通讯社和美国新闻处发表。根据这个协定，中共中央在北平设立了新华社北平分社并决定在北平出版《解放》报。

北平《解放》报是在中共中央直接领导下，由军调处中央代表团叶剑英、李克农具体组织安排下出版的，党中央为报社配备了强有力的领导班子，确定由徐特立任北平新华分社和解放报社社长，由钱俊瑞、姜君辰、杨庚、郑季翘、于光远5人组成编委会，领导编辑业务工作，同时还从全国各地选派了一批有经验的记者和工作人员加盟北平《解放》报。

北平《解放》报创刊初期非常艰难，没有社址，几经波折，由阮慕韩同志将自己的房屋借予筹建使用，报社和分社一月中旬便在西四三道栅栏41号有了临时社址，最早的两期报纸是在这里编辑的。后来，随着北平《解放》报业务量的扩大和发行数量的增加，报社在二月中旬购置了宣武门外方壶斋胡同9号，并以此为正式社址，原临时社址则作为

解放
三日刊
和平·民主·團結·建設新中國
——發刊詞——
延安權威人士評論：
政協會的成就
晉察冀邊區
成立復員委員會
名教育家陶行知氏
在論學辦社會大學

1946年2月22日，北平《解放》报创刊号

报社的发行部。

1946年2月22日，北平《解放》报正式出版，该报初为三日刊，又称《解放》三日刊，报头移用了毛泽东题写的延安《解放日报》报头的前两字，设有“国内新闻”“国际新闻”“问与答”等栏目，还开辟了“解放区之页”“读者呼声”“故都剪影”等专栏，从各个角度介绍了解放区欣欣向荣的景象，揭露了国民党统治区的黑暗与腐朽，反映人民的苦难与呼声。

北平《解放》报在创刊号上，发表了以“和平、民主、团结、建设新中国”为题的发刊词。创刊当天，立刻在各阶层引起了巨大反响。北平街头巷尾响起了报童“快看共产党的报纸！”的叫卖声。这声音，使饱受日伪之苦、陷于国民党“劫收”之灾的广大北平市民精神为之一振。当天印的7000份报纸很快就被抢购一空，随后又加印3000份报纸，油墨未干，又被一抢而空。

《解放》报出版以后，即对国民党政府操纵舆论，反共、欺骗人民的宣传进行无情揭露，还原重大事件真相。1946年2月25日第2期，针对国民党当局指使特务纠集逃亡地主、流氓等千余人，以“河北省难民还乡请愿团”名义，在东四牌楼一带举行反共游行示威的事件，《解放》报发表社论《难民还乡问题》。社论阐述了中共对流亡在全国各大城市难民的政策，揭露了国民党政府利用难民问题制造事端的阴谋。2月28日第3期，《解放》报整版转载延安《解放日报》社论《重庆事件与东北问题》。该文无情地揭露了国民党政府以“东北问题是国际问题”为借口，破坏政治协商协议，在重庆搞反苏游行的真面目。

国民党当局对这些文章非常仇恨，将《解放》报视为眼中钉，千方百计加以破坏，还放出许多特务去撕毁报童的报纸，或将报纸强行没收或殴打报童不许卖这张报纸，一些“来历不明”的人还经常窜入报社制造麻烦，甚至还威胁印刷厂，不许印《解放》报，如果再印《解放》报，就一把火将印刷厂烧掉等。国民党一位高级官员说，“北平《解放》报的存在，相当于共产党在北平驻扎了一个师的兵力”，这并非夸大其词。因为在及时揭露反动措施和内战阴谋方面，《解放》报的作用的确是巨大的，他们对北平《解放》报的出版当然是无法容忍的。在各种手段都达不到目的时，最后不得不撕下一切伪装，公开使用暴力手段，直接对报社人员下手。

1946年4月5日的《解放》报在第一版头条新闻中详细报道了本社被武装包围、野蛮搜查和同志们被捕的经过。同时发表了社论《我们的控诉和抗议》，还刊登了钱俊瑞在囚室中赶写的短文《我们被捕了》，揭露国民党当局侵犯人身自由、限制言论自由的暴行。4月8日《解放》报第四版转发了延安《解放日报》4月5日的社论《抗议非法搜捕北平解放报事件》，驳斥中央社关于搜捕新华社北平分社、解放报社事件的歪曲报道。军调处中共代表团还收到延安的电报，毛泽东同志在电报中表扬了北平《解放》报和新华社北平分社的同志们在“四三”事件中威武不屈、英勇斗争的精神。

“四三”事件与国民党反动派的愿望相反，共产党在北平获得了更多人的同情与支持。民众除向报社寄来大量慰问信件外，还称赞《解放》报为“读者之导师、社会之明灯”，是一座“扑不灭的灯塔”，并以热情购买报纸的方式进行支持。“四三”事件后，北平《解放》报的发行量从创刊时的1万多份迅速增加到5万多份，成为平津一带销售量最大的报纸。

随着发动内战的临近，国民党当局加紧了对北平《解放》报和新华社北平分社的迫害，1946年5月29日凌晨，北平当局奉蒋介石手令悍然查封了北平《解放》报和新华社北平分社。国民党当局以所谓“未经中央核准”“于法不合”等借口，勒令《解放》报停刊。北平《解放》报和新华社北平分社为此发表《告全国同业及各界同胞书》，控诉国民党反动派这一法西斯暴行，并向国民党当局提出严重抗议。值得一提的是，《解放》报在遭查封被迫停刊前，已将国民党反动派勾结美帝在全国范围内调集军队包围解放区，准备发动内战的真相公布于众。在同一天遭查封的北平新闻媒体共77家。

北平《解放》报存在的时间虽然只有短短的三个月，但在号召民众为实现和平民主而斗争方面发挥了积极的作用，全体报社同仁“本着全心全意为人民服务的宗旨……以致力于和平、民主、团结、建设新中国的神圣事业”，留下了不可磨灭的功勋。

十七、《群众》周刊

《群众》周刊是抗日战争和解放战争时期中国共产党在国民党统治区公开出版的机关刊物。1937 年 12 月 11 日在武汉创刊，由周恩来直接领导，潘梓年任主编兼发行人。1938 年 10 月，日军侵占武汉后迁移到重庆。抗战胜利后，于 1946 年 6 月迁至上海。1947 年 3 月 2 日停刊。1947 年 1 月 30 日，《群众》周刊在香港出版。香港版《群众》至 1949 年 10 月出版到第 3 卷第 43 期时停刊。

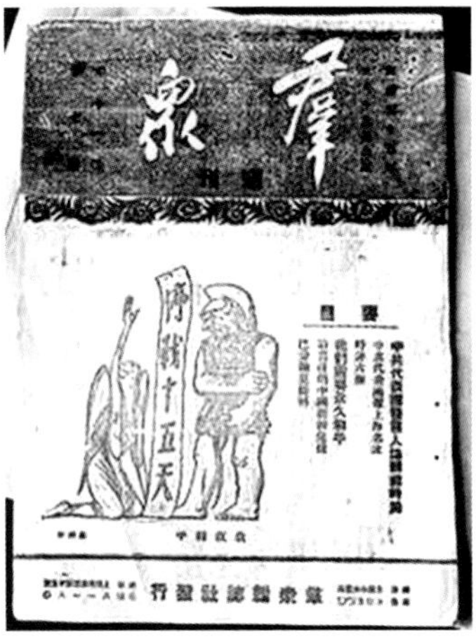
《群众》周刊

《群众》周刊从创刊到结束，历时 13 年，共出版 14 卷 405 期，是党在新民主义革命时期出版最长的一个刊物。它积极向国统区人民宣传中国共产党的方针政策，大力发动人民参加抗日救亡运动，为扩大我党在国统区的影响，壮大党的抗日民族统一战线，起到了重要作用。

全面抗战时期，它刊登的毛泽东关于全面抗战、持久抗战的思想，朱德、周恩来、彭德怀等人有关抗战的文章，以及八路军、新四军的战绩，有力地批驳了亡国论和速胜论以及形形色色的投降妥协的谬论，增强了国统区人民抗战的信心，提高了共产党、八路军、新四军在国统区人民心目中的地位。

解放战争时期，它积极宣传和平民主，反对独裁统治，反对内战，支援解放战争，同样发挥了极为重要的作用。它内容丰富多彩，形式生动活泼，深受国统区人民的欢迎。

十八、《人民日报》

1946年5月15日，晋冀鲁豫中央局机关报《人民日报》在邯郸创刊。日出，对开1张，社址先后设在河北省邯郸市和武安县，主要在晋冀鲁豫根据地所辖太行、太岳、冀鲁豫、冀南等地区发行，一度兼负新华通讯社的发稿任务。1948年6月15日，在河北省平山县与中共中央晋察冀分局机关报《晋察冀日报》合并后转为中共中央华北局机关报，仍称《人民日报》，负责人是张磐石、杨放之（吴敏）、安岗。

随着解放战争胜利地向全国推进，先后建立了一批中央一级、中共中央局以及各省市委的报纸。华北《人民日报》于1949年3月迁北平出版，从8月起，根据中共中央的决定改为中共中央机关报。

人民日報

晉冀魯豫、晉察冀兩大解放區合併

華北解放區正式組成

社論

華北解放區的當前任務

——代創刊詞——

《人民日报》华北创刊号

《人民日报》创刊时的里庄旧址

在我党的报业发展史上，《人民日报》的创刊，同延安也有直接的联系：一是它和延安《解放日报》有着密切的历史沿革关系。二是毛泽东在延安为《人民日报》题写了报名；三是《人民日报》的主要领导和业务骨干也是由延安清凉山培养和输送的。

1946 年 4 月间，中共晋冀鲁豫中央局副书记薄一波到延安汇报工作，毛泽东在枣园同他进行了亲切交谈。那时，晋冀鲁豫中央局正在筹办一份机关报，便请毛泽东题写报名，叫《晋冀鲁豫日报》或《太行日报》毛主席说："报纸名称不一定都要冠上地名，为什么你们不能叫《人民日报》？"毛泽东又问薄一波，这个名字有没有人用过，薄一波回答说："好像没有听说谁用过。"于是，毛泽东提笔一连写了五幅《人民日报》报名，让在场的人帮助挑选。

1946 年 5 月 16 日，晋冀鲁豫中央局机关报《人民日报》在河北邯郸创刊。1948 年 5 月，晋冀鲁豫解放区和晋察冀解放区合并，成立中共中央华北局。6 月 15 日，晋冀鲁豫中央局的《人民日报》与晋察冀中央局的《晋察冀日报》合并后，创办了中共华北局机关报《人民日报》。那时，中共华北局的《人民日报》担负着中共中央机关报的职责。从 1949 年 8 月 1 日起，《人民日报》升格为中共中央机关报。

十九、《七七日报》

《七七日报》是中共中央中原局机关报。其前身是1939年7月7日新组建的鄂中区党委为纪念全国抗战两周年创办的机关报——《七七报》，报名由区党委书记陈少敏提议，陶铸题写报头，宣传部部长夏忠武直接领导，李苍江任主编。1939年11月，鄂中区党委撤销，新的豫鄂边区党委组成，《七七报》成为豫鄂边区党委机关报。在日军“扫荡”和国民党顽固派掀起的反共摩擦中，报社及印刷厂经常转移，更换编印地，活动于崇山峻岭中，坚持出报。1946年1月14日，中共中央中原局将《七七报》改版为《七七日报》，期数仍与《七七报》相衔接。1946年6月24日，《七七日报》发出停刊启示，在此期间共发行162期（总第536期）。

《七七日报》社旧址

二十、《江淮日报》

《江淮日报》是中国共产党中央委员会华中局机关报。1940 年 12 月 2 日在华中抗日民主根据地江苏省盐城县创刊。社长由中共中央华中局书记刘少奇兼任，副社长兼总编辑为王阑西。对开 1 张。后改 4 开 1 张。读者对象是根据地群众和干部。该报传达中共中央对抗日战争的主张和政策；宣传华中局、新四军对军事和政治斗争的主张；揭露、驳斥日伪和国民党的反共宣传。1941 年皖南事变发生后，曾揭露国民党制造事变的真相，宣传中共中央对事变采取的政策和主张。此外，还经常报道根据地党的建设、政权建设、群众工作开展的情况。最初发行 4000 份，后增至 1.5 万份。除华中根据地外，还秘密发行到日伪占领区。由于日本侵略军和国民党军队配合进行军事进犯，办报条件困难，于 1941 年 7 月 22 日停刊。

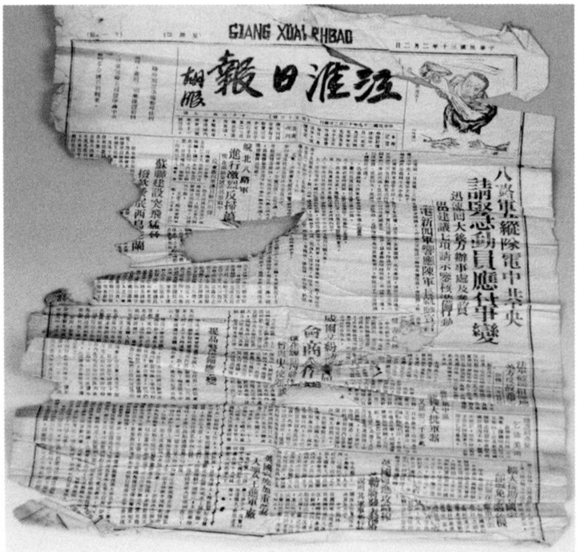
GIANG XOAI RHBAO
江淮日報
八路軍縱隊電中共中央
請緊急動員應付事變

《江淮日报》

二十一、《大众报》

《大众报》是中共胶东特委（后改中共胶东区党委）的机关报，1938 年 8 月 13 日在胶东黄县创刊。阮志刚、王卓青、王人三先后任社长。报纸是铅印四开四版日报，第一版是社论和要闻，第二版是国内新闻，第三版是国际新闻，第四版是地方新闻和副刊。1939 年春因报社转移及人员牺牲曾两度停刊。1940 年冬，在日军大扫荡中，该报出过铅印、油印和石印的二日刊或三日刊。1946 年春迁莱阳出版，改为铅印对开的日刊，在胶东发行，发行量达三万余份。1950 年，由于中共胶东区委的撤销而终刊。

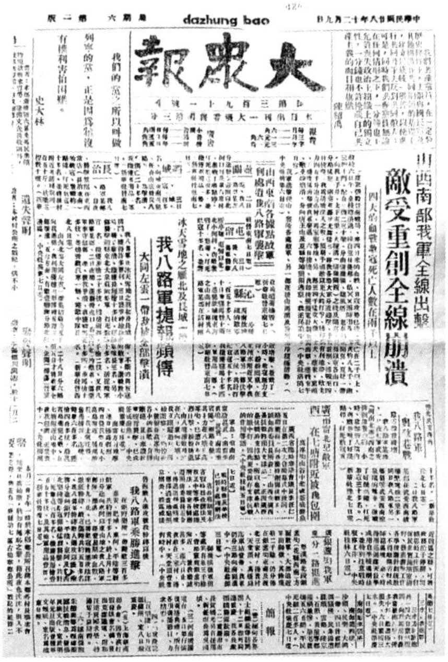
中華民國廿八年十二月九日　dazhung bao　星期六　第一版

大衆報

山西南部我軍全線出擊
敵受重創全線崩潰
四天的血戰敵寇死亡人數在兩千以上

山西東南各據點敵軍到處遭我八路軍襲擊

冰天雪地之雁北及長城一帶
我八路軍捷報頻傳
大同左雲一帶敵全部擊潰

《大众报》

二十二、《东北日报》

1945年11月1日《东北日报》在沈阳创刊，报纸是四开两版，报头由吕正操将军题写。在创刊号上“东北日报”的发刊词中明确申明“本报是东北人民的喉舌，以东北人民的利益为利益，反映人民的要求表达人民的呼声……，一切为东北人民服务，这就是我们的宗旨，我们的天职。最近中国共产党中央委员会所提出的和平民主团结的建国方针，也是本报今后努力的方向。”发刊词里并没有指明这是共产党的机关报，但从“宗旨”“方向”和发表的稿件看，报纸的政治立场十分鲜明。当时，报纸除了避免苏军干涉外，还要防范敌伪反动势力的捣乱和破坏。因此，报社的地址对外是保密的，报社人员的活动也采取半公开半秘密的方式。报纸创刊时为了报纸的安全出版，印在报头的社址假称在“山海关”。这个“借用”地址一直在报上登到第10期，直到国民党军队向山海关进犯才从报头上取消。1945年11月23日，由于战局关系和应

東北日報

本日新聞摘要

恒道溝前功勳垂著
鄭鳳山等獲金獎章
六個人擊潰七十將軍俘虜廿三名
陳季珍繳砲六門活捉將軍十五名

保衛陝甘寧動員大會上
朱總司令發表演說

我軍奖俘將軍千餘

《东北日报》

苏军的要求，《东北日报》跟随东北局一道撤出沈阳，向本溪转移。到达本溪后，报纸于 12 月 5 日复刊，在本溪办到 1946 年 2 月 2 日，共出了 40 期日报和 8 期号外。

1946 年 1 月下旬，国民党军队逼近沈阳，并图谋向本溪进犯，报社迫不得已又随东北局向吉林省海龙县转移。《东北日报》在海龙办报的时间比在沈阳、本溪都长。从 1946 年 2 月 7 日起，到 4 月 22 日止，有两个半月之久。1946 年 4 月我军（东北民主联军）解放长春后，报社迁到长春，4 月 28 日《东北日报》在长春复刊，并开始使用毛泽东的题字作报头。在长春办报不到一个月，敌人进犯，报社又被迫进行第 4 次转移迁到哈尔滨。

总之，从创刊到 1946 年 7 月这一时期的《东北日报》是在时局动荡不安的情况下度过的，报社曾 4 次转移。在环境艰险，物资缺乏的情况下，报纸除在转移过程中有过短暂中断外，一直坚持出报。报纸由小到大，内容不断丰富，发行量达到 2 万份。

1946 年 5 月 28 日，《东北日报》在哈尔滨正式复刊，与《哈尔滨日报》《北光日报》在哈联合出版对开四大版。在此期间，报社机构已具规模，人员日渐增多，报纸发行量迅速增加，到 1948 年末，已近 8 万份。报社迁到哈尔滨后，于 1946 年 12 月 18 日又更换了一次报头，新报头由毛泽东亲自题写，一直到《东北日报》停刊，始终用此报头。

1948 年 11 月，辽沈战役彻底胜利，东北全境宣告解放。《东北日报》于 12 月 12 日迁至沈阳出版，1954 年 8 月 31 日，因东北大区撤销而终刊。

二十三、《石家庄日报》

新石門日報

建立武裝糾察隊 嚴厲鎮壓一切反革命 搜繳反革命的武器懲辦他們的罪惡！

及其他革命組織進行翻身鬥爭！

社論 起來！建立革命的新秩序

我軍解放石門戰鬥經過 敵人之永久强固防綫盡遭摧毁 華北三大解放區從此連成一片

解放石門殲匪兩萬 蔣匪萬惡統治從此完結 全市廿萬人民慶獲新生

建設新石門 民主市政府成立

《新石门日报》

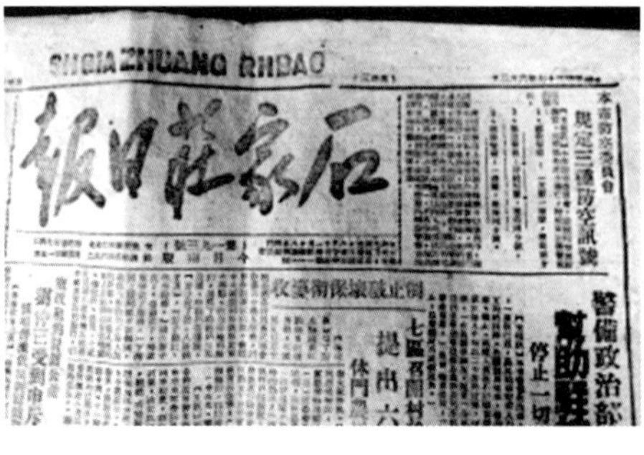

SHIJIAZHUANG RIBAO

石家莊日報

《石家庄日报》

1947年11月12日，中共晋察冀中央局决定，从晋察冀日报社和冀晋日报社成建制地抽调一批新闻干部、管理人员、电务人员、印刷工人到新解放的石门市创办城市报纸。11月18日《新石门日报》创刊出版，报头由从《晋察冀日报》抽调来的洪群同志书写，该报头使用至1947年12月31日。1948年1月1日石门市改称石家庄市，同日《新石门日报》更名为《石家庄日报》，邓拓题写报名，1966年5月18日暂时中止。自1966年5月19日起使用毛泽东的字体拼凑而成的报头，“石家庄”三字选自毛泽东给陈郁的信，“日报”二字是从某省报的报头复制的。1984年10月1日恢复邓拓题写的报头。

第四编　延安新华广播电台的创建与发展

延安新华广播电台的创建，是中国共产党领导的广播事业的开端，是当时解放区新闻事业发展中的一个重大事件，也是我国现代新闻事业史上的一座里程碑。

延安新华广播电台诞生地——王皮湾

一、延安新华广播电台的诞生

早在西安事变前后，毛泽东和周恩来等中央领导就提出建立自己的广播电台的设想，由于当时延安无广播器材，这一设想一直未能实现。

1939 年 1 月，国民党五届五中全会召开，根据蒋介石的报告，国民党决定了“防共”“限共”“溶共”“反共”的方针，设立了“防共委员会”，秘密颁发了《限制异党活动办法》等一系列文件，要求取消陕甘宁边区和敌后抗日根据地的抗日军政组织。1939 年 11 月，国民党五届六中全会上，进一步确定了军事反共为主的方针，随即爆发了进攻中国共产党领导的敌后抗日根据地，军事、经济封锁陕甘宁边区的第一次反共高潮。与此同时，国民党政府开动所有宣传机器，加紧了反共宣传，大肆鼓吹“一个主义、一个政党、一个领袖”，公开要求共产党将军队“完全托之蒋先生手中”“将马列主义暂搁一边”。中共设在国民党统治区的新闻机构其活动受到打压和限制。打破敌伪顽固的新闻封锁，建立自己的广播电台，这一问题已日渐迫切。

1940 年周恩来从苏联带回的广播发射机

1940 年 3 月下旬，周恩来、任弼时等从莫斯科回延安时，带回了经过他们努力争取，由第三国际援助的一部广播发射机。

1940 年 3 月，周恩来、任弼时等由莫斯科返回延安，边区军民举行欢迎大会。右起：李富春、毛泽东、周恩来、任弼时、蔡畅

为了躲开国民党的重重关卡的搜查拦截，发射机被拆开，分别装在几个箱子里由陆路经迪化（今乌鲁木齐市）、兰州、西安运回延安。途中，几经国民党当局地无理扣压，经周恩来反复交涉，才得以安全运回。至此，创建广播电台的条件基本成熟。

党中央很快地作出了建立人民广播电台的决定，成立了广播委员会，领导广播电台的筹建工作，周恩来任广播委员会主任，军委三局局长王诤、新华社社长向仲华等同志为委员会成员。5 月间，周恩来同志去重庆工作以后，由朱德同志主持筹建工作，由财政部部长李富春，中央直属机关财政处处长邓发同志负责经费，王诤负责业务。

中央军委三局局长王诤

军委三局组建了九分队，担负具体建台

周恩来在窑洞前锻炼臂力

任务，九分队队长付英豪，政委周浣白，主要成员有汤翰璋（丁戈）、毛动之、苟在尚、唐旦、徐路、吴兴周、赵洪政、黄德媛、张川治、屈遂心、赵戈等同志。7 月份，军委总政治部副主任谭政同志和抗日军政大学政治部副主任胡耀邦同志一起商定，从抗日军政大学抽调经过长征的红军指战员阙明主持电台基建工程。

为了防止敌人的破坏和轰炸，台址选在延安城以西 19 公里的王皮湾村河对面小山沟的半山腰，任务限于年底完成。经过两个多月的苦战，工作人员在王皮湾村对面墩儿山半山腰的老石崖上开凿了两孔面积分别为 27 平方米和 16 平方米的石窑，作为动力间和机房。两孔石窑都有 3 米多高，后部有一条洞道相通，准备敷设电线，接连发电设备和广播发射机，洞道中间开凿了一孔大约5平方米的小洞，用来存放器材、零件。

他们还在石窑上面的山坡上，挖了上下两排土窑洞，做试播的临时播音室、文字广播的机房和宿舍。山坡下盖了十几间土坯石板房，作为办公室、宿舍、伙房和牲畜棚。机器用水和生活用水，都得用毛驴从西川驮来（山下河里水中有沙子）。他们还给山坡上的羊肠小道铺上了石板，可以拾级而上。

王诤等人筹建延安广播电台时合影。左起：王诤、李克农、廖承志、杨尚昆

延安宝塔区裴庄军委三局旧址

播音室设在王皮湾村西山下一孔新挖的土窑内，设备十分简陋。窑内只放着一张未油漆的桌子和一条凳子，桌子上放一个旧麦克风和一盏油灯。没有隔音设备，就把边区生产的粗羊毛毯挂在门口和墙上，没有动力设备，就把汽车的旧引擎改成以木炭为燃料的煤气发生器带动发电机土法发电。延安缺少钢铁作发射天线架，就用三根大树干捆成“丫”形栽在山上因陋就简。

延安新华广播电台动力间和机房旧址

傅英豪、唐旦夫妇在王皮湾准备开播

周恩来从莫斯科带回的发射机，经万里颠簸，许多零件缺损，全靠九分队和材料厂的同志们用土法维修制作。当时在九分队搞技术工作的人员中，没有人受过专业训练，只有唐旦和傅英豪夫妇在清华大学无线电子系学过一年基础课，对无线电业务也不熟悉，全部技术工作都要在实践中摸索。经过大家几个月的努力，终于在11月下旬反复试播后成功，从而为延安新华广播电台的正式播音作好了一切准备。

1940年12月30日，延安新华广播电台根据党中央的部署按期播音。当晚八时整，从延安王皮湾发出了振奋人心的声音："延安新华广播电台，XNCR，现在开始播音……"宣告中国共产党领导的中国人民广播事业诞生了。

二、延安时期人民广播事业的发展

延安时期的广播事业，从诞生到中华人民共和国成立经历了三个阶段。

第一阶段，从1940年12月30日延安新华广播电台诞生到1943年3月8日因为机器发生故障停播，共两年三个月。

这一时期是抗日战争最困难的时期，在日本侵略军、伪军和国民党顽固派的夹击和封锁下，人民抗日武装力量有所削弱，抗日根据地面积缩小了，抗日根据地的人口减少了一半，抗日根据地出现了前所未有的经济困难。“我们曾经弄到几乎没有衣穿，没有油吃，没有纸，没有菜，战士没有鞋袜，工作人员在冬天没有被盖，我们的困难真是大极了。”

为了战胜困难，坚持抗战和巩固解放区，党制定并实施了著名的“十大政策”。同时，在军事方面，粉碎了日本侵略军的扫荡，打退了国民党的三次反共高潮，巩固了人民抗日武装和抗日根据地。

在这一困难时期，刚诞生的延安新华广播电台，也经受了洗礼和考验。发射机发射功率只有300瓦，由于土法发电电压不稳，影响功率输出不稳，又无自动稳压设备，就采取人工调压。机务员除了值机外还得开荒种地，纺毛线。播音员在播音、种地之余，还得学习文化、熟悉稿件、练习发音，仅有的一本字典成了他们纠正发音唯一的老师。

广播稿是由新华社广播科编写的。广播科设在清凉山，只有三个人，他们每天除了编写一套口播广播稿外，还得编写一套文字广播稿。广播稿由通讯员步行送往距离清凉山近20公里地的王皮湾。夏天，山洪暴发，西河涨水，通讯员便把广播稿用油布包好，顶在头顶泅水过河。大白天，狼不时地把头伸进机房和播音室门里窥望。因隔音设备不好，广播里有时还可听到王皮湾村子里的鸡鸣犬吠之声，日本特务和国民党特务还不

播音员用过的字典

时进行破坏，条件十分艰苦。但延安新华广播电台的工作却十分出色。

1941 年 1 月，国民党顽固派制造了震惊中外的皖南事变。事变发生后，国民党利用各种宣传工具，颠倒黑白，歪曲事实真相，同时对党在重庆出版的《新华日报》实行严格的新闻检查，强行扣压、没收，禁止发行。在这关键时刻，延安新华广播电台反复播送了毛泽东同志为中央军委撰写的《中国共产党中央革命军事委员会为皖南事变发表的命令和谈话》，揭露了事实的真相，分析了中国面临的危机，号召全国人民“以极大的警惕性，注视事态的发展，准备着对付任何黑暗的反动局面，绝不能粗心大意”，及时地粉碎了国民党顽固派的新闻封锁。

麦风（徐瑞璋）

在其后的两年多里，延安新华广播电台经常向全国听众报道正面战场和敌后战场的情况、八路军和新四军同敌伪英勇作战的捷报、抗日根据地的政权和生产建设以及人民群众生产支前的情况、国民党统治区群众抗日运动蓬勃发展的消息、世界反法西斯战争和其他重要的国际新闻；播送党的重要文件和党报的社论和文章；介绍党的方针、政策；揭露和控诉日本侵略者的血腥暴行和国民党顽固派消极抗日、积极反共、破坏团结、挑动内战的罪行；教育和鼓舞全国人民团结起来，夺取抗日战争的胜利。为党领导的抗日事业作出了重大贡献。

1941 年，播音员肖岩（右）与姐姐路岩

最早的播音员有徐瑞璋、姚雯，后来又从中国女子大学调来肖岩。播音员们在简陋的条件下，刻苦钻研业务，根据所播的内容，

将自己的情感倾注其中，给人以强烈的感染和鼓舞，因此赢得了广大听众的赞扬。

1941年夏，毛泽东听说新华广播电台有一台旧的手摇唱机，就把自己珍藏的二十多张唱片送给电台。电台用这些唱片办起了文艺节目。但这些唱片多为京剧，不能够反映延安火热的现实生活。于是，播音员们就在话筒前唱革命歌曲，还邀请鲁艺合唱团来电台演唱《黄河大合唱》《大刀进行曲》等歌曲。

1941年，鲁艺学员在电台前演唱歌曲

1941年12月，新华广播电台又创办日语广播，日本共产党员原清志担任日语播音员，稿件由中央军委敌工部提供。日语广播对于宣传党的政策，瓦解日军斗志起到了积极的作用。

1943年春，受发射机故障，器材匮乏等影响，广播电台停止了播音。

第二阶段，从1945年8月中旬恢复播音，9月5日正式广播到1949年3月25日迁进北平，改名为北平新华广播电台为止。

在这一阶段里，延安新华广播电台曾于1945年8月到1947年3月14日，在延安播音约一年半时间。编辑部设在清凉山。播音室先后设在盐店子、裴庄、大砭沟和延安市北关。1947年春，为了防止敌机空袭，又迁回盐店子。

1945年8月初，延安新华广播电台奉命迁到延安西北十几公里的盐店子，原电台机房与设在军委三局总台的机房合并，设在一个石窑庙里。广播发射机设在庙后山顶上新盖的一间小平房里。播音室设在发射机房下面的土窑里。

8月15日在试播时，电台反复宣读朱德总司令对日寇投降的紧急命令，要求解放区所有武装部队迅速向沦陷区进军，并向敌伪军发出限期缴械投降的通牒。

9月5日，延安新华广播电台正式恢复播音。

广播电台恢复播音后，新华社增设了英语文字广播。英籍教授林迈可和电台的技术人员一起，组装了一台功率较大的广播发射机，美国旧金山和南印度洋都可以收到延安的广播。林迈可亲自写广播稿，中国共产党的声音传播到了世界，对打破国民党的新闻封锁发挥了重要的作用。

后来由于战争环境所迫和革命形势发展的需要，延安新华广播电台先后进行了四次大转移。

英籍无线电专家林迈可教授和电台技术人员一起研究改装发射机

第一次转移是1947年3月14日国民党胡宗南军队进犯延安时由盐店子撤到瓦窑堡（今子长县）的好坪沟。播音室设在村口的一座破庙里，庙分上下两层，上层约4平方米。播音室

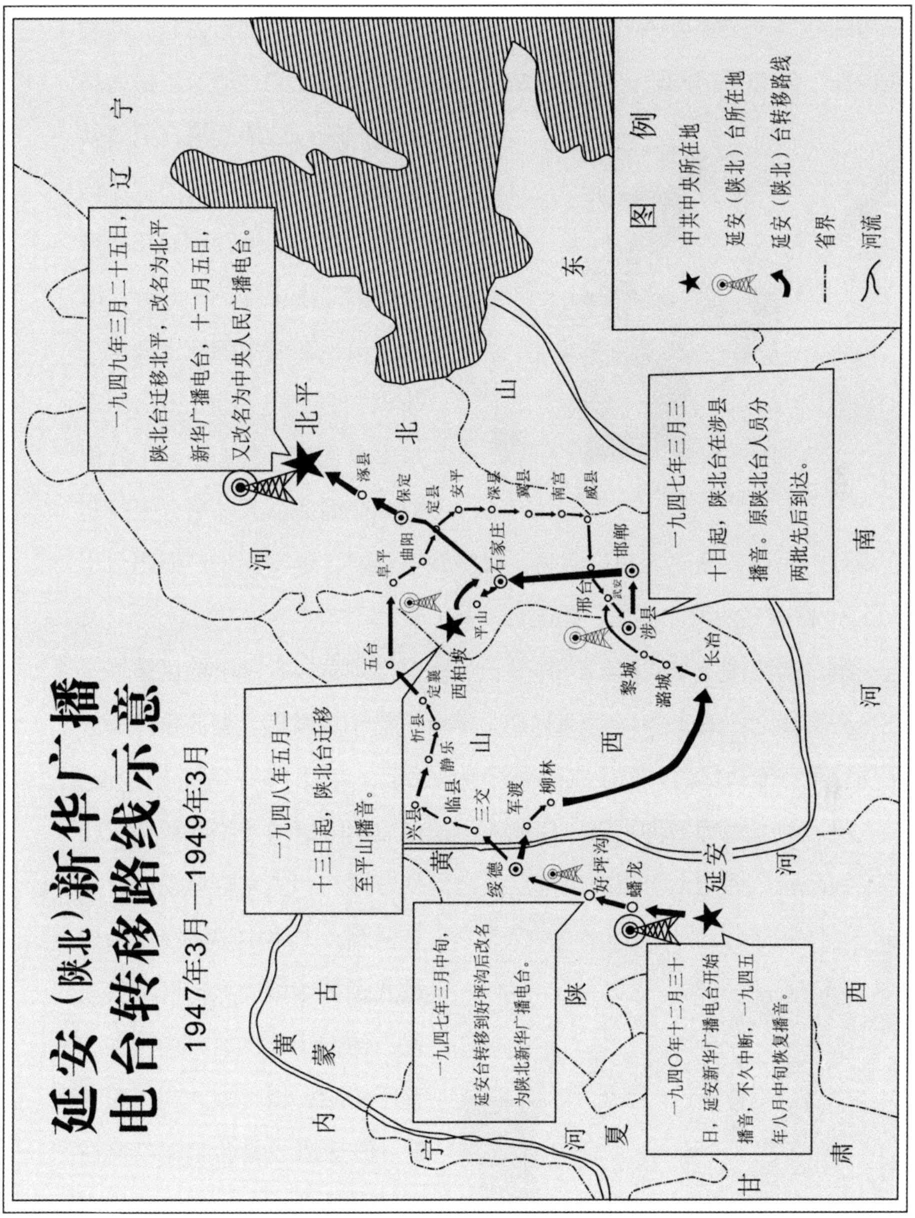

延安（陕北）新华广播电台转移路线示意图

设备，只有一张三条半腿的供桌，那半个跛腿，用砖头支着，桌上放着一盏油灯和一个麦克风，播音员就在供桌旁 2 米见方的地方休息。动力间设在下层的石窑洞里，这原来是村里老乡出入庙上的通道，工作人员把窑洞的一边堵起来，机器就安放在窑内，值机人员就住宿在机器旁边。编辑部设在距离好坪沟二十里地的史家畔，编辑人员坐在老乡的炕上编写广播稿。直到 3 月 28 日，胡宗南军队已窜到附近十几公里时，在播完当天节目，进行坚壁清野之后连夜撤离。在这期间，根据战争需要，延安新华广播电台于 3 月 21 日改名为陕北新华广播电台。

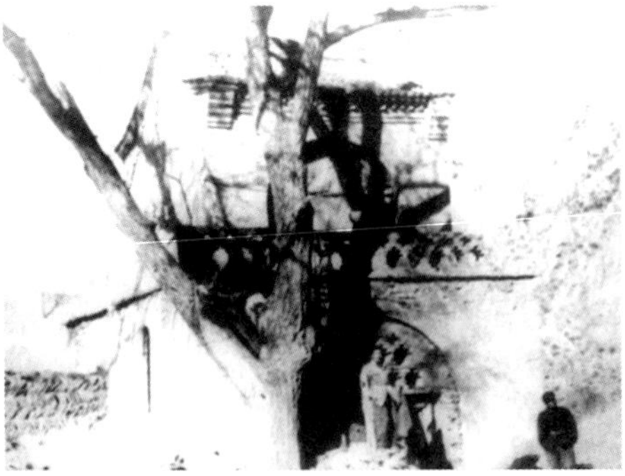

位于子长市好坪沟的新华广播电台旧址

第二次转移是 1947 年 3 月 28 日由瓦窑堡向晋冀鲁豫解放区转移。在这次转移之前的 1946 年冬和 1947 年春，党中央就指示晋冀鲁豫解放区建立第二线战备台。军区党委根据中央指示，克服了缺材料、缺设备、缺人员、时间短等各种困难，抽调人员，在短期内组成了临时新华总社和二线战备广播电台。陕北新华广播电台从好坪沟和史家畔撤退时，兵分两路，一路由温济泽带领少数人昼夜兼程向太行区涉县进发，他们历经秦晋高山深谷、晋中平原，越过敌人封锁线于 5 月份到达战备台编辑部所在地涉县的西戌村。另一路由廖承志率领大部分人于 7 月中旬到达西戌村和战备台合并。房

新华广播电台人员在转战陕北途中发报

陕北新华广播电台涉县发射机房

子是向老乡们借来的，过道里和牛棚边都摆着办公桌。编稿人员晚上在灯光下办公，虽然一只手扑飞虫，一只手写稿子，但是工作井井有条，每天早晨照常开半小时工作汇报会，每月一次工作总结，经常进行业务学习。他们还按照1942年整风的方式进行了三查整风，并开展了反对虚假新闻的反“客里空”运动，进一步提高了阶级觉悟和工作效率。在这期间，陕北新华广播电台曾播送过毛主席在陕北杨家沟召开的中共中央会议上作的报告《目前形势和我们的任务》等许多重要文章和重要新闻，为我军胜利地进行反攻并不断取得胜利，为进一步发展解放区生产建设事业建立了不朽的功勋。

新华社口播部主任温济泽

第三次转移是1948年5月28日由太行北上到晋察冀解放区平山县西柏坡村附近继续播音。编辑部先后

陕北新华广播电台在河北涉县西戍村的旧址

设在陈家峪、韩家峪、通家口等处。播音室和动力间、发射机房开始设在张胡庄，后来由于敌机经常空袭，于 1948 年 9 月底迁往井陉县的窟窿峰。在窟窿峰时，发射机房设在一个天然石龛里，播音室设在向老乡们借的窑洞里，辽沈、淮海、平津三大战役的胜利消息都是从这里播出的。由于没有动力机房，用的是井陉煤矿的电力。1949 年 1 月，陕北新华广播电台在天户村建成一个发射电力为三千瓦的短波发射台，这是当时解放区最大的发射台。为了隐蔽，发射台的机房设在深达四十多个石阶的地下室内，共架 5 副天线，分别对美国、欧洲和南京、上海广播。

这一时期，正是中国两个前途、两种命运大决战的关键时期，陕北台的广播任务十分繁重。特别是三大战役期间，陕北台和其他兄弟台及时报道战况，评论战局，向国民党军队发动了强大的政治攻势。一些国民党将领对我方广播“想听”“怕听”，形容我们的广播是“四面楚歌”“特别尖锐”。许多中下级军官和士兵在我党广播感召下，成批或零散地向我方投诚。由于形势发展很快，随时都会有重要新闻传来，陕北台的编辑、编写战报人员夜以继日地工作，话务人员日夜守在电话机旁抄收传送新闻，许多女同志常常忙得顾不上洗漱。三大战役结束后，陕北新华广播电台又根据中央部署，及时把广播重点放在揭露美蒋反动派“和平”骗局和号召全国人民在全国范围内推翻国民党反动统治建立新中国方面来，戳穿了国民党假和平、真备战的阴谋，扫除了资产阶级右翼分子散布的反动政治影响。特别是在这一阶段里，陕北台播送的七届二中全会公报等重大新闻和毛泽东等中央领导写、改的新闻、评论，对促进形势发展，加快战争进程，起了重大作用。与此同时，陕北台在加强干部思想建设和素质提高工作等方面，作了大量的工作，取得了显著的成绩，对于后来人民广播事业的发展有着重大意义。

第四次转移是 1949 年 3 月 25 日由平山迁入北平。从这天起，陕北新华广播电台改名为北平新华广播电台，开始向全国广播。原北平新华广播电台改名为北平人民广播电台。

6 月 5 日，中共中央发出通知，决定成立中央广播事业管理处，廖承志任处长，李强任副处长。统一领导和管理全国广播事业，并直接领导北平新华广播电台，与新华社为平行组织，同受中宣部领导。这一时期，是中国人民解放战争夺取最后胜利的重要时期，北平新华广播电台和各地新华广播电台，及时播送中共中央、中央军委的政令、军令和捷报，其中如毛主席和朱德总司令向各野战军指战员、战斗员和南方各游击区的人民解放军发布的“向全国进军的命令”、《人民解放军百万大军横渡长江》《人民解放军战胜英帝国主义和国民党军舰的联合进攻》《南京国民党反动政府宣告灭亡》《祝上海解放》等许多重要文章都是毛泽东改写的。这些广播极大地震撼和鼓舞着人民的斗志，使越来越多的人参加到推翻国民党反动统治、建立中华人民共和国的历史洪流中来。

第三个阶段，从 1949 年 6 月 5 日至同年 12 月 5 日，时间为半年。这一阶段，是人民解放战争各战场继续取得胜利、全国大势已定、中华人民共和国宣告成立的最重要的历史阶段。人民广播事业组织进一步健

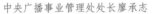

中央广播事业管理处处长廖承志

中央广播事业管理处副处长李强

全完善，一个全国性的广播网已初具雏形。在业务开展方面，北平（京）广播电台和各地新华广播电台按照中央广播事业管理处的统一部署，在增加播出时间、加大战争宣传力度的同时，进一步加强了政治宣传、经济宣传和科技文化宣传，增设了“全国各地广播电台联播节目”和“自然科学讲座”“职工时间”等许多栏目，开办了日语、厦门话、广州话、潮州话节目和对象性节目，编印了《广播资料》。根据时局变化，多次开展围绕中心工作，加大宣传分量的广播宣传活动。其中最大的活动有对毛泽东同志为纪念中国共产党诞生 28 周年而写的《论人民民主专政》一文的宣传、对中国人民政治协商会议的宣传和对开国大典的宣传。

1949 年 10 月 1 日，开国大典上，由北京新华广播电台担负实况广播。12 月 5 日，北京新华广播电台正式改名为“中央人民广播电台”，中国人民的广播事业迈入了新的历史时期。

北京新华广播电台实况广播开国大典

第五编 人物篇

一、延安时期党的新闻领导人

毛泽东（1893—1976），字润之，笔名子任。湖南湘潭人。延安时期党的新闻工作的主要领导者，曾任中央宣传委员会主任，倡议创建了《边区群众报》，领导了《解放日报》的筹建和改版工作，为多个报纸杂志题写报名刊名和撰写发刊词，为新华社拟定报道方针，指导宣传业务，并为新华社和《解放日报》撰写和修改了大量的消息、社论、评论、按语。他提出了新闻工作的党性原则“务使通讯社及报纸的宣传完全符合于党的政策，务使我们的宣传增强党性”，要求新闻报道要具有准确性、鲜明性、生动性。指出“共产党员想做宣传，就要看对象，就要想

毛泽东

一想自己的文章、演说、谈话、写字是给什么人看，给什么人听的”“做宣传工作的人，对于自己的宣传对象没有调查，没有研究，没有分析，乱讲一顿，是万万不行的。”确定了我党新闻工作的方向：要合乎语言规范，反对在词、语法上给读者和听众设置障碍；要言之有物，反对讲空话；要用确切的语言鲜明地亮出观点和态度，反对含糊其词、模棱两可；要生动形象，富于生活气息，反对死板老套、枯燥无味。他的这些新闻思想和原则，指导了延安时期乃至中华人民共和国成立后党的新闻工作。

周恩来（1898—1976），字翔宇，1898 年出生于江苏淮安。延安时期党的新闻工作的主要领导者。一生积极参与各种新闻宣传活动，始终提倡以报刊为新闻宣传武器，指引革命，自 1914 年 10 月主编的《敬业》杂志创刊开始，周恩来一生与新闻工作结缘长达 62 年。1938 年兼任《新华日报》的董事长，长期领导出版《新华日报》和《群众》。同年，领导了延安电影团的筹建工作。1940 年，

周恩来

领导了延安新华广播电台的筹建工作。强调党报要成为人民大众的“喉舌”，要敢于反映当时社会广大人民群众的心声。认为“记者应该具备丰富的知识，在写作时，词语要丰富，写法要创新，新闻报道要具体生动”。指出“新闻宣传只有遵从客观规律才能有生命力，才能达到真正为党、为人民服务的目标；只有遵从客观规律，实事求是才能将无产阶级的新闻工作与资产阶级相区分开来”。要求记者在采写新闻报道时“要亲自调查研究，尊重事实，实事求是，不可把道听途说的内容作为事实去报道”。他的新闻理论思想对我国的新闻事业起着重要的影响，也影响着一代又一代的新闻工作者。

张闻天

张闻天（1900—1976），原名张应皋，化名洛甫，江苏省南汇（今属上海市）人，祖籍江苏无锡。1936年5月，任中共中央党报委员会主任。长期兼任中宣部部长、西北工作委员会主任、《解放》周刊主要负责人、《共产党人》编辑。他把新闻宣传工作看成是开展对敌斗争和团结组织群众的有力武器，强调各级领导应重视通过新闻媒介去进行“活的领导”。主张“大宣传”的理念，第一次对“宣传鼓动”的概念进行了确切定义。1941年6月为中宣部起草的《党的宣传鼓动工作提纲》，是中国共产党宣传理论的重要文献。他认为无产阶级新闻宣传活动必须旗帜鲜明地坚持党性原则，坚定不移地宣传党在各个时期的路线、方针、政策。新闻宣传要取得效果，必须讲究方法和艺术，要善于利用客观事实，使用群众语言，从群众切身问题入手进行具体的宣传工作，并且要根据不同的环境和形势，不断地调整新闻宣传的形式和内容。在我党历史上较早提出了新闻教育思想：要求建设一支政治素质高、业务素质强、品德修养好的新闻宣传工作者队伍。对中国共产党的新闻宣传事业作出了不可磨灭的贡献。

博　古

博古（1907—1946），本名秦邦宪，字则民，江苏无锡人。延安时期党的新闻事业卓越的领导人之一。历任党报委员会主任、新华社社长、解放日报社社长等职。他在1939年1月7日撰写的《祝新华二周年》中，阐明了《新华日报》的宗旨：“本报志愿在争取民族生存独立的伟大的战斗中作一个鼓励前进的号角。为完成这个神圣的使命，本报愿为一切受残暴的寇贼蹂躏的同胞之苦难的呼吁者描述者，本报愿为后方民众支持抗战参加抗战之鼓励者倡导者。”1942年，博古撰写社论《党与党报》，首次提出党报是“党的喉舌”。1942年至1944年领导了《解放日报》的改版，1944年2月16日，博古执笔的社论《本报创刊一千期》说：“我们的重要经验，一言以蔽之，就是‘全党办报’四个字。”并说：“办报是全党一件大事，是人民大众的一件大事，是治国的本领之一。”从此，《解放日报》被认为是一份“真正战斗的党的机关报”，标志着中国共产党党报理论基本形成。1944年10月11日，博古撰写了《党报记者要注意些什么问题》的社论，提出“党报的记者是党的耳目喉舌”，为此“要用党的立场党的观点去分析问题”，“不仅反映现实，还要指导现实”。1945年12月23日，博古又写了社论《从五个W说起》，讲述了新闻写作的基本知识，成为中国共产党新闻史上讲述新闻写作五要素的经典著作。1946年4月8日，他从重庆返回延安的途中，因飞机失事遇难于山西兴县黑茶山。

李富春（1900—1975），字任之，湖南省长沙市人。延安时期党的出版、印刷和发行工作的领导人，1939 年 9 月任中共中央出版发行部部长。《红色中华》报办报 100 期的时候，李富春撰写文章《“红中”的百期的战斗纪念》，提出“新闻应该为中心工作服务”，并从这个角度肯定了《红色中华》报的成绩：“它根据党和苏维埃所提出的中心任务和口号更具体地宣传和号召广大群众为实现这些任务而斗争，得到了千千万万群众的有力回答。”

李富春

陆定一（1906—1996），江苏无锡人，中国共产党宣传思想阵线杰出的领导人。历任八路军总政治部宣传部部长、八路军前方总部野战政治部副主任，领导《新华日报》华北版的工作。1942 年 4 月，负责编辑《解放日报》的《学习》副刊，撰写了《从实际出发》等比较有影响的文章。同年 8 月，担任《解放日报》总编辑。他撰写的《我们对于新闻学的基本观点》一文，强调新闻要坚持唯物论的反映论，坚持新闻的本源是事实，提出新闻的定义是“新近发生的事实的报道”。同时，他在该文中提出了“把尊重事实与革命立场结合起来”，新闻事实必须置于革命立场的统帅之下，正确的“无产阶级新闻观”应该使发布新闻的快慢完全服从于党的需要。以上观点对中国的新闻发展产生了重要影响。

陆定一

二、延安时期部分新闻机构领导人

廖承志

廖承志（1908—1983），广东惠阳人。1936 年 12 月参加红色中华通讯社工作。1937 年 4 月任党报委员会秘书长，其间参加了《解放》周刊的筹备出版工作，创刊号的封面就是由他设计的。1946 年 7 月担任新华社社长，11 月担任解放日报社社长。1949 年 6 月 5 日，中共中央成立中央广播事业管理处，廖承志任处长，他对人民新闻和广播事业作出了不可磨灭的贡献。

向仲华（1911—1981），湖南溆浦人。到达陕北后，曾任红色中华报社社长，解放日报社编辑，陕甘宁晋绥联防军政治部宣传部副部长。抗日战争爆发后，先后任新中华报社社长、新华社社长。参与创建延安新华广播电台和各抗日根据地新华社分社机构的工作。

向仲华

周 文

周文（1907—1952），原名何开荣，笔名何谷天、周文等。四川荥经人。担任中国左联组织部部长时，曾将《铁流》《毁灭》改编为大众读物。1940 年，奉调延安，筹办陕甘宁边区大众读物社。历任边区群众报社社长、晋绥边区抗战日报社、大众报社社长等职。

余光生（1907—1978），曾用名余宰扬、余辛白。原籍浙江省镇海县。1928 年毕业于上海交通大学土木工程系，后赴美留学。1939 年底回国参加抗日战争。《解放日报》创刊后任报社副总编辑、国际版主编，1942 年 4 月《解放日报》宣布正式改版，作为副总编辑的余光生，为改版做了大量的具体工作。1942 年 3 月至 1943 年 2 月，任中共中央党报委员会委员。1945 年 8 月至 1946 年 5 月任解放日报社编委会委员、总编辑。1946 年 2 月至 11 月任新华社、解放日报社代理社长。5 月至 11 月任新华社、解放日报社总编辑，是延安时期两社任职时间最长的领导人，为革命根据地第一张大型党报的建设作出了重要贡献。

余光生

胡绩伟（1916—2012），四川威远人。1939 年冬来到延安，创办《边区群众报》，担任总编辑。1945 年兼任《解放日报》采通部主任。1949 年后，任《群众日报》总编辑、副社长兼新华社西北总分社和西北人民广播电台总编辑。

胡绩伟

范长江

范长江（1909—1970），原名范希天，四川内江人。1935 年以通讯集《中国的西北角》一举成名。西安事变后，他深入延安采访，写了著名的《陕北之行》，后收入《塞上行》通讯集。抗战时期，他和一些同志除了创办中国青年记者学会、国际新闻社外，还创办了香港《华商报》，担任过新华社华中分社、华中总分社和《新华日报》（华中版）的社长，还担任过华中新闻专科学校校长等职。解放战争时期，跟随党中央转战陕北，任负责中央宣传工作的四大队队长。中华人民共和国成立后，历任新华社总编辑，解放日报社社长、新闻总署副署长、人民日报社社长等职。

邓拓（1912—1966），原名邓子健，福建闽侯人，著名新闻工作者，历任中共晋察冀中央局宣传部副部长、晋察冀日报社社长兼总编辑、新华社晋察冀分社社长等职。1944年5月，主持编辑出版5卷本《毛泽东选集》（晋察冀版），这是中国革命出版史上第一部《毛泽东选集》。

邓　拓

陈克寒（1917—1980），浙江慈溪人。1936年进入红色中华通讯社西安分社工作，次年到延安新华通讯社工作，参与创办《解放》周刊。1938年任汉口《新华日报》特派员，《新华日报》驻华北特派记者。1939年1月任《新华日报》（华北版）副总编辑，1942年5月任《新华日报》华北分社社长兼总编辑。1943年秋回到延安，1944年底任新华总社广播科科长。1945年后历任新华总社第一副社长兼副总编辑，中共中央中原局宣传部副部长、新华社中原分社社长，1948年冬回新华社总社工作。

陈克寒

谭政（1906—1988），原名谭世名，号举安。1906 年 6 月 14 日生于湖南省湘乡县（今湘乡市）楠竹山村。1927 年 10 月，加入中国共产党。 延安时期，任中共中央革命军事委员会总政治部副主任兼延安电影团团长。

谭 政

祝志澄

祝志澄（1906—1968），原名祝根福，中国共产党印刷事业的开创者，随长征到达陕北。1937 年任中央印刷厂厂长。1939 年兼任中央出版发行部印刷处处长，1941 年参加筹备中共中央机关报《解放日报》的出版发行工作，任解放日报社经理。1942 年又调回中央印刷厂主持全厂工作。

三、延安时期部分新闻机构的编辑、记者、播音员

杨 松

杨松（1907—1942），原名吴绍镒，湖北大悟县人。1938 年到延安参加中国共产党扩大的六届六中全会，任大会主席团秘书。后任中宣部副部长等职。1941 年 5 月，参加创办《解放日报》，任总编辑。报纸创办初期，他不仅亲理报社日常工作，还担负起了撰写社论的重任。1942 年 11 月 23 日，杨松病逝于中央医院，年仅 35 岁。毛泽东亲笔题写了挽词："杨松同志办事认真，有责任心，我们应该记住他，学习他。"

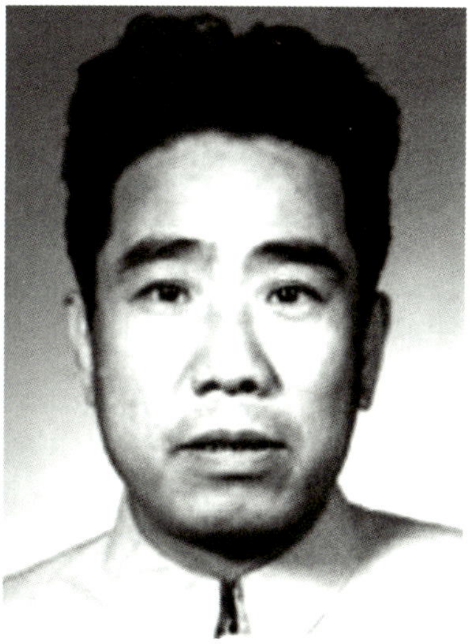

徐冰（1903—1972），原名邢西萍，河北南宫人。1937 年春到延安出席党的白区工作会议后留在延安。10 月任党报委员会秘书长、解放社编辑，参与《解放》周刊和《新中华报》的编辑工作。

徐 冰

丁 玲

丁玲（1904—1986），原名蒋伟，字冰之，又名蒋炜、蒋玮、丁冰之，笔名彬芷、从喧等，湖南临澧人。1941年5月担任《解放日报》文艺副刊主编。创造性地开展工作，使《解放日报》副刊成为在当时全国报纸中发表文艺作品最多、规模最大、持续时间最长的文艺阵地。

舒群（1913—1989），满族，黑龙江阿城人。1940年6月到延安，曾任八路军总部随军记者，1942年至1944年间担任《解放日报》副刊主编。

舒 群

袁牧之

袁牧之（1909—1978），原名袁家荣，浙江宁波人。1938年到延安，任延安电影团编导，编导了大型纪录片《延安与八路军》。1940年赴苏联考察，拍摄影片《江布尔》。1946年回延安，随后到东北，创办东北电影制片厂并任厂长，1949年4月筹组中央电影局并任局长。

艾思奇（1910—1966），原名李生萱，云南腾冲人，蒙古族后裔。笔名崇基，其专著《大众哲学》享有盛誉。1937年到延安，历任《中国文化》主编、《解放日报》副刊部主任。

艾思奇

穆青（1921—2003），曾用名亚才，回族，河南杞县人。曾任延安《解放日报》记者、《东北日报》编委兼采通部部长，新华通讯社特派记者，因报道模范工人赵占魁，而使赵占魁的名字享誉陕甘宁边区和敌后抗日根据地。他是延安时期培养的优秀记者的杰出代表。

穆　青

温济泽

温济泽（1914—1999），祖籍今广东梅州市梅县区，出生在江苏淮阴。1938 年到延安，历任中共中央机关报《解放日报》副刊编辑、主编，新华社口语广播组（延安新华广播电台编辑部）主任及社务委员。1946 年 6 月，任新华广播电台口语广播部主任。

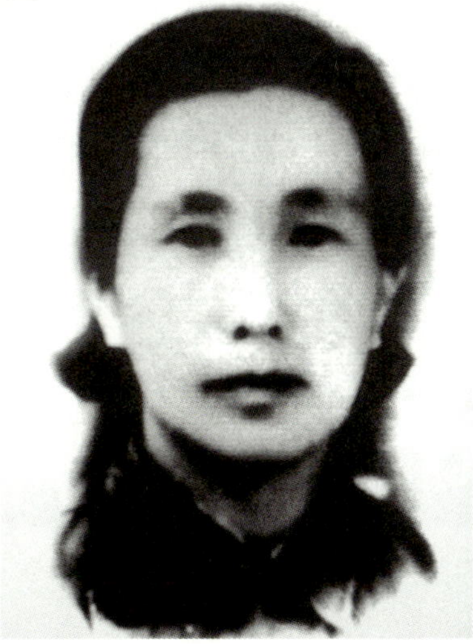

原清志

原清志（1912—2001），日本共产党人，原名原清志子、前岛清子。1937年3月，在中国进步留学青年的影响下来到中国参加革命。1941年10月，原清志受朱德指示来到延安参加日语广播的筹建工作。12月3日，日语广播开办，原清志担任播音员，成为中国对外广播第一人。

马海德 George atem（1910—1988），原名乔治·海德姆，1910年9月出生于美国，祖籍黎巴嫩。1936年，与美国记者埃德加·斯诺一起访问陕北苏区后留在延安。他是新华社最早聘请的外国专家。抗战初期兼任新华社顾问，参加英文翻译工作，还为新华社面向海外发行的《中国通讯》撰稿。

马海德

林迈可 **Michael Lindsay**（1909—1994），英国人。1937年12月，他取道加拿大和白求恩同船到中国，受聘于北平（今北京）燕京大学任经济学教授。1942年春，林迈可夫妇辗转来到晋察冀抗日根据地第一分区，应军区司令员聂荣臻的邀请到通讯部工作。他受军区委托领导创办了无线电高级训练班，并担负起给学员讲授无线电技术和原理的任务。1943年2月，他帮助正向冀中深入的吕正操部安装了一台战场急需的，既可用手摇发电，又可用电池供电的发报机。

林迈可

何　云

何云（1905—1942），原名朱士翘，1905年生于浙江上虞县（今上虞市）。《新华日报》华北版第一任社长。曾在百团大战前线组织战地新闻采访。1942年5月在反“扫荡”战斗中牺牲。

仓夷（1921—1946），原名郑贻进，新加坡爱国华侨。1937年抗战爆发后，年仅16岁的他回到祖国参加敌后抗战，先后任民革通讯社、《救国报》《晋察冀日报》、北平《解放》报记者。1946年在调查国民党制造的“安平事件”时，因误乘国民党的飞机，在山西大同被杀害，年仅23岁。

仓　夷

叶邦瑾

叶邦瑾（1925—1946），江苏省如皋县（今如皋市）人。她是新华社华中分社一支社（《江海导报》报社）战地记者。1946年8月，在进行群众工作时不幸被捕。在狱中，她坚贞不屈，被敌人残忍杀害，时年21岁。叶邦瑾被称为黄海之滨“刘胡兰式”的女英雄。

四、延安时期的著名摄影记者

吴印咸（1900—1994），原名吴荫诚，祖籍安徽省黄山市，出生于江苏省宿迁市。1938 年，参与拍摄纪录片《延安与八路军》。1943 年，摄制完成纪录片《生产与战斗结合起来》又名《南泥湾》。曾先后担任过延安电影团摄影队队长、东北电影制片厂技术部部长。1946 年 10 月 1 日，东北电影制片厂正式成立，吴印咸任副厂长，1949 年，担任东北电影制片厂厂长。

吴印咸

徐肖冰

徐肖冰（1909—1978），浙江桐乡人。1938 年到延安电影团工作，参与大型纪录片《延安与八路军》的拍摄。1939 年随电影团赴华北敌后抗日前线，先后在晋西北、晋察冀、冀中和晋冀鲁豫等抗日根据地拍电影和照片，1940 年参加百团大战战地摄影采访。1941 年回延安，继续摄影创作。1945 年抗日战争胜利后，在张家口《晋察冀画报》社任电影科科长。

石少华（1918—1998），原籍广东番禺人，生于香港。1937年奔赴延安参加革命，到延安后，拍摄了大量反映陕北公学、抗大、鲁艺的生活照片，毛泽东、朱德、周恩来等中央领导人的活动以及延安风光照片，于1939年举办展览，随即调抗大总校任摄影记者。同年秋随抗大总校到达晋察冀边区，任冀中军区政治部摄影科副科长。1943年调任《晋察冀画报》社副主任（副社长），拍摄了大量反映晋察冀军民在抗日战争、解放战争中英勇战斗的历史照片。

石少华

沙　飞

沙飞（1912—1950），原名司徒传，广东开平人，全面抗战爆发后担任全民通讯社摄影记者，并赴八路军115师采访“平型关大捷”。1937年10月参加八路军。先后担任晋察冀军区新闻摄影科科长、《晋察冀画报》社主任（社长）、《华北画报》社主任（社长）等职。

侯波（1924—2017），山西夏县人。1938 年到延安参加革命，先后在陕甘宁边区中学、延安大学高中、延安女子大学学习。1945 年调入延安电影团，东征至兴山，进入东北电影制片厂开始从事摄影工作。1949 年调入北平电影制片厂任照相科科长，参与拍摄开国大典。后调入新华社，任中共中央办公厅警卫局摄影科科长、新华社摄影记者，负责党和国家领导人的拍照工作。

侯　波

吴本立（1919—2003），安徽怀宁人。1938 年进入中国人民抗日军事政治大学学习。1939 年调入延安电影团摄影队，参与拍摄纪录电影《延安与八路军》。1946 年后，任东北电影制片厂摄影总队副队长，中央新闻纪录电影制片厂导演兼摄影师、副厂长等职。参加拍摄和导演的长纪录片《百万雄师下江南》《中国民族大团结》分别获 1950 年第五届、1952 年第六届捷克斯洛伐克卡罗维·发利国际电影节纪录片荣誉奖和报导奖。

吴本立

钱筱璋（1918—1991），安徽芜湖人。1942 年进入延安电影团，编辑纪录片《南泥湾》。1946 年后，历任东北电影制片厂新闻组组长，北京电影制片厂新闻处处长、副厂长，中央新闻纪录电影制片厂副厂长、厂长。

钱筱璋

马似友

马似友（1919—1946），江苏镇江人。1938 年经钱筱璋推荐，从武汉来到延安参加革命。后成为延安电影团党支部书记，摄影队业务骨干。曾参与纪录片《延安与八路军》的拍摄工作，并在延安拍摄过许多优秀的摄影作品。1946 年在延安电影团挺进东北时任中队指导员。因积劳成疾，1946 年 8 月 2 日在安东患斑疹伤寒逝世，享年 26 岁。

第六编　延安时期新闻出版广播大事记

（1935 年 11 月—1948 年 3 月）

1935 年

11 月

25 日，《红色中华》报在瓦窑堡（今子长市）复刊。红色中华通讯社亦恢复发布新闻，并恢复出版了《参考消息》。《红色中华》报是中华苏维埃共和国临时中央政府机关报，1931 年 12 月 11 日创刊。1934 年 10 月，红军长征后，曾一度停刊，红军到达陕北后，又继续出刊。

12 月

8 日，毛泽东、彭德怀、刘志丹联名发表《告陕甘苏区劳苦群众书》，号召苏区工农劳苦群众用一切力量来保卫苏维埃的土地和自由，保卫苏维埃政权。

17 日—25 日，中共中央在陕北瓦窑堡举行政治局会议。会议分析了目前形势的基本特点和国内阶级关系的新变化，批评了“左”倾关门主义的错误，讨论制定了抗日民族统一战线的正确政策。会议通过了《关于军事战略问题的决议》和《关于目前政治形势与党的任务决议》，正式确定了建立抗日民族统一战线的策略方针，是党的政治路线的重大转变。

27 日，毛泽东根据瓦窑堡会议的精神，在陕北党的活动分子会议上作《论反对日本帝国主义的策略》的报告，从理论上系统地阐明了党的抗日民族统一战线的策略方针，奠定了中国共产党关于统一战线政策的理论基础，系统地解决了土地革命战争时期党的政治路线上的问题。

瓦窑堡（今子长市）全景

1936 年

4 月

16 日，毛泽东题写刊名的《中国青年》创刊。

5 月

5 日，毛泽东、朱德代表红军发出《停战议和一致抗日通电》，公开放弃反蒋的口号，实际上采用了“逼蒋抗日”的方针。（《红色中华》报 1936 年 5 月 16 日）

本月，中共中央政治局成立了由张闻天直接负责的中共中央党报委员会，委员会成员有博古、吴亮平、李维汉、陆定一、凯丰、王稼祥。秘书为毛齐华。

斯诺在陕北

6 月

6 月到 10 月，美国著名的进步新闻记者斯诺在陕甘宁边区采访。

7 月

3 日，《红色中华》报发表题为《庆祝红军西征的大胜利》的文章。

3 日，中华苏维埃共和国中央图书馆随中共中央迁入保安城中，直属中共中央领导。

9 日，《红色中华》报发表题为《定都志丹有什么意义？》的文章。

15 日，由毛泽东署名的《中华苏维埃政府对哥老会宣言》发布。

16 日，毛泽东在保安会见美国记者斯诺。

8 月

5 日，毛泽东、杨尚昆为出版《长征记》，给各部队发电报，要求给参加长征的同志写信征稿。

9 月

13 日，中央宣传部和红色中华通讯社联名在《红色中华》报第三百期纪念特刊上登载了《把发行工作健全起来》的指示。要求："（一）在地方党省委（工委特委）内设立'红中'发行分所，由党的宣传部领导进行工作；（二）在红军中由军团政治部设立发行分所（独立军与军团同）；（三）地方上每区保障有两份，红军中每连有一份，均由发行分所发给。"

10 月

28 日，红军总政治部为编辑《红军故事》丛书发出征文启事，将这套丛书作为红军部队的课外教育材料，扩大红军的英雄事迹宣传。

11 月

22 日，《红色中华》报道了中国文艺协会成立的相关新闻。

30 日，《红色中华》报刊载《中国文艺协会的发起》。

30 日，中国文艺协会利用《红色中华》报编辑的文艺副刊《红中副刊》创刊号，与读者见面。

本月，吕振羽著《殷周时代的中国社会》，上海不二书店出版。

本月，林惠祥著《中国民族史》，上海商务印书馆出版。

本月初，丁玲来到陕北保安，中央设宴招待。毛泽东写下《临江仙给丁玲同志》。

本年，经周恩来努力，党在西安建立了红色中华通讯社，向西安各报社和社会团体印发西安红军办事处抄收陕北红中社新闻和党的文告、宣言等。

1937 年

1 月

25 日，红色中华通讯社由江西瑞金迁到延安，红色中华通讯社改名为新中华社（新华通讯社），并开始对外发稿。

29 日，《红色中华》报从第 325 期改名为《新中华报》，博古任新华社社长。在停刊前的一段时期内，改为陕甘宁边区（特区）政府机关报。

2 月

22 日，以丁玲、成仿吾、陆定一等中国文艺协会的不少成员为编辑的《红军长征记》编成。受各种困难和战事环境等影响，直到 1942 年 11 月才由八路军总政治部宣传部在延安出版。

3 月

1 日，中国文协和新华社集会，欢迎美国女作家史沫特莱访问延安。

19 日，《斗争》出至第 127 期停刊。

美国进步作家艾格尼丝·史沫特莱（右一）在延安采访毛泽东、朱德（1937）

4 月

12 日，西北青年救国会第一次代表大会在延安开幕。除边区各省、区和军队代表外，河北、东北、山西、内蒙古代表也参加了会议，到会人数共 300 余人。冯文彬致开幕词，毛泽东、张闻天、周恩来、朱德、博古、林伯渠等讲了话。大会 17 日闭幕。会议决定成立“西北青年救国联合会”，选出 55 人为执行委员，冯文彬为主任。大会根据中央的指示精神，提出了《全国青年救国纲领（草案）》和《中华青年救国联合会组织简章（草案）》，通过了《目前政治形势与青年救亡运动的决议》。西北青年救国会先后设有组织、文化教育、宣传、青妇、社会、儿童、军事体育、联络、军事、经济等工作部门，举办过著名的战时青年训练班（安吴青训班），先后组织了抗战剧团、孩子剧团、青年艺术剧院和战地工作团；主办有《青年战线》杂志。（《新中华报》1937 年 4 月 13 日—16 日）

24 日，中国共产党中央机关刊物《解放》周刊（后改为半月刊）在延安创办。张闻天任主编，中宣部副部长吴亮平任责任编辑，1941 年 8 月停刊，共出 134 期。它在宣传共产党的抗日主张、路线、方针、政策，介绍抗日根据地的建设经验方面，刊载了大量文章。同时，它又辟有“时事”“短评”“翻译”“文艺”等栏目，深受八路军指战员和广大抗日民众的欢迎。

24 日，新华书店在延安成立。

9 月

25 日，《新中华报》以《在抗日战争中八路军开始第一个大胜利》为题，报道了 115 师在晋北平型关首战告捷的消息。这是全面抗战以来中国军队的第一次大胜利。

本月，《新中华报》由“苏维埃中央政府机关报”改为“陕甘宁边区政府机关报”，并改用铅印出版。

10 月

29 日，国民党陕西省党部突然派警备司令部和公安局的武装军警封闭了《解放》周刊西安分销处，没收 7000 余份《解放》周刊，并非法关押分销处工作人员王自励。

本月，延安新华书局改名为延安新华书店。

11月

6日，中国青年记者学会延安分会成立，会议选举徐冰、向仲华、汪仑三人为常务理事。（《新中华报》1937年11月10日）

本月下旬，《新中华报》副刊《特区文艺》创刊，共举办3期。

12月

1日，西安新闻检查所、警备司令部、警察局等机关几十名全副武装的人员再次野蛮查封《解放》周刊西安分销处，关押工作人员王自励、朱秉义等。

11日， 中国共产党在国民党统治区出版的机关刊物《群众》周刊在汉口创刊，由中共中央南方局领导，以宣传中共抗日救国十大纲领和中共全面抗战的路线为宗旨。这在事实上是在国统区树起了一面“文化统一战线的旗帜”。1949年10月20日出至第143期停刊。

11日，晋察冀抗日根据地在阜平县创办了《抗敌报》，晋察冀军区政治部主任舒同兼任社长。

本年，由张闻天、博古、凯丰、周恩来、王明组成中央党报委员会，负责党刊新闻与出版发行工作。

本年，由《解放》周刊社出版《列宁丛书》，其中包括列宁著的《两个策略》《左派幼稚病》《从二月革命到十月革命》《国家与革命》，斯大林著的《论反对派》《列宁主义概论》《列宁主义问题》，还有《共产国际纲领》等。以及作为革命历史丛书的《中国问题指南》，汇编了斯大林和共产国际历史上有关中国问题的文章和决议。其他的书籍，有《东北抗日联军的经验》《中共中央“八一宣言”以来的文件集》《抗日民族统一战线指南》，以后陆续编到第十册，一直出版到1941年。同时，还出版了《解放文选》和刘少奇著的《抗日游击战争中各种基本政策问题》等。

1938 年

1 月

11 日，中共中央在武汉正式出版了中共中央机关报《新华日报》第 1 期报纸。该报是中国共产党在抗日战争和解放战争初期，在国民党统治区公开出版的唯一报纸，改变了第二次国内革命战争时期共产党不能在国统区公开出版机关报的状况，并且可以更直接、更广泛、更及时、更有力地向国统区的人民群众宣传共产党抗日救亡的各项政治主张。《新华日报》在《创刊词》中宣称，它将“为巩固与扩大抗日民族统一战线而效力”。该报设有副刊《团结》，团结了一大批国统区的文艺家。

21 日，中共陕西省委机关报《西北》周刊在西安创刊。李初梨任主编。

本月，中共中央决定，中央党报委员会主持编印的书籍和刊物一律以解放社的名义出版，由新华书店总经销。

本月，《解放》周刊社正式用“解放社”的名义出版刊物和书籍。中共中央于同年 2 月 4 日公开刊登启事：凡本党文件、领导人言论、本党历史等，均委托中国出版社及延安解放社印刷发行。八路军总部也同时发表了内容相似的启事。

本月，延安解放社开始以“马克思恩格斯丛书”的形式陆续出版马列主义经典著作。

2 月

1 日，中共陕甘宁边区委员会机关刊物《团结》在延安创刊，先为半月刊，后改为月刊，32 开本，铅印。1942 年停刊。

本月，中共晋察冀省委机关刊物《战线》创刊。1947 年 6 月 1 日终刊。

本月，东北救亡总会创办机关刊物《反攻》半月刊。该刊于 1938 年 2 月在武汉创刊，1945 年 9 月 18 日终刊，历时近 8 年，共出版了 17 卷 94 期。

4月

2日，中共中央发出了《关于党报问题给地方党的指示》，并在《解放》36期、《群众》第1卷第22期上发表。

本月，山西民族革命通讯社成立。

5月

25日，陕甘宁边区通讯站在延安成立。

本月，《鲁艺校刊》创刊。

本月，太行区出版了《胜利报》，江南新四军出版了《抗敌报》。

本月，汉口新华日报馆、解放出版社分别出版发行毛泽东的《抗日游击战争的战略问题》。

本月，晋察冀边区行政委员会的机关报《边政导报》创刊，由晋察冀边区行政委员会秘书处编辑出版。

6月

延安解放社出版恩格斯的《社会主义从空想到科学的发展》，吴黎平译。

本月，出版了毛泽东的《抗日游击战争的战略问题》单行本。各根据地广为翻印发行，出现了10多种版本。

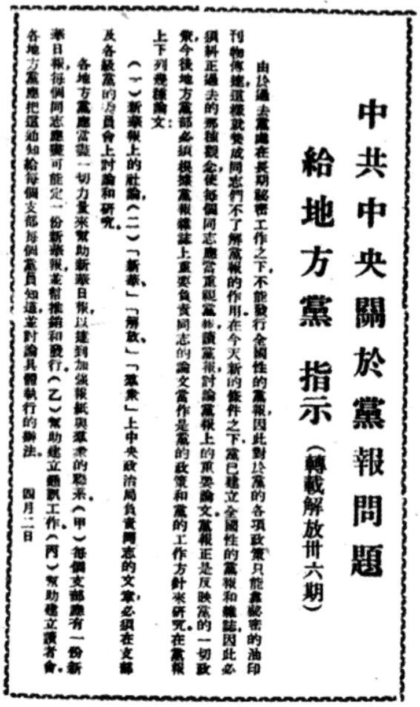

中共中央關於黨報問題給地方黨指示（轉載解放卅六期）

由於過去黨處在長期秘密工作之下，不能發行全國性的黨報，因此對於黨的各項政策只能靠秘密的油印刊物傳達，這樣就養成同志們不了解黨報的作用。在今天新的條件之下，黨已建立全國性的黨報和雜誌，因此必須糾正過去的那種觀念，使每個同志應當重視黨報，讀黨報，討論黨報上的重要論文。黨報正是反映黨的一切政策。今後地方黨部必須根據黨報雜誌上重要負責同志的論文當作是黨的政策和黨的工作方針來研究。在黨報上下列幾種論文：

（一）新華報上的社論，（二）「新華」、「解放」、「羣衆」上中央政治局負責同志的文章，必須在支部及各級黨的委員會上討論和研究。

各地方黨應當盡一切力量來幫助新華日報，以達到加强報紙與羣衆的聯系。（甲）每個支部應有一份新華日報，每個同志應盡可能定一份新華報，並幫推銷和發行。（乙）幫助建立通訊工作。（丙）幫助建立讀者會。

各地方黨應把這通知給每個支部每個黨員知道，並討論具體執行的辦法。

四月二日

《群众》第1卷第22期上发表的《中共中央关于党报问题给地方党指示》

《抗日游击战争的战略问题》

7月

本月，留守兵团在延安出版《抗战报》《工作通讯》《军事月刊》，并开办日语训练班，组织观察团，开办教导队等。

本月，上海生活书店出版恩格斯的《德国农民战争》，钱亦石译。

本月，解放社开始编辑出版有关中国近代史方面的文献资料丛书，并征集中国共产党历史文献。

本月，解放社出版发行毛泽东的《论持久战》。

8月

1日，八路军总政治部编的《前线画报》在延安创刊，江丰、蔡若虹先后任主编。1942年3月停刊，共出版43期。

13日，胶东区党委机关报《大众报》在胶东黄县姜家店村创刊。

31日至9月30日，我国第一部完整的中文版《资本论》三卷本由上海读书生活出版社出版，郭大力、王亚南译。这是直接从德文本翻译的版本。

本月，延安解放社出版《共产党宣言》，成仿吾、徐冰译。

本月，长沙新知书店出版翦伯赞的《历史哲学教程》。这是一本系统地阐述历史唯物主义基本原理的专著。

本月，杜明等集体编著的《社会科学基础教程》由桂林社会科学研究会出版，这是一部以唯物史观贯穿始终的社会科学教科书。

9月

11日，《国民公论》在武汉创刊，由张铁生、胡愈之、千家驹等主编，是抗日战争时期进步的综合性时事政治刊物。1939年1月1日迁桂林出版，1941年2月出至5卷49期被国民党政府勒令停刊。

15日，西北青年救国联合会机关刊物《青年战线》周刊（新一号）在西安出版。

本月，鲁艺《艺术工作》创刊。

本月，中国共产党八路军驻沪办事处在上海创办《民族公论》，用以宣传抗日民族统一战线。该刊从1938年9月至1939年7月，共出版2卷10期。

10月

10日，《译报周刊》在上海创刊，1939年6月22日停刊，历时八个多月，共出版2卷37期。由《每日译报》社发行，梅益、王任叔、林淡秋、冯宾符等负责编辑，是“孤岛”时期创办的抗日进步刊物。

16日，延安边区文化界救亡协会主办的《文艺突击》创刊，毛泽东题写刊名，刘白羽任主编。后因物资匮乏，1939年6月25日停刊。

《文艺突击》

25日，《新华日报》在武汉停刊之际，于同日在重庆继续出版。《新华日报》在重庆的八年多时间内，担负着反抗日本侵略的抗战宣传、揭露国民党反共反人民及对日妥协丑恶行径的民主斗争和反映民生疾苦、传播党中央声音等多项重大而艰巨的任务。它是响亮的号角、坚强的阵地、鲜明的旗帜和舆论的喉舌。正如陆定一所说：“《新华日报》八年的历史，是一篇辛酸苦辣的历史。这些说不尽道不完的辛酸苦辣，是有代价的，是有重大代价的。《新华日报》是人民的报纸的典型，他所受的压迫因而是一切压迫形式的最集中的形式，但是，他也受到人民的爱戴，而且是最大的爱戴。”

中国共产党扩大的六届六中全会会址——延安桥儿沟天主教堂

30日，陕甘宁边区政府农业厅主办的《经济建设》杂志创刊号出刊并发表发刊词。此刊物是边区经济建设言论指导中心，它以宣传边区政府关于经济建设的决定，探讨经济建设的技术化和科学化，来指导和推动边区经济建设为宗旨。（《新中华报》1938年10月30日）

本月，毛泽东在六届六中全会上作《中国共产党在民族战争中的地位》的报告，毛泽东号召共产党内一切有研究能力的人都应该研究理论和中国历史。他说：“学习我们的历史遗产，用马克思主义的方法给以批判的总结，是我们学习的另一任务。我们这个民族有数千年的历史，有它的特点，有它的许多珍贵品质。对于这些，我们还是小学生。今天的中国是历史的中国的一个发展；我们是马克思主义的历史主义者，我们不应当割断历史。从孔夫子到孙中山，我们应当给以总结，承继这一份珍

《资本论》

贵的遗产。这对于指导当前的伟大运动，是有重要的帮助的。”

本月，八路军战地记者团在延安成立，由八路军政治部领导。团员21人，分四组前往115师、120师、129师及晋察冀军区采访。

本月，中共中央建立了军委编译处，叶剑英任编译指导，成员有曾涌泉、何思敬、焦敏之等人，主要编译马克思、恩格斯、列宁等人的军事著作。

本月，毛泽东发表《论新阶段》《战争和战略问题》，标志着毛泽东军事思想的成熟和系统化。

11月

6日，中国青年新闻记者学会延安分会正式成立，会议推举徐冰等13人为理事，决定创办《边闻》杂志。（《新中华报》1938年11月10日）

20日、21日和12月12日，日机三次轰炸延安市区，投弹150枚，炸死炸伤150余人，炸毁房屋309间。为防止日机轰炸，城内的中央、边区机关搬迁到城外。《新中华报》分别于11月30日、12月15日对此作了报道。

本月，朱德在延安解放社出版的重要著作《论抗日游击战争》，深刻地阐明游击战争在抗日自卫战争中的重要意义，系统地论述了游击战争的诸种要素和类型，全面地介绍了游击战争的各种战略战术，堪称一部闪烁着马克思主义军事理论光辉的人民战争军事典籍。

本月，读书生活出版社发行的马克思、恩格斯巨著《资本论》，是在上海法租界秘密排印的，初版共印2000册，由海路运1000册到桂林，由读书生活出版社发行，并分运了半数供应重庆、成都和延安等地。

本月，上海言行出版社出版马克思恩格斯合著的《德意志意识形态》，郭沫若译。

本月，解放社出版马克思的《法兰西内战》，吴黎平、刘云译。

12月

24日，中共陕西省委机关刊物《西北》周刊，在西安出版第29、30期合刊，随即被迫停刊。

本月，苏联著名纪录片导演和摄影师罗曼·卡尔曼抵延安采访。

本年，解放社出版《列宁选集》第5卷。

本年，由解放社出版的《马克思恩格斯论中国》，原版是方乃宜译，莫斯科外国工人出版社1937年的版本，这是第一本中文版的马克思、恩格斯关于中国的论文集。

本年，哲学家艾思奇在延安率先提出了马克思主义哲学中国化、现实化的问题，并相继出版了《哲学选集》《唯物史观》等著作。

本年，张闻天领导的中国现代历史研究会编著的《中国现代

《社会主义从空想到科学的发展》

《社会主义从空想到科学的发展》

革命运动史》（上册）在延安解放社出版。

本年，解放社出版发行《抗日民族统一战线指南》第 2、3 册。

本年，河南确山新四军游击支队成立后，《拂晓报》创刊。

本年，张闻天领导的编译部编译出版“马恩丛书”有《社会主义从空想到科学的发展》（吴黎平译）、《共产党宣言》（成仿吾、徐冰译）、《法兰西内战》（吴黎平、刘云译），由解放社出版。

本年，苏生编《周恩来论抗战诸问题》在群力书店出版。

本年年底，为改变敌情研究材料匮乏的现状，毛泽东主持成立延安时事问题研究会。该研究会先后出版了《日本帝国主义在中国沦陷区》《时事问题丛书》《战争中的日本帝国主义》《抗战中的中国丛刊》，并转引或整理《世界知识》《战时日本》《星岛日报》等报刊的文章。

1939 年

1月

1 日，鲁艺《戏剧工作》创刊，共出两期。

1 日，苏鲁豫皖边区党委创办《大众日报》，成为山东根据地的主要报纸，后来成为中共中央山东分局机关报。

15 日，八路军总政治部机关刊物《八路军军政杂志》在抗大创刊，在由毛泽东、郭化若、王稼祥、萧劲光、萧向荣五人组成的编委会领导下进行工作，萧向荣兼任主编。

22 日，中国学术研究会在延安正式成立，并出版会刊《理论与实践》。（《新中华报》1939 年 4 月 25 日）

本月，解放社出版中文版《斯大林选集》（五卷本）。

本月，上海读书生活出版社出版《恩格斯论〈资本论〉》，闵斯编，章汉夫、许涤新译。

本月，中共中央北方局机关报《新华日报》华北版创刊。

本月，冀南区出版了边区政府主办的《奋斗日报》。

2月

1 日，八路军总司令部编辑的《前线》半月刊复刊号第 1 期出版。复刊词称："本刊前为周刊，今因各种关系，改为半月刊，并改小型为大型，内容则仍注重军事与政治工作，兹特一并声明。"

2 日，中共中央在延安召开生产动员大会，李富春代表中央作了《加紧生产，坚持抗战》的动员报告，号召陕甘宁边区军民自己动手，克服困难。毛泽东在会上发表了重要讲话，强调了"自己动手，克服困难"的意义。

3 日，陕甘宁边区第一届参议会告边区同胞书发表。告同胞书指出："边区是我们黄帝子孙发祥的圣地"，在共产党领导下，"边区是国内

1939 年 2 月 3 日陕甘宁边区第一届参议会参议员合影

和平的坚持者，是抗日民族统一战线的发起者与推动者，是民主政治的先进地区，是实施抗战建国纲领实行三民主义的模范”。指出了边区民众当前的主要任务，号召边区同胞在陕甘宁边区政府领导下，认清所肩负的重大责任，发扬战斗的传统，为保卫和建设陕甘宁边区而斗争。

7 日，中央决定将延安《新中华报》改为中共中央机关报，它“不仅是中共中央的机关报之一，同时是边区党的机关报，也是边区政府的喉舌”。《新中华报》的升格，标志党重点建设延安和各敌后抗日根据地新闻宣传事业的开始。

15 日，新四军主办的综合性不定期刊物《抗敌》杂志在皖南泾县章家渡创刊。

16 日，周扬主编的《文艺战线》在延安创刊。这个刊物开始是陕甘宁边区文艺界抗战联合会的机关刊物，后来成为中华全国文艺界抗敌协会延安分会机关刊物。编委有在延安的周扬、丁玲、成仿吾、艾思奇、沙可夫、沙汀、李伯钊、何其芳、柯仲平、陈荒煤、刘白羽、陈学昭、卞之琳、周文等，有在重庆全国文协任职的冯乃超，有在桂林的全国文协理事夏衍等。由于陕甘宁边区经济条件的限制，刊物是由夏衍负责联系，在桂林出版发行的。《文艺战线》号召作家为抗战服务，“不仅在陕甘宁边区和敌后抗日根据地有着重大的影响，就是对于全国文艺界来说，它也是一面鲜明的旗帜”。1940 年 3 月后停刊，共出 6 期。

本月，陈昌浩编著《近代世界革命史》（卷一）在解放社出版。

3 月

2 日，中共中央宣传部发布《关于保存历史文献古迹古物的通知》。（《解放》周刊第 66 期，1939 年 3 月）

11 日，中共中央发布《建立〈新中华报〉的边区通讯网问题的通知》。通知决定：延安市党政军民学各机关须由党支部指定一定数量之同志担任《新中华报》通讯员。

18 日，毛泽东、王稼祥等致电各部队，收集和宣传八路军、新四军英雄事迹。此后，报刊发表不少这类题材的作品。

22 日，中共中央发布《关于建立发行部的通知》，确定发行部要主管报纸杂志的发行工作。

本月，党中央在中央党报委员会出版发行科的基础上，在延安清凉山建立了中央发行部，不久改称为中央出版发行部。

本月，延安《解放》周刊第 66 期刊载恩格斯的《马克思墓前演说》（即《卡尔·马克思的葬仪》）和《马克思小传》（即卡尔·马克思），黎平、石巍译。

本月，解放社出版《政治经济学论丛》，收入马克思恩格斯著作 8 篇，王学文、何锡麟、王石巍译。

4月

1日，中共机关理论刊物《群众》在2卷20期发表以列宁的名言“学习、学习、再学习”为题的社论，开宗明义地指出学习理论的重要性，还强调要认真学习马、恩、列、斯的学说，善于把马克思主义运用到实际斗争中去。社论号召“要从斗争中去学习，学习中去斗争！”为此，《群众》周刊经常刊载马克思主义译著和介绍马克思主义的译著，如，吴敏翻译、米丁著的《马克思列宁的理论不是教条而是行动的指南》，戈宝权翻译的《联共（布）党史研究资料》，列宁的《俄国资本主义之发展》《俄国为什么废除了农奴制度》《劳动解放社》等。

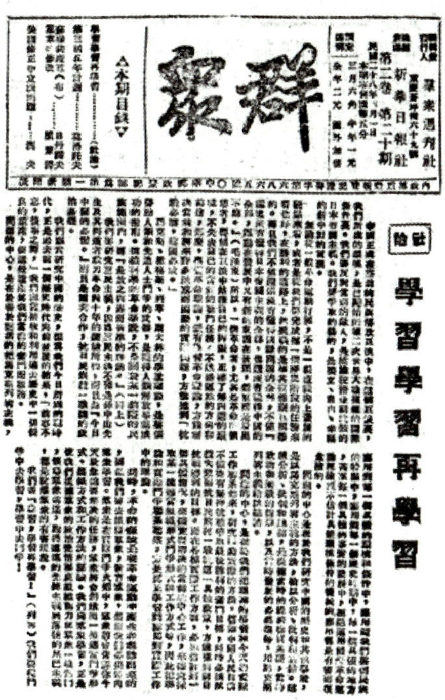
群衆

第二卷第二十期

社論

學習學習再學習

《群众》在2卷20期上发表以列宁的名言“学习学习再学习”为题的社论

4日，陕甘宁边区政府制定并公布了《陕甘宁边区抗战时期施政纲领》，规定“保障人民言论、出版、集会、结社、信仰、迁徙与通讯之自由，扶助人民抗日团体与民众武装之发展，提高人民抗战的积极性。”

5日，中共中央书记处发布《中央关于精神总动员的指示》。指示要求对国民党抗日的方面予以支持，对其反共反人民的反动方面则进行批判、抵制。

16日，中共中央青委主办的《中国青年》复刊，胡乔木主编。

新华社社址所在地——杨家岭

19日，《新中华报》发表陕甘宁边区政府副主席高自立写的题为《边区生产运动的初步检查》专论文章。（《新中华报》1939年4月19日）

28日，中共中央机关报《新中华报》刊出“五一、五四纪念特辑”，刊载了胡乔木《纪念中国青年节与国民精神总动员》，艾思奇的《五四文化运动在今日的意义》和冯文彬作词、吕骥作曲的《“五四”青年节歌》。

本月，新华社社址从清凉山迁到杨家岭。

本月，《解放》1939年4月第69期发表陈伯达的《孔子的哲学思想》、凯丰的《〈联共（布）党史简明教程〉的历史意义和国际意义》。

本月，上海读书生活出版社出版马克思恩格斯的《资本论通信集》，郭大力译。

本月，三联书店出版华岗的《社会发展史纲》。

5月

1日，《解放》周刊登载了毛泽东的《五四运动》、胡乔木的《青年要发扬五四爱国精神》。

4日，延安各界青年在抗大第五大队操场举行纪念五四运动二十周年及首届中国青年节。会议选举毛泽东、朱德、林伯渠、宋庆龄、李富春、沈钧儒、柯尔曼等10人为名誉主席团，冯文彬、艾思奇、胡耀邦、毛齐华、李昌、胡乔木、高朗山、刘光等23人为大会主席团。毛泽东在会上作《青年运动的方向》的演讲，总结了中国革命与青年运动的经验教训，指出了中国青年运动的正确方向。号召“全国知识青年和学生青年一定要和广大的工农群众结合在一块儿，和他们变成一体，才能形成一支强有力的军队”。6月1日该演讲以《在延安五四运动二十周年纪念大会上的演说》为题发表在《中国青年》第3期。

17日，中共中央书记处向全党下发了《中共中央关于宣传教育工作的指示》，指出：“坚持公开宣传马列主义，出版、翻印各种关于马列主义刊物和书籍，组织各种社会科学研究会与读书会等”。

本月，艾思奇主持编辑出版了《哲学选辑》，收入了许多著名哲学家的著作，分别介绍了辩证唯物主义和历史唯物主义的基本原理。

本月，延安解放社出版了《联共（布）党史简明教程》。

6月

1日，《中国妇女》月刊在延安出版，毛泽东题写刊名并写了一首四言诗。

2日，延安青年记者协会举行第二次会员大会。大会选举徐冰、李初梨、向仲华、胡乔木、刘光、肖英、汪琦等人为本届理事。（《新中华报》1939年6月2日）

21日，延安各界人士举行元太祖成吉思汗灵榇移葬盛大典礼。中共中央代表谢觉哉、八路军代表滕代远、八路军联络部长王若飞、留守兵

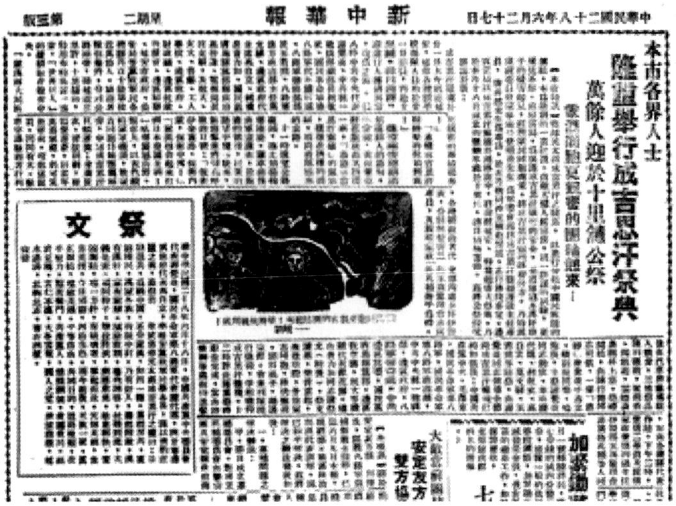

中華民國二十八年六月二十七日 新中華報 星期二 第三版

本市各界人士
隆重舉行成吉思汗祭典
萬餘人迎於十里鋪公祭

祭文

1939 年 6 月 27 日《新中华报》报道《本市各界人士隆重举行成吉思汗祭典》

团政治部主任莫文骅、陕甘宁边区政府副主席高自立、秘书长曹力如参加典礼。（《新中华报》1939 年 6 月 27 日）

30 日，《新中华报》发表题为《中国共产党十八周年》的社论。张闻天发表题为《在民族自卫战最前线的岗位上》的纪念文章。（《新中华报》1939 年 6 月 30 日）

本月，中共中央出版发行部在延安成立，李富春兼部长、王林为副部长。下设出版、发行、秘书、总务等处。以“解放社”名义出版，新华书店发行。1941 年冬该部改为“中共中央出版局”，博古兼局长，许之桢任秘书长。

本月，延安解放社出版《马恩通信选集》，柯柏年、艾思奇、景林等译。

本月，延安解放社出版《马恩与马克思主义》，收入列宁著作 37 篇，柯柏年等译。

7月

1日，中共陕西省委机关刊物《西北》在延安复刊，31、32期合刊“纪念七一专号”于当日出版。（本刊1938年1月发刊，1938年12月第30期后为西安国民党当局迫令停刊）（《新中华报》1939年7月11日）

8日至17日，刘少奇在延安马列学院作《论共产党员的修养》讲演，听课对象是马列学院全体学生，中央统战部、宣传部、组织部、中央办公厅等机关的同志。刘少奇系统地阐述了共产党员思想修养同参加革命实践、改造主观世界同改造客观世界的关系，丰富和发展了马列主义关于党的建设、关于共产主义道德的学说。8月，该文在《解放》周刊第81、82期和第83、84期合刊上连载。11月，由延安新华书店首次出版单行本。

刘少奇在延安杨家岭窑洞中修改《论共产党员的修养》讲稿

上旬，李先念在大别山抗日根据地宣化店创办《七七报》等报纸和刊物。

25日，《新中华报》刊登了《毛泽东在延安中国女子大学开学典礼上的讲话》。

29日，中共中央书记处发出《中央关于反对东方慕尼黑阴谋的指示》，提出了我党在舆论上和行动上的方针政策。

本月，《八路军军政杂志》第7期刊登焦敏之译的《克劳塞维茨〈战争论〉》俄文版序言。

本月，《解放》1939 年 7 月第 79 期发表了徐冰译的《关于〈联共（布）党史简明教程〉出版后党的宣传的决议》、罗迈的《我们要学习什么？怎样学习》。

8 月

13 日，陕甘宁边区绥德《抗战报》创刊。

本月，上海开明书店出版周谷城的《中国通史》（上、下册）。

本月，艾思奇的《怎样研究辩证法唯物论》在《解放》1939 年第 82 期发表。

9 月

1 日，毛泽东应《新华日报》记者采访，发表《关于目前国际形势与中国抗战》的谈话，指出欧洲德意和英法帝国主义集团之间为争夺殖民地的大战已迫在眉睫。在这种形势下，中国存在着两个前途。只要中国人民坚持抗战，反对投降，坚持团结，反对分裂，坚持进步，反对倒退，动员一切力量，为准备反攻而斗争，就能达到中华民族伟大光明的前途。（《新中华报》1939 年 9 月 5 日）

新中華報
毛澤東先生

1939 年 9 月 5 日，《新中华报》发表《关于目前国际形势与中国抗战的谈话》

1 日，张云逸在江北建

新四军江北指挥部后，创办铅印《抗敌报》（江北版）。

6日，中共陕甘宁边区委员会宣传部发出《关于建立“团结”通讯网问题的通知》。

9日，中华全国文艺界抗敌协会总干事老舍随“全国慰劳总会北路慰劳团”到达延安，延安市热烈欢迎并举办晚会。毛泽东致欢迎辞。老舍在延安期间，参观了鲁艺、女大，出席了延安各界盛大的欢迎会，出席了陕甘宁边区文化界座谈会，出席了毛泽东举办的宴会，并为延安的《中国青年》杂志题词：以全力打击敌人。

12日，毛泽东、陈绍禹、博古、林伯渠、吴玉章、董必武、邓颖超捐洋350元，电慰香港《南华日报》《天演日报》《自由日报》三报反汪罢工工人。

19日，《新中华报》刊登毛泽东9月14日在延安干部大会上作的《第二次帝国主义战争讲演提纲》一文。文章分析了第二次世界大战的起因及这次帝国主义战争的掠夺性质，指出了这次战争的特点，提出了我们党在这次战争第一阶段中的基本政策。指出：世界的黑暗是暂时的，世界的前途是光明的。中国的前途也是光明的。（《新中华报》1939年9月19日）

24日，陕甘宁边区总工会和印刷工会打电报声援香港《南华日报》等三报反汪罢工工人。10月5日，陕甘宁边区总工会发起五分钱捐献运动，《新中华报》工作人员捐出十月份全部津贴，支援香港三报罢工工人的斗争。

本月，中共中央出版发行部在延安成立。该部决定用“解放社”的名义出版马列著作等书籍，用“新华书局”的名义出版社会科学读物。

本月，平西根据地创办《挺进报》（石印，三日刊）。

本月中旬，冀南区区党委机关报《冀南日报》创刊。

10 月

1 日，新华社召开延安市通讯员大会，到会的有边区政府秘书处、建设厅、八路军政治部、后方政治部、保安处、抗大三分校、女大、鲁艺、组训班、三边分区代表、晋察冀边区新华分社代表等一百余人。社长向仲华介绍新华社工作情况和通讯员组织情形。洛甫出席了大会，并就通讯工作的重要意义、通讯员的任务和新闻的基本要求等问题作了长篇讲话。

4 日，中共中央决定创办了以党的建设为主要内容的党刊《共产党人》，毛泽东为党刊写了《〈共产党人〉发刊词》。提出了“建设一个全国范围的、广大群众性的、思想上政治上组织上完全巩固的布尔什维克化的中国共产党”的任务。《发刊词》总结了党的历史经验，提出了统一战线、武装斗争、党的建设是我们战胜敌人的三个主要法宝。

共产党人
第二期

1939 年 10 月毛泽东为《共产党人》杂志题写刊名

10 日，中共中央发表《关于目前形势与党的任务的决定》。决定指出：日本帝国主义在国际新形势下，对我后方以政治进攻为主，军事进攻为辅，抗战的战略相持阶段已经到来。在此种形势下，统一战线中投降、分裂、倒退是最大的危险。指出，我党的任务，仍然是坚持“三大政治口号”。党的各级领导机关与全体同志，应该提高对目前时局的警觉性，用全力从思想上、政治上、组织上巩固我们党，巩固抗日政权，以准备对付可能的危害中国革命的突然事变。（《新中华报》1939 年 10 月 27 日）

《列宁读〈战争论〉的笔记》的译者杨作才同志

20日，中共中央主办的《共产党人》杂志在延安创刊。编委由张闻天、邓发、李维汉、李高春、王首道、冯文彬、孟庆树、方强、陈正人组成。张闻天为主编，李维汉为编辑主任，陶希晋、马洪为编辑。

24日，为纪念十月革命二十二周年，《新中华报》发表毛泽东《苏联利益与人类利益的一致》的文章。（《新中华报》1939年10月24日）

本月，《八路军军政杂志》刊载杨作才译《列宁读〈战争论〉的笔记》。

本月，解放社出版了吴黎平和艾思奇共同编著的《唯物史观》。

11月

本月，解放社出版恩格斯《〈资本论〉提纲》，何锡麟译。

12月

1日，新华通讯社在延安创办《通讯》月刊。

21日，毛泽东为八路军政治部、卫生部将在1940年出版的《诺尔曼·白求恩纪念册》撰写了《纪念白求恩》。文章肯定了白求恩大夫的国际主义精神和毫不利己、专门利人的高贵品德，号召全党学习他毫无自私自利之精神，作一个有益于人民的人。

21日，《群众》周刊从第3卷第24期起，贯彻与中共机关报《新华日报》保持分工的原则，在内容上偏重于理论化和专业化，进一步宣传马克思主义，因而发表有关马克思主义的文章更多、更系统。它除了继续介绍联共（布）党史、《资本论》和马克思、列宁的其他著作，介绍国际工人运动的历史和经验。潘梓年的《学习什么、怎样学习》，许涤新的《怎样研究政治学》，刘亚生的《研究新哲学的方法问题》，陈云的《到什么地方学习》，吴亮平的《两种学习方法》等。

本月，新华社山东分社在莒南县成立，附属山东《大众日报》社。

本月，毛泽东指示李六如、和培元编写，又委托周扬修订完成的《边区实录》出版。

本月，延安八路军军政杂志社出版《恩格斯军事论文选集》第一册，焦敏之译。

本月，边区政府做出决议 “印制各种通俗的社会科学小册子，向边区人民宣传社会科学的常识”。

本月，《八路军军政杂志》第 12 期刊登何思敬的著作《列宁与克劳塞维茨》。

《边区实录》

本年

本年，叶蠖生著的《中国苏维埃运动史稿》出版。

本年，侯外庐的《中国社会史导论》出版。

本年，《毛泽东救国言论选集》由《新华日报》桂林分馆印刷发行，共收进报告和论文 6 篇、谈话演说 4 篇，约 10 万字。其中，6 篇报告和论文是《中国抗日民族统一战线在目前阶段的任务》《反对日本进攻的方针、办法和前途》《国共两党统一战线成立后中国革命的迫切任务》《抗日游击战争的战略问题》《论持久战》和《论新阶段》；4 篇谈话和演说是《与英国记者贝特兰的谈话》《与合众社记者的谈话》《在纪念孙中山先生逝世 13 周年及追悼抗日阵亡将士大会上的演说》《与世界学联代表团的谈话》等。

本年，全国青年联合会延安办事处的《中国青年》出版。它是 1923 年至 1927 年党中央主办的《中国青年》的复刊。毛泽东的《五四运动》和《青年运动的方向》，在这个刊物上首次发表。1940 年 10 月 22 日，中宣部发出《关于〈中国青年〉的通知》，说这个"党所领导的青年刊物"，是"因为党的中级干部的最大多数是青年，又因为党也没有其他更适当的中级学习刊物"。所以，"它的编辑方针改变了，主要成为青年干部在理论、策略、工作和文化生活各方面的学习刊物"，也是"党的一般中级干部的学习刊物"。

本年，延安解放社出版发行《抗日民族统一战线指南》第 4、5、6 册。

本年，延安时事问题研究会编辑的时事问题研究丛书《战争中的日本帝国主义》《日本帝国主义在中国沦陷区》出版。

本年，渤海地区创办《渤海日报》。

本年，陈毅率队挺进苏南，开辟茅山抗日根据地，随后《苏南报》《抗敌报》（苏南版）和《茅山通讯》等报刊应运而生。

本年，张闻天领导的编译部编译出版"马恩丛书"有《政治经济学论丛》（王学文、何锡麟、王石巍译）、《马恩通讯选集》（柯柏年、艾思奇、景林等译）、《德国的革命和反革命》（王石巍、柯柏年等译）、《〈资本论〉提纲》（何锡麟译）、《哥达纲领批判》（何思敬、徐冰译），由解放社出版。

本年，吴印咸在晋察冀编写出版了《摄影常识》。

1940年

1月

1月初，毛泽东《新民主主义论》发表。新华社全文刊发。

《新民主主义论》

5日，边区文协大会上，中共中央书记处书记、中宣部部长张闻天作《抗战以来中华民族的新文化运动与今后任务》的报告。

9日，毛泽东在陕甘宁边区文化协会第一次代表大会上作了题为《新民主主义的政治与新民主主义的文化》演讲，即《新民主主义论》，后在《中国文化》创刊号、《解放》周刊上发表。

10日，《新中华报》发表社论《庆祝边区文协代表大会开幕》。

12日，在陕甘宁边区文化协会第一次代表大会上，张闻天提议建立“鲁迅研究会”。大会除了通过了成立鲁迅研究会案外，还通过了全边区文化界加入毛泽东发起的宪政促进会案、组织少数民族文化促进会案、组织新文字健全委员会案、陕甘宁边区文化协会总决议、边区文化协会简章、文协第一次代表大会宣言。

17日，《新中华报》发表社论《边区文协代表大会的成就》。

20日，《新中华报》登载《陕甘宁边区文化协会总决议》。

22日，中国青年新闻记者学会延安分会召开第三届全体会员大会，选举第三届理事，并成立新闻宪政促进会。

23日，边区印刷厂全体职工捐款四十余元帮助《中国工人》出版。（《新中华报》1940年1月24日）

25日，《八路军军政杂志》1940年1月第2卷第1期发表杨松的《论第一次中日战争》、胡蛮的《中国美术上的文艺复兴——隋唐时代的美术》、中央军委编译处处长郭化若的《〈孙子兵法〉之初步研究》。

28日，毛泽东起草《克服投降危险，力争时局好转》的党内指示。指示说：1939年底汪精卫和日寇签订卖国协定后，国民党的投降危险更加严重。克服投降危险，力争时局好转，是党的目前政策的总方针。

31日，陕甘宁边区各工厂工人联合发起出版《中国工人》期刊，邓发、张浩等参加会议。会议决定正式组成《中国工人》出版委员会，2月7日出版创刊号。

《中国工人》第2期

31日，《新中华报》发表中共中央为“三八”妇女节给各级党部的指示。（《新中华报》1940年1月31日）

2月

1日，中共中央发表《关于目前时局与党的任务的决定》。决定指出：在抗日战争处于相持阶段中，我党的基本任务就是强固抗日进步势力，抵抗投降倒退势力，力争时局好转，克服时局逆转。决定提出了在坚持抗战、团结和进步三大原则的基础上党的十大任务。（《新中华报》1940年2月14日）

Sin Zhungxua Bao

新中华报

本报启事

强调团结与进步

毛泽东

1940 年 2 月 7 日，毛泽东为《新中华报》创刊一周年发表《强调团结与进步》

7 日，毛泽东为《新中华报》创刊一周年发表强调团结与进步的专文，指出：抗战、团结、进步这是三位一体的方针，三者不可缺一。《新中华报》第二年的政治方向就是：强调团结与进步，以反对一切危害抗战的乌烟瘴气，以期抗日事业有进一步的胜利。（《新中华报》1940 年 2 月 7 日）

7 日，《中国工人》月刊在延安创刊，毛泽东为创刊号撰写发刊词。

12 日，中共陕甘宁边区委员会宣传部发布《中共陕甘宁边区委员会宣传部关于提高边区群众文化水平的通知》。

15 日，陕甘宁边区文化协会的机关刊物《中国文化》创刊。创刊号上发表了毛泽东撰写的《新民主主义的政治与新民主主义的文化》即《新民主主义论》、胡蛮的《鲁迅对于民族的文化和艺术问题的意见》、艾思奇的《论中国的特殊性》、何思敬的《论孙中山的思想的研究的问题》。1941 年 8 月 20 日停刊。每卷 6 期，出至第 3 卷第 3 期，共出 15 期。《中

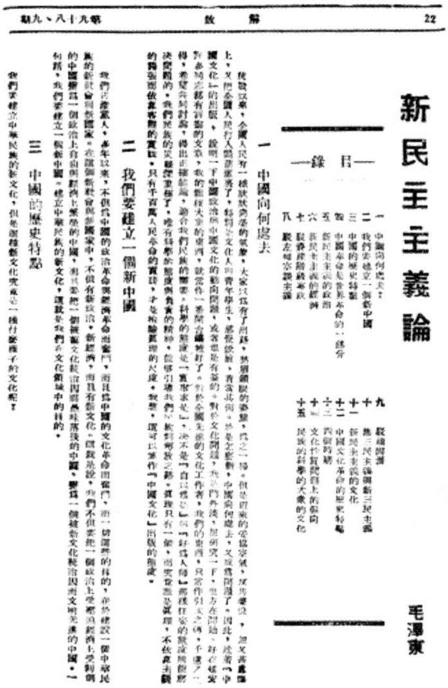
22　解　放　第九十八、九期

新民主主義論

毛澤東

—目錄—

一 中國向何處去？
二 我們要建立一個新中國
三 中國的歷史特點
四 中國革命是世界革命的一部分
五 新民主主義的政治
六 新民主主義的經濟
七 駁資產階級專政
八 駁左傾空談主義
九 駁頑固派
十 舊三民主義與新三民主義
十一 新民主主義的文化
十二 中國文化革命的歷史特點
十三 四個時期
十四 文化性質問題上的偏向
十五 民族的科學的大衆的文化

一 中國向何處去

二 我們要建立一個新中國

三 中國的歷史特點

《解放》周刊第98、99期合刊登载的《新民主主义论》

国文化》由艾思奇主编，是一个综合性的学术刊物，把宣传马列主义，宣传抗日救亡，宣传新文化作为首要任务。它是陕甘宁边区文化协会领导下的中国文化社编辑出版的综合学术性刊物。内容广泛，涉及哲学、历史、文学、文化以及文字改革等方面。

20日，延安出版的《解放》第98、99期合刊刊登《新民主主义论》。

28日，《新中华报》发布《自然科学研究会宣言》。

本月，延安解放社出版列宁的《社会主义与战争》，杨松等译。

本月，《共产党人》1940年第3期刊登《中共中央关于吸收知识分子的决定》。

3月

3日，新华社与中国青年新闻记者学会延安分会，请来自华北前线的刘白羽报告战地新闻工作情况，到会者百余人。

6日，中共中央发出由毛泽东起草的《抗日根据地政权的问题》的党内指示。指出：在抗日战争时期，我们所建立的政权的性质，是民族统一战线的性质。这种政权，是一切赞成抗日又赞成民主的人们的政权，是几个革命阶级联合起来对于汉奸和反动派的民主专政。指示指出，抗日统一战线政权的产生，应经过人民选举，同时申明必须保证共产党在统一战线政权中的领导权。陕甘宁边区由此开始执行“三三”制原则。

10日，新华社《今日新闻》改为铅印，一直出到1941年3月31日，主要刊载新华社的新闻稿，也刊载抄收的中央社国内外新闻。

11日，毛泽东在延安党的高级干部会议上作《目前抗日统一战线中的策略问题》的报告，提出了“发展进步势力，争取中间势力，孤立顽固势力”和“有理、有利、有节”的策略方针和原则。

边区群众报

《边区群众报》

12日，“大众读物社”正式成立，社长周文，编辑出版《边区群众报》《大众文库》《大众画库》及大众读物多种。

19日，王明在延安再版其《为中共更加布尔什维克化而斗争》的小册子，并写了三版序言。

20日，《通讯》第四期出版。从这期起，它改为新华社和青记学会延安分会联合编辑出版的业务刊物。

25日，陕甘宁边区政府创办的《边区群众报》在延安创刊，毛泽东题写《边区群众报》刊头。（《新中华报》1940年4月8日）

4月

本月，周恩来从莫斯科回延安，带回一部广播发射机。中央发出建立延安广播电台的指示，并成立了以周恩来为主任，有中央军委三局（即通讯局）、新华社等部门负责同志参加的广播委员会，领导筹建工作。军委三局调集三十多人组成九分队，在延安城西北的王皮湾村开始筹建口语广播台，即延安新华广播电台。台长傅英豪，政委周浣白。

15日，延安文抗主办，萧三主编的《大众文艺》创刊。它由《文艺突击》演变而来。共出9期，1940年12月终刊。

16日，《鲁迅艺术学院——歌剧集》，由上海晨光书店出版。

26日，《新中华报》刊登《文化俱乐部决定征求会员》。

本月，《中国文化》1940年第1卷第2期发表洛甫的《抗战以来中华民族的新文化运动与今后的任务》、王学文的《无产阶级政治经济学的特点》、艾思奇的《抗战中的陕甘宁边区文化运动》。

本月，萧三翻译的《列宁论文化与艺术》一文，发表在《中国文化》1940年第2卷第6期。

周恩来保存的延安解放社出版的《列宁选集》

5月

本月，延安解放社出版《列宁选集》第2卷，柯柏年译。

本月，由曹葆华、天蓝合译的延安第一部马列文论译著《马克思、恩格斯、列宁论艺术》由新华书店出版发行。鲁艺专门召开座谈会，研讨该书翻译出版的巨大意义。

本月，《中国文化》第1卷第3期发表了范文澜的《关于上古历史阶段的商榷》、艾思奇的《五四文化运动的特点》。

6月

18日，《新中华报》在为纪念高尔基逝世四周年的“特刊”中，发表茅盾、何其芳等纪念文章5篇。

26日，中央党报委员会扩大会议讨论了《新中华报》的工作，确定该报为中共中央、陕甘宁边区党委及边区政府之机关报，决定向仲华除继续负责编《今日新闻》外，并参加该报的编辑工作。为避免与新华社《今日新闻》重复，第一版战况不登零星消息，只编重要新闻。

中央党报委员会还作出关于改进《八路军军政杂志》的决议，指出：“今后应与通讯社取得联系，以便经过通讯社供给其他军事杂志以适当的文稿。”

本月，鲁南地区出版《鲁南时报》。

本月，《中国文化》第1卷第4期发表了萧向荣的《八路军的文化教育工作》，对过去的文化工作成绩进行了简单总结，就政治教育、文化教育、文化生活经验进行了概括，指出了今后八路军文化工作的任务。同时发表的还有罗迈的《战时干部学校教育——根据陕北公学教育经验的总结》。

7月

1日，中共中央发表《为抗战三周年纪念对时局的宣言》，号召全国人民团结起来，为克服空前的投降危险和困难而斗争。同时发表毛泽东《团结到底》及朱德《巩固全国抗日军队的团结争取最后胜利》的文章。同日，刘少奇发表《做一个好的党员，建设一个好的党》的文章。（《新中华报》1940年7月9日）

7日，中共津浦路西区党委创办机关报《新民主报》。

20日，黎曼的《谈女大高级研究班的学习》在《新华日报》发表。

25日，《中国文化》第1卷第5期发表了杨松的《关于马列主义中国化的问题》、茅盾的《论如何学习文学的民族形式》、陈伯达的《论“新哲学”问题及其他——致张申府先生的一封公开信》。

夏，太岳区创刊区党委机关报《太岳日报》，后改为太岳《新华日报》。

8月

1日，《大众习作》创刊，编委有周文、胡采等，毛泽东为《大众习作》的封面题字。共出6期，1941年9月终刊。

10日，陈毅开辟苏中抗日根据地，创办《抗敌报》苏北版。

13日，中共中央宣传部发出《关于加强干部策略教育的指示》，要求在职干部，必须学习中共中央的决议、决定及中央领导同志的有关策略的报告，党报上的重要文章。

13日，《新中华报》发表《纠正统一战线中的“左”右倾错误》的社论。社论指出了当前在我们的队伍中存在着的“左”的错误表现和右的错误表现，批评了所谓“左”的比右的要好些的错误观点，指出必须认识“左”倾和右倾都是危害革命事业的错误倾向。

百团大战中八路军开赴前线

30 日，《新中华报》发表题为《八路军在华北反扫荡的百团大战》的社论。指出：这是我军在敌后主动发起的大规模战略进攻，是抗战三年空前的创举，成为中国抗战史光辉的一页。

本月，解放社出版《拿破仑第三政变记》，即马克思的《路易·波拿巴的雾月十八日》，柯柏年译，吴黎平校。

本月，华岗著《中国民族解放运动史》，鸡鸣书店出版。

本月，平心著《中国民主宪政运动史》，香港国泰出版公司出版。

9月

1 日，边区文协主办《新诗歌》创刊，不定期，新诗歌会编辑，主编萧三，共出 6 期，1941 年 5 月终刊。

15 日，“生活教育社延安分社”举行成立大会，到会社员 20 人。董纯才报告开会意义及生活教育运动十三年历史。董必武、李维汉、周扬、

徐以新到会祝贺。（《新中华报》1940 年 9 月 22 日）

18 日，晋西北区党委创办区党委机关报《抗战日报》，四开四版铅印三日刊。1941 年 1 月改为日刊。

本月，茅盾的《旧形式·民间形式·与民族形式》在《中国文化》1940 年 9 月第 2 卷第 1 期发表。

10 月

11 日，中央出版发行部发出《关于搜集各种出版物的通知》。要求：1. 各级党的出版发行工作部门，应不间断地向中央搜集当地的各种出版物寄给总部。2. 举 × 党及非党群众的反革命的敌人的各种油印、石印、铅印的标语、传单、报纸、地图等都应在收集之列。3. 每种应收集同样的三份由交通员带来或交中央出版发行部各地之办事处转来。4. 所收集出版物之代价，必要时可报销。

17 日，《新中华报》刊登臧剑秋的文章《普遍重视党的出版发行工作》。（《新中华报》1940.10.17）

22 日，中共中央宣传部发布《关于〈中国青年〉的通知》。

下旬，晋西北区党委创办通俗报纸《晋西大众报》。

本月，昆明中华书局出版蔡尚思的《中国历史新研究法》。

本月，艾思奇等《新哲学会缘起》在《解放》1940 年 10 月第 53 期发表。

11 月

7 日，中共中央发布《中央关于反对投降挽救时局的指示》。指示说：日本正在积极引诱中国投降，国内亲日派与内战挑拨者正在积极活动，以包围来压迫中国发动内战，实行投降。时局危机极端严重，全国必须动员起来，反对投降分裂，挽救时局危机。

7日，晋察冀中央局机关报《抗敌报》改名为《晋察冀日报》，邓拓为社长。开始是油印三日刊，主要登载国内国际动态。从第13期改为石印，增加了边区消息和言论。

14日，叶林在《新中华报》发表《三年来的新华书店》一文，回顾了新华书店三年来的成绩以及对于顽固分子的非法罪行的批判。

22日，《SIN WEN Z BAO》（《新文字报》）创办，每周一期。其内容有简要的时事新闻，也有辅导教材，教学方法介绍和举办冬学工作情况的报道，分送各冬学后，受到教师和学生的欢迎。

30日，毛泽东致信周文，表示群众报和《大众习作》的工作“是有意义有成绩的”。

本月，延安《中国青年》第3卷第1期刊载《从猿到人过程中劳动底作用》，即恩格斯的《劳动在从猿到人转变过程中的作用》，于光远译，景林校。

本月，范文澜的《原始公社到中央集权的封建制度的成立》在《中

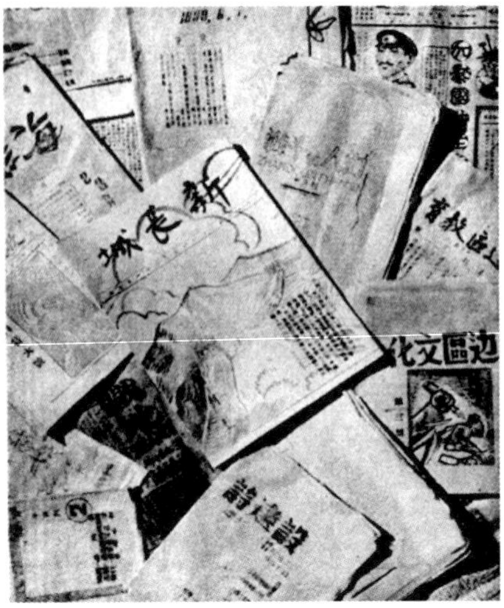

晋察冀边区出版的杂志

1941年古元创作的木刻版画《读报》

国文化》1940年11月第2卷第3期发表。黄钢的《我看见了八路军》在《中国文化》第2卷第3、4期发表。

本月，沙汀的《随军散记》由上海知识出版社出版。

本月，山东纵队军政委员会机关报《前卫报》在沂南创刊。

12月

1日，中国青年通讯社正式成立，出版印行《中国青年通讯》，分北方版和南方版。（《新中华报》1940年12月12日）

1日，《中央宣传部、中央文化工作委员会关于各抗日根据地文化人与文化团体的指示》在《共产党人》第12期发表。

2日，新四军华中总指挥部在盐城出版华中局机关报《江淮日报》。刘少奇兼任社长，总编辑王阑西，刘述周任副总编辑，胡扬任经理。初为日刊，铅印四开两版。1941年7月22日停刊。

新四军政治委员刘少奇

25日，中共中央向党内发布毛泽东起草的《论政策》的指示。毛泽东起草这个指示的目的，是要全党警惕两种错误倾向：一是第一次国内革命战争后期以陈独秀为代表的一切联合、否认斗争的右倾机会主义倾向；另一种是第二次国内革命战争后期以王明为代表的一切斗争、否认联合的“左”倾机会主义路线，告诫全党要正确地执行党的抗日民族统一战线政策。这个文件公布后，中央开始组织全党高级干部进行学习。

30日，延安第一座广播电台——延安新华广播电台开始播音。它能用三种语言向全国和世界播音，洛杉矶、莫斯科都能收听。它宣传了中国共产党关于抗日斗争的方针、政策，报道了全国军民特别是八路军、新四军等人民军队和抗日根据地群众英勇杀敌、支援前线的可歌可泣的事迹，揭露了日伪的残暴罪行以及国民党顽固派反共反人民的行径，对于抗日战争的胜利起了不小的作用。

本月，延安八路军军政杂志社出版《新德意志帝国建设之际的暴力与经济》，即恩格斯的《暴力在历史中的作用》，曹汀译，何思敬校。

本月，《解放》第95期公布中国共产党陕甘宁边区第二次代表大会《关于发展边区教育提高边区文化的决议》。

本月，《中国文化》1940年12月第2卷第4期发表陈伯达的《新道德观》、谢华的《略论殷代奴隶制度》。

本年

本年，《新华日报》掀起了第二次反汪斗争高潮，这一年共发表有关社论20余篇，对鼓舞士气具有十分重要的作用。

本年，周谷城著《中国政治史》，中华书局出版。

本年，新中出版社出版何干之的《三民主义研究》。

本年，毛泽东主编的《中国革命和中国共产党》在延安解放社出版。

本年，杨松、邓力群主编《中国近代史参考材料》（第一册）在延安解放社出版。

本年，延安解放社出版发行《抗日民族统一战线指南》第7、8、9、10册。

本年，延安时事问题研究会编辑的《抗战的中国丛刊》出版，包括《九一八以来国内政治形势的演变》《抗战中的中国经济》《抗战中的中国政治》《抗战中的中国教育与文化》。后又有《九一八以来的中国》《抗战中的中国国民党》《七七以来国内风云录》等作为补编。

本年，中共中央北方局出版了专门向敌占区宣传的八开小报《中国人》周刊。

本年，冀鲁豫地区出版了《卫河日报》和《鲁西日报》。

本年，滨海地区创办《滨海日报》。

本年，《群众》周刊第3卷第22期和第4卷第9、15期也连载了傅大庆译的《战争论》中“战争的重要原则”“胜利的顶点”“战争是政治的工具”等章节。

陈学昭

本年，张闻天领导的编译部编译出版“马恩丛书”有《拿破仑第三政变记》（柯柏年、吴黎平译），由解放社出版。

本年，解放出版社出版《鲁迅论文选集》。

本年，陈学昭著《延安访问记》由北极书店印行。

1941年

1月

1月初，国民党反动派挑起事端，制造了震惊中外的皖南事变。《新中华报》从1月9日起至5月15日至，连续报道这一事件揭露国民党的罪行，并发表社论、谈话、各界人士对这一事件的态度，对国民党的这一反动暴行进行了针锋相对的斗争。

5日，范文澜的《从烦恼到快乐》在《中国青年》第3卷第3期发表。

7日至8日，惊秋在《新华日报》发表《陕甘宁边区新文化运动的现状》。

7日，惊秋在《新华日报》发表《陕甘宁边区的学术研究》一文，其中记载：时事问题研究会，它是领导研究时事问题的一个总的组织，它本身的工作偏重于材料的搜集和整理，该会编的时事问题研究丛书，已经出有《战争中的日本帝国主义》和《日本帝国主义在中国沦陷区》两厚册，都为研究抗战现实和决定抗战指导的有系统的参考材料。

15日，“延安鲁迅研究会”正式成立。选举艾思奇、萧军、周文为干事会，周扬等13人为编委会。第一批参加研究的人员，分四个方面进行研究：艾思奇、陈伯达、雪韦负责思想研究；萧军负责行传研究；丁玲、舒群、周扬负责创作研究；范文澜、江烽、胡蛮负责学术研究。随后会员发展到23人。鲁迅研究会旨在推动并加强鲁迅研究工作，学习和发扬鲁迅精神，继承鲁迅文化遗产，建设新民主主义文化。该会编辑出版《鲁迅论文选集》《鲁迅研究丛刊》《鲁迅研究特刊》《鲁迅小说选集》，绘制鲁迅大幅油画像，设立“鲁迅文化基金”，帮助文化人创作和生活。

18日，总政治部、中央文委发布《关于部队文艺工作的指示》，对

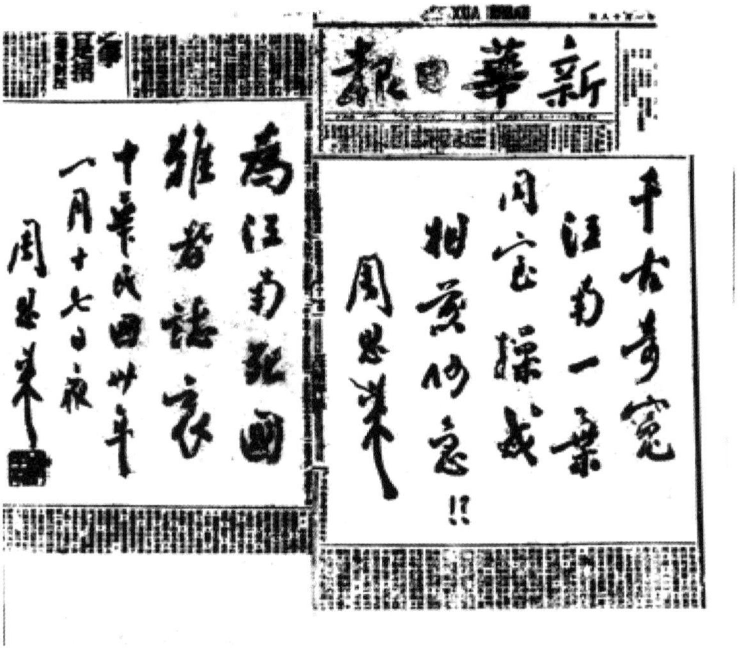
新華日報

為江南死國難者誌哀
中華民國卅年一月十七日夜
周恩來

千古奇冤
江南一葉
同室操戈
相煎何急!!
周恩來

《新华日报》刊登的周恩来为皖南事变题词

于部队文艺需要把握的中心环节、内容及形式等作出了规定。（《八路军军政杂志》第 3 卷第 2 期，1941 年 2 月 15 日）

18 日，《新华日报》发表了周恩来为皖南事变亲笔题词“为江南死国难者誌哀”“千古奇冤，江南一叶；同室操戈，相煎何急！！”

19 日，《新中华报》对皖南事变发表社论《抗议无法无天之罪行》。

22 日，毛泽东撰写的《中国共产党中央革命军事委员会发言人对新华社记者的谈话》发表，揭露了国民党 1 月 7 日发动皖南事变的罪行。新华社、延安新华广播电台当即向全国播发全文。

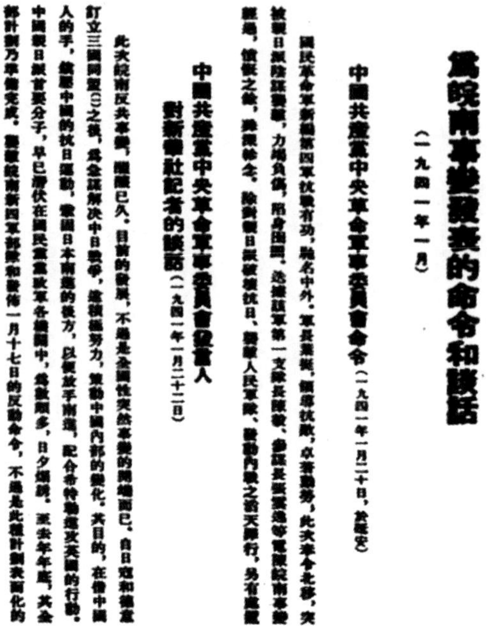

為皖南事變發表的命令和談話

（一九四一年一月）

中國共產黨中央革命軍事委員會命令（一九四一年一月二十日，於延安）

國民革命軍新編第四軍抗敵有功，馳名中外。軍長葉挺，領導抗敵，卓著勳勞，此次奉令北移，突被親日派陰謀襲擊，力竭負傷，陷身囹圄。迭據該軍第一支隊長陳毅、參謀長張雲逸等電陳皖南事變經過，憤慨之餘，殊深軫念。除對親日派破壞抗日、襲擊人民軍隊、挑動內戰之滔天罪行，另有處置

中國共產黨中央革命軍事委員會發言人對新華社記者的談話（一九四一年一月二十二日）

此次皖南反共事變，醞釀已久。目前的發展，不過是全國性突然事變的開端而已。自日寇和德意訂立三國同盟(一)之後，爲全部解決中日戰爭，遂積極努力，策動中國內部的變化。其目的，在借中國人的手，鎮壓中國的抗日運動，鞏固日本南進的後方，以便放手南進，配合希特勒進攻英國的行動。中國親日派首要分子，早已潛伏在國民黨黨政軍各機關中，爲數頗多，日夕煽惑。至去年年底，其全部計劃乃準備完成。襲擊皖南新四軍部隊和發佈一月十七日的反動命令，不過是此種計劃表面化的

《为皖南事变发表的命令和谈话》

23日，毛泽东为皖南事变撰写了《中国共产党中央革命军事委员会发表命令与谈话》。

25日，新华社华北分社通讯联络科编辑的业务刊物《北方记者》创刊号在山西黎城出版。

本月，路东地区创办《新路东报》。

本月，皖南事变中新四军军部皖南《抗敌报》停刊。

本月，胶东大众社创办了综合性月刊《胶东大众》。

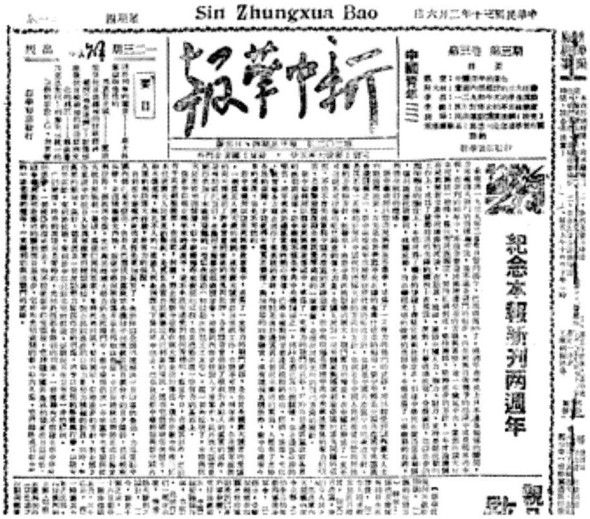
Sin Zhungxua Bao

新中華報

紀念本報新刊兩週年

1941 年 2 月 6 日，《新中华报》刊载社论《纪念本报新刊两周年》

2月

6 日，《新中华报》刊载社论《纪念本报新刊两周年》，并发表凯丰的纪念文章《新中华报的两周年》。

20 日，《共产党人》第 15 期刊发《各抗日根据地文化教育政策讨论提纲》，明确指出“在各根据地应当成立各种文化团体，如文协、音协、剧协、木刻漫画协会、记者学会等等。帮助这些文化团体，使之在各方面加强文化运动的组织和文化工作者的团结。”

22 日，《新中华报》在延安举行全国报纸展览会，展出有第二次国内革命战争时期在中央红色区域出版的《红色中华》报、中共中央机关报《布尔什维克》及《红旗》报、中共中央机关报《实话》报等。（《新中华报》1941 年 2 月 27 日）

25 日，由《大众文艺》改刊的《中国文艺》创刊，周扬任主编，只出一期。

本月，学术出版社出版《家庭、私有财产及国家之起源》，即恩格斯《家庭、私有制和国家的起源》，张仲实译。

3月

5日，中共中央青委主办的《中国青年》停刊，共出刊3卷24期。

5日，全国报展正式闭幕，共展览13天，参观者达两万人。（《新中华报》1941.3.20）

10日，绥德《陕北文化》月刊在延安创刊，出版创刊号。（《新中华报》1941年4月10日）

18日，毛泽东为中共中央写了题为《打退第二次反共高潮后的时局》的党内指示。

20日，党的理论工作者张如心在《共产党人》第16期杂志上发表了《论布尔什维克的教育家》一文，首次用了“毛泽东同志的思想”这一概念，并指出毛泽东的言论和著作“是马列主义理论与中国革命实践结合典型的结晶体”。

26日，中共中央颁发《关于调整刊物问题的决定》。决定指出，（一）决定《中国青年》《中国妇女》《中国工人》自4月起暂时停刊。（二）扩大《解放》编委，由洛甫、博古、亮平、伯达、杨松、一民、乔木、蒋南翔组成，洛甫负总责，吴亮平为编辑主任。（三）扩大《共产党人》编委，由洛甫、邓发、罗迈、李富春、王首道、冯文彬、孟庆树、方强、陈正人组成，洛甫负总责，罗迈为编辑主任。（四）《中国文艺》也停刊四个月。（五）责成中央出版发行部将各停刊杂志省出的字数，用在书籍及教科书的印刷上。并准备条件，在四个月后仍能使停刊杂志复刊。（六）责成各停刊杂志的负责同志向有关同志进行暂时停刊的解释工作。

本月，延安成立国际报道社，萧三任主任。

本月，中国共产党先后暂时停办了《中国青年》《中国工人》《中国文艺》等4家刊物，加强《解放》周刊，《共产党人》《中国文化》三个刊物的编委力量。张闻天、博古、邓发、李维汉、李富春、吴亮平、陈伯达、杨松、艾思奇、周扬、丁玲、范文澜、胡乔木等参加编辑三个刊物。

本月，中共中央决定将《新中华报》和《今日新闻》合并，称之为《解放日报》。5 月 15 日试刊，16 日正式出版。

本月，郭洪涛的《论敌后抗日根据地的政治、经济、文化的建设》在《解放》1941 年第 124 期发表。

本月，艾思奇的《辩证法唯物论怎样运用于社会历史的研究》在《解放》1941 年第 126 期发表。

4 月

1 日，陕甘宁边区政府教育厅编辑的《边区教育通讯》（半月刊）正式出刊。（《新中华报》1941 年 4 月 6 日）

19 日，毛泽东发表《〈农村调查〉的跋》一文，指出现在的政策，是综合“联合和斗争的两重性的政策”“这是目前中国的最革命的政策，反对和阻碍这个政策的施行，无疑义地是错误的”。文章教育党员保持共产主义的纯洁性，锻炼自己成为懂得马克思主义策略的战士，反对片面地看问题。

《边区教育通讯》

本月，张如心在《解放》周刊第 127 期发表《在毛泽东同志的旗帜下前进》，文章指出：创造性马克思主义在中国问题上的发展，最主要最典型的代表是我们党的领袖毛泽东同志。

本月，张闻天的《提高干部学习的质量》在《共产党人》第 17 期发表。

5月

1日，经中共中央政治局批准，中共陕甘宁边区中央局公布《陕甘宁边区施政纲领》。《纲领》根据我党抗日民族统一战线的原则，从巩固和发展陕甘宁边区的政权、经济、文化建设的目的出发，规定了边区政府的性质，以及我党在政权、经济、军事、文化、民族，与友党、友军和外国人的关系等方面的施政方针和基本政策，是边区人民坚持长期抗战，增进人民福利的共同纲领。《纲领》中强调“奖励自由研究，尊重知识分子，提倡科学知识与文艺运动，欢迎科学艺术人才”。

Sin Zhungxua Bao

新中華報

全區人民團結起來
反對日本帝國主義的進攻

陝甘寧邊區施政綱領

《新中华报》登载的《陕甘宁边区施政纲领》

7日，中共中央宣传部发出《中央宣传部关于展开对国民党宣传的指示》。

14日，博古在《解放日报》、新华总社编委会会议上作了《党报工作者对党报重要性认识》的发言。

15日，《新中华报》《今日新闻》停刊。《新中华报》发表《新中华报》《今日新闻》停刊及《解放日报》发刊启事。

16日，中央将延安《新中华报》和新华社的《今日新闻》合并，创办了中央机关报《解放日报》，对开两版。博古任社长，决定其社论必须由中央同志及干部执笔。大型中共中央机关报在延安的问世，加强了党的新闻宣传力量，标志着党的新闻宣传事业走上了一个新的台阶——更正规发展的阶段。

16日，毛泽东亲自为《解放日报》撰写了发刊词，指出“中国共产党的使命”就是《解放日报》的使命，就是“团结全国人民战胜日本帝国主义”。

16日，《歌曲半月刊》创刊，它由《歌曲旬刊》改刊而来，共出6期，1941年8月终刊。

19日，毛泽东在延安干部会议上作《改造我们的学习》的报告。分析了在党内存在的两种截然相反地对待马克思列宁主义的态度，全面深刻地阐述了马克思列宁主义和中国革命实践相结合的思想，批判了王明“左”倾教条主义表现形式的主观主义，向全党发出反对主观主义以改造学风的斗争任务。第一次对实事求是作了崭新的科学阐述，指出了实事求是的态度就是党性的表现。这篇报告，是延安整风运动的指导文件之一。

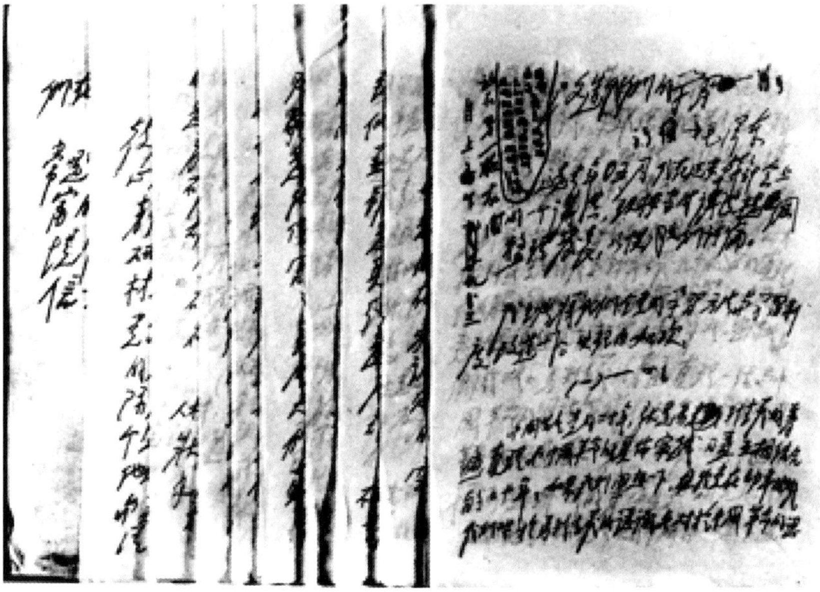

毛泽东《改造我们的学习》手稿

20日，《中国文化》第2卷第6期刊出萧三的《列宁论文化与艺术》一文。

21日，《解放日报》发表题为《新施政纲领——到群众中去》的社论。（《解放日报》1941年5月21日）

25日，中共中央宣传部发出《关于电台广播工作的指示》。指示规定，各地报纸的通讯社，“应同延安新华社直接发生通讯关系，并一律改为新华社某地分社”。各地广播台及起广播台作用的战报台，划归当地通讯社。“关于电台广播内容与广播办法等，应受延安新华社之直接领导”。各地报纸应经常发表新华社广播稿，“各地方报纸下的通讯社，应成为对外宣传的重要机关”。从此，新华社统一了全国各解放区的通讯社。

本月，叶蠖生的《从安阳发掘成果中所见殷墟时代之社会形态研究》，在《中国文化》1941年5月第2卷第6期发表。

本月，陈伯达的《由封建的中国到半殖民地半封建的中国》在《解放》1941年5月第128期发表。

6月

2日，《解放日报》发表了《论经济与技术工作》的社论。

4日，中共中央发布《中央关于青年工作的决议》。指出为适应统一战线工作需要，决定改共产主义青年团为青年救国会组织，在各中央局、中央分局、区党委设立青年工作委员会，加强对青运工作的领导。青运工作要使党的一般任务与青年的特殊任务结合起来，教育青年在各项工作中发挥模范作用。

4日，《解放日报》编辑部向读者征求对编辑、标题、排印等一切方面的意见。（《解放日报》1941.6.4）

7日，《解放日报》发表《奖励自由研究》的社论。

10日，《解放日报》发表《欢迎科学艺术人才》的社论。

12日，《解放日报》发表《提倡自然科学》的社论。

15日，《解放日报》登载柳青的《废物》。

16日，《解放日报》发表《边区目前的选举运动》的社论。社论分析了陕甘宁边区选举运动的意义，指出这次选举运动，“是真正动员了各阶层参加的伟大的民主运动。这次选举运动，是为了选举出人民的优秀代表来参加政权的管理，为了密切政府与人民的联系来保卫边区，为了提高人民监督政府与拥护政府的热忱，为了在实际行动中来教育干部与人民运用民主，更重要的是要经过选举运动具体地执行‘三三制’的政策，巩固已经建立起来的新民主主义政权，给全国树立民主政治的光辉榜样。”（《解放日报》1941年6月16日）

社論

歡迎科學藝術人才

隨着抗戰以來文化中心城市的相繼失去，以及國內政治倒退逆流的高漲，大後方的文化陣地已顯得一片荒涼，祇有延安不但在政治上而且在文化上作中流砥柱，成爲全國文化的活躍的心臟。

延安的古城上高竪起了嶄新的光芒四射的新民主主義文化的旗幟，在這個旗幟下聚集了不少優秀的科學藝術人才，從事着啓蒙的研究的和實際建設的工作。建立新民主主義文化已成了全國進步文化工作者共同努力的目標，而只有在抗日民主根據地的邊區，特別是延安，他們才瞧見了他們的心靈自由大膽活動的最有利的場所。

這就是爲甚麼他們在延安身上看見了生機，一個民族的生機，寄託了完全的信賴和希望，這就是爲甚麼他們到延安來，彷彿回到自己的故鄉，家庭。

最近邊區中央局所頒佈的施政綱領內明確規定了提倡科學知識與文藝運動，歡迎科學藝術人才，這無疑地對今後新民主主義文化事業將有更大的推進，將會招致更多的科學藝術人才來到邊區，將更提高邊區的以致全中國的科學藝術的水準。

在延安，不拘一切客觀條件的困難與限制，各種文化活動在蓬蓬勃勃地發展。科學和藝術受到了應有的尊重。在抗日的共同原……作的自由獲得了充分保障。藝術的想像，與乎科學的設計……一個可在其中任意馳騁的世界。任何細小的創造與發明，……鼓勵。自然，物質上的生活是較清苦的，然而大家精神上……有一個共同的基本認識支配着大家：每個人都知道自己是……，爲着甚麼目的。這裏不提倡「與抗戰無關」的作品創造……一個領袖」服務的精神，一切都服從戰爭，服從大衆。這……以能夠繁榮的真實原因。

科學和藝術，只有與現實鬥爭的實踐任務相結合，才……要建設邊區，提高邊區，沒有科學藝術的幫助，也是不可……的社會的種種條件，邊區曾經是、現在也仍然是一個文化……不錯，四年以來，我們曾做了不少啓蒙的工作，藝術大衆……戲，改造各種民間藝術形式等等）與科學大衆化的工作，……成績。民衆娛樂已逐漸改進，民衆的欣賞趣味與水平已經……隨着落後散漫的小農經濟而來的人民的落後意識，迷信……慢地被新的意識、觀念、和知識所代替。然而進步還不夠……進行更廣泛更深入的啓蒙工作。我們期待着有更多的願……藝術人材來共同擔負這個工作。

在邊區的經濟建設上，技術科學，尤其是一個決定的……良農牧，造林，修水利，開礦，工廠管理，商業合作，……識技能，必需受科學的指導。單憑老法已經不行了，必……然科學急有着最廣大的活動地盤。

《解放日报》刊登社论《欢迎科学艺术人才》

17日，《解放日报》登载了周扬的《文学与生活漫谈》（之一）。

20日，中共中央宣传部在《关于党的宣传鼓动工作提纲》中指出：“在现代无线电事业发展的情形下，以及在中国交通工具困难的情形下，发展通讯社的事业，无线电广播事业，是非常重要的。应当在党的统一的宣传

画照：解放区的群众进行民主选举

政策之下，改进现有通讯社及广播事业的工作。”

23日，苏德战争爆发后，中共中央召开会议，通过了毛泽东起草的党内指示《关于反法西斯国际统一战线决定》。（《解放日报》1941年7月3日）

本月，绥德版《新诗歌》创刊，毛泽东题写刊名，由新诗歌会绥德分会主办，高敏夫主编。1942年1月终刊，共出6期。

本月，张荫麟著《中国史纲》（上册），重庆青年书店出版。

本月，中共中央北方局、八路军野战政治部指示：要宣传“我党领袖毛泽东同志发展了马列主义的关于中国革命的各项学说和主张”。

本月，叶蠖生的《在青铜时代的埃及社会》在《中国文化》1941年6月第3卷第1期发表。

上半年，八路军总政部敌工部日本问题研究会的机关刊物《敌国汇报》停刊。

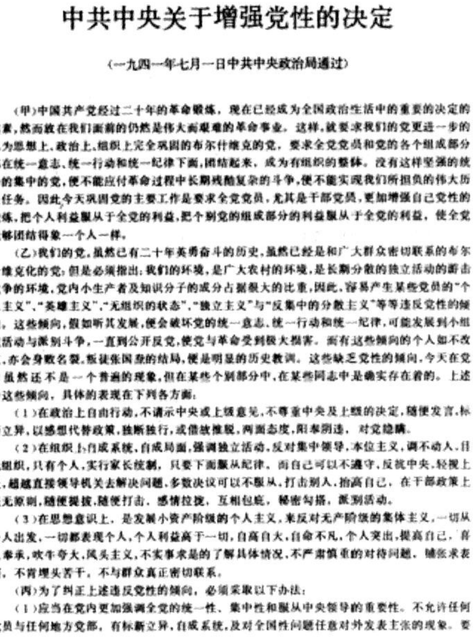

中共中央关于增强党性的决定

（一九四一年七月一日中共中央政治局通过）

（甲）中国共产党经过二十年的革命锻炼，现在已经成为全国政治生活中的重要的决定的因素，然而放在我们面前的仍然是伟大而艰难的革命事业。这样，就要求我们的党更进一步的成为思想上、政治上、组织上完全巩固的布尔什维克的党，要求全党党员和党的各个组成部分都在统一意志、统一行动和统一纪律下面，团结起来，成为有组织的整体。没有这样坚强的统一的集中的党，便不能应付革命过程中长期残酷复杂的斗争，便不能实现我们所担负的伟大历史任务。因此今天巩固党的主要工作是要求全党党员，尤其是干部党员，更加增强自己党性的锻炼，把个人利益服从于全党的利益，把个别党的组成部分的利益服从于全党的利益，使全党能够团结得象一个人一样。

（乙）我们的党，虽然已有二十年英勇奋斗的历史，虽然已经是和广大群众密切联系的布尔什维克化的党；但是必须指出：我们的环境，是广大农村的环境，是长期分散的独立活动的游击战争的环境，党内小生产者及知识分子的成分占据很大的比重，因此，容易产生某些党员的"个人主义"、"英雄主义"、"无组织的状态"、"独立主义"与"反集中的分散主义"等等违反党性的倾向。这些倾向，假如听其发展，便会破坏党的统一意志、统一行动和统一纪律，可能发展到小组织活动与派别斗争，一直到公开反党，使党与革命受到极大损害。而有这些倾向的个人如不改正，亦会身败名裂，叛徒张国焘的结局，便是明显的历史教训。这些缺乏党性的倾向，今天在党内虽然还不是一个普遍的现象，但在某些个别部分中，在某些同志中是确实存在着的。上述的这些倾向，具体的表现在下列各方面：

（1）在政治上自由行动，不请示中央或上级意见，不尊重中央及上级的决定，随便发言，标新立异，以感想代替政策，独断独行，或借故推脱，两面态度，阳奉阴违，对党隐瞒。

（2）在组织上自成系统，自成局面，强调独立活动，反对集中领导，本位主义，调不动人，目无组织，只有个人，实行家长统制，只要下面服从纪律，而自己可以不遵守，反抗中央，轻视上级，越级直接领导机关去解决问题，多数决议可以不服从，打击别人，抬高自己，在干部政策上毫无原则，随便提拔，随便打击，感情拉拢，互相包庇，秘密勾搭，派别活动。

（3）在思想意识上，是发展小资产阶级的个人主义，来反对无产阶级的集体主义，一切从个人出发，一切都表现个人，个人利益高于一切，自高自大，自命不凡，个人突出，提高自己，育人奉承，吹牛夸大，风头主义，不实事求是的了解具体情况，不严肃慎重的对待问题，铺张求表面，不肯埋头苦干，不与群众真正密切联系。

（丙）为了纠正上述违反党性的倾向，必须采取以下办法：

（1）应当在党内更加强调全党的统一性、集中性和服从中央领导的重要性。不允许任何党员与任何地方党部，有标新立异，自成系统，及对全国性问题任意对外发表主张的现象。要

《中共中央关于增强党性的决定》

7月

1日，《解放日报》发表题为《纪念中国共产党二十周年》的社论，同时发表朱德的《中国共产党与军事战争》、林伯渠的《中国共产党与政权》、吴玉章的《我和中国共产党》等纪念文章。（《解放日报》1941年7月1日）

1日，中共中央发布《关于增强党性的决定》。决定指出：“今天巩固党的主要工作是要全党党员，尤其是干部党员，更加增强自己的党性锻炼，把个人利益服从于全党的利益，把个别党的组成部分的利益服从于全党的利益，使全党能够团结得像一个人一样。”决定指出了存在于党内的各种违反党性的错误倾向，并提出了克服这些错误倾向的切实办法。此决定为延安整风学习文件之一。

4日，中共中央宣传部发布《关于各抗日根据地报纸杂志的指示》。

指示对各地应办报纸、杂志之种类，数量及刊载内容等诸方面作了具体规定。

5 日，《解放日报》登载艾青的新诗歌《希特勒》。

7 日，中共中央发表《为抗战四周年纪念宣言》，提出了我党外交内政的政策主张，号召全国团结起来，争取抗战的胜利。

16 日，《解放日报》登载柯仲平的新诗歌《人类宣告——为消灭野兽法西斯而战》。

《西北儿童》

20 日，《解放日报》发表题为《加强青年救国会的工作》的社论，号召广大青年，广泛开展根据地的青年运动，为抗战胜利而努力奋斗。（《解放日报》1941 年 7 月 20 日）

本月，延安中央研究院成立。领导人有李维汉、柯柏年等，院务委员会成员有李言、温济泽、董纯才、陈光晖、陈道、蔡天心、丁玲、张健等。（《解放日报》1941 年 7 月 6 日）

本月，《西北儿童》创刊。

本月，叶蠖生的《对于学习中国历史的几点意见》在《解放》1941 年第 133 期发表。

本月，鲁西边区与冀鲁豫边区合并为冀鲁豫边区时，《鲁西妇女》改名为《冀鲁豫妇女》，由合并后的边区妇救总会宣传部主办。负责人为冀鲁豫边区妇救总会宣传部部长路克里。

8月

1日，中共中央作出《关于调查研究的决定》。决定指出领导机关的基本任务就在于了解情况和掌握政策，而系统的周密的社会调查，是决定政策的基础。决定指出了调查研究的基本任务，规定了调查研究的基本方法。对于全党学习和运用马克思列宁主义、转变党的作风是一个重大的推动。该决定是延安整风运动中的重要学习文件。同时，在中央下设中央调查研究局，内设调查局、政治研究室、党务研究室三个部门。

2日，陕甘宁边区自然科学研究会第一届年会在延安举行。《解放日报》为此发表《祝陕甘宁边区自然科学研究会第一届年会》的社论。

3日，全国文艺界抗敌协会延安文抗分会第五届会员大会召开，大会号召广大文艺工作者努力克服困难，使我们的文艺运动更进一步。《解放日报》为此发表社论《努力开展文艺运动》。

13日，陕甘宁边区政府出版《三年工作报告书》，对边区过去工作成绩、

陕甘宁边区政府旧址

经验教训以及今后施政方针等都作了详述，它是中国民主政治史上之重要文献。决定在第二届参议会举行选举时，发给人民，接受广大群众及各方面人士的检阅与批评。（《解放日报》1941 年 8 月 13 日）

20 日，根据组织安排，中共党员姜椿芳在苏联塔斯社上海分社的帮助下，创办了《时代》周刊，前后共出版 359 期。

20 日，《中国文化》第 3 卷第 2、3 期合刊发表了艾思奇的《抗战以来的几种重要哲学思想述评》、和培元的《论新哲学的特性与新哲学的中国化》、叶蠖生的《抗战以来的历史学》。

本月，中央研究院俄国研究室主任师哲撰写的《怎样写历史》在《解放》1941 年 8 月第 134 期发表。

本月，《解放》《共产党人》《中国文化》等杂志停刊。

本月，为了贯彻调查研究精神，加强对中国现状和历史之研究，马列研究院改名为中央研究院，设九个研究室。中国政治研究室，张如心为主任；中国经济研究室，王思华为主任；中国文化思想研究室，艾思奇为主任；中国教育研究室，李维汉为主任。分为抗日根据地教育研究小组，国民党统治区教育研究小组，敌伪教育研究小组三个小组进行工作。中国文艺研究室，欧阳山为主任；中国新闻研究室，李维汉兼主任；中国历史研究室，范文澜兼主任。分为近代史组、农民土地组和民族组三个组进行研究。国际问题研究室，柯柏年为主任；俄文研究室，师哲为主任。各研究室根据毛泽东《改造我们的学习》的精神，有计划地进行研究工作，每个研究课题有分工，有讨论，有总结。

本月，战地社编辑的西北战地服务团四周年纪念丛刊《诗建设诗选》出版。

9月

1日，《解放日报》发表于光远的《日全蚀在科学上的意义》。

2日，《解放日报》发表题为《反对学习中的教条主义》的社论，以纪念毛泽东在中国共产党六届六中全会上所作报告三周年。（《解放日报》1941年9月2日）

3日，范文澜的《古今中外法浅释》在《解放日报》发表。

6日，《解放日报》发表题为《加强党性的锻炼》的社论，指出党内在党性方面存在的问题，号召全体共产党员反对主观主义、形式主义作风，加强统一性和集中性。（《解放日报》1941年9月6日）

社論
加強黨性的鍛鍊
準備予納粹以打擊

1941年9月6日，延安《解放日报》发表的社论《加强党性的锻炼》

7日，延安各界青年纪念国际青年节。西北青救会、陕甘宁边区青救会、延安市青年联合会代表在八路军礼堂集会。冯文彬、大山（日本）为大会主席，博古作国际形势报告。会议通过了《告世界青年书》。《解放日报》发表社论《国际反法西斯的青年团结起来》。（《解放日报》1941年9月7日）

10日，中央政治局在延安召开扩大会议，讨论党的历史上特别是土地革命战争时期的路线问题，批判主观主义和宗派主义。毛泽东在会上作题为《反对主观主义和宗派主义》的讲话。毛泽东还宣读了王稼祥所拟就的从四中全会至遵义会议这段历史的16个研究题目，包括四中全会的历史估价，主观主义与中国革命的理论问题，主观主义与政治策略路线、军事路线、组织路线问题，主观主义在各个地区及各个方面工作的表现，以及遵义会议后主观主义的遗毒等问题。

10日，毛泽东在政治局整风会议上倡议：应组织全党干部学习和研究马恩列斯的思想方法论，首先从政治局做起。中央研究小组除研究马克思主义的思想方法论，还要研究六大以来的中央决议文件。

11日，《解放日报》文艺栏召开延安作家、艺术家座谈会，讨论报纸文艺副刊编刊问题，50位作家出席。

13日，《解放日报》就边区选举运动胜利结束发表社论《乡市选举运动的胜利》。（《解放日报》1941年9月13日）

《共产党人》杂志社编委委员李维汉

14日，《解放日报》刊登了高克林所写的《鲁忠才长征记》调查报告和毛泽东所写的按语。毛泽东希望用简洁文字反映实际情况，反对夸夸其谈的党八股。该文在延安引起了很大的反响。

16日，《解放日报》《文艺》副刊创刊，丁玲任《文艺》副刊主编。出刊100期；后由舒群接编11期后停刊。

21日，《解放日报》登载麦播的新诗歌《打扫战场》。

本月，延安中央研究院成立新闻研究室。李维汉兼任主任。

本月，范文澜主编的《中国通史简编》上册（上古至五代十国部分）由延安新华书店出版发行。

本月，《文艺生活》创刊。

本月，中央政治局会议上，提出改造党的机关报《解放日报》，决定将报纸两版改为四版，增加反对主观主义和宗派主义的宣传教育内容，强调报纸自身要注意反对党八股，使之担负起宣传者、组织者的历史作用。经过讨论，中央规定了党报的党性原则和办报方针。

10月

本月，党中央机关报《解放日报》特辟副刊《科学园地》。徐特立在《祝〈科学园地〉的诞生》一文中，指出：“科学！你是国力的灵魂；同时又是社会发展的标志。所以前进的政党必然把握着前进的科学。”李富春也在《科学园地》上发表文章，提出了边区自然科学的工作方法与发展方向，他“希望大家把自然科学运用到边区生产实践中去”。

科學園地

種菜法

《解放日报》副刊《科学园地》

11月

月初，延安诗歌总会会刊《诗刊》创刊，诗刊社编辑，艾青主编。1942年5月终刊，共出6期。

1日，鲁艺文学刊物《草叶》创刊，编委有周立波、何其芳、陈荒煤、严文井。共出6期，1942年9月终刊。

7日，《解放日报》登载萧三的新诗歌《反法西斯蒂》。

15日，延安文抗会刊《谷雨》创刊，延安文抗编辑，舒群、丁玲、艾青、萧军、何其芳等编委会成员轮流主编。1942年8月停刊，共出6期。

16日，延安文化界集会庆祝郭沫若五十寿辰，报刊载文多篇。同日，周恩来在重庆《新华日报》上为郭沫若50生辰、创作生活25周年发表重要文章《我要说的话》。

28日，《解放日报》发表江泽民、徐文杰《经济建设与科学研究》。

本月，《六大以来》中国共产党的历史文件集正式出版。本书由毛泽东主持编辑，是整风运动准备阶段高级干部学习的主要文件。

12月

3日，延安新华广播电台正式开办以侵华日军为主要对象的日语广播。

4日，《解放日报》登载艾青的新诗歌《敬礼啊——苏维埃联邦》。

6日，文化俱乐部成立摄影小组。

13日，金灿然的《〈中国通史简编〉是怎样写成的》在《解放日报》发表。

18日，《解放日报》登载朱子奇的新诗歌《我底心倾向莫斯科》。

24日，延安举行各文艺刊物编排联席会议，交流经验，建立联系。

本月，向仲华调离新华社，由《解放日报》社长博古兼任新华社社长，吴文焘任副社长。

本月，《部队文艺》创刊，公木任主编。

《六大以来》（1983年版）

月底，《六大以来——党内秘密文件》（上、下册）正式出版。此书由中共中央书

《回回民族问题》（1980年版）

记处着手编纂，毛泽东主持编辑，王首道和胡乔木协助编辑。

本年，延安鲁迅研究会编辑的专刊《鲁迅研究丛刊》编辑出版，一共编了两辑。第一辑刊登了研究鲁迅的文章9篇。第二辑名为《阿Q论集》，虽然打好了纸型但未出版。第一辑于1947年9月在哈尔滨又重印一次，萧军为它写了《前记》。

本年，民族问题研究会编《回回民族问题》在延安出版，该书以马克思主义民族观点考察回族与伊斯兰教问题。

1942 年

1月

1 月初，王唯真从《解放日报》社调新华社翻译科。

11 日，《解放日报》刊登《八路军留守兵团主办部队文艺创作奖金条例》。

13 日，《解放日报》发表社论《教育上的革命》，指出 1941 年 12 月通过的《关于延安干部学校的决定》的伟大意义在于：“这是反对主观主义的精神在学校教育上的具体运用，这是培养干部工作中的新纪元，这是中国教育上的一个革命。”

14 日，《解放日报》发表题为《提高边区国民教育》的社论，强调提高边区教育质量问题。指出提高边区教育质量要采取两种办法。一是由政府全力兴办和整顿真正合格的小学，在设备、师资、教材方面给予充分保证；二是提倡私人、社会或社团设立学校，“广泛吸引一切力量到文化教育战线上来”。（《解放日报》1942 年 1 月 14 日）

15 日，《解放日报》登载白原的新诗歌《中国，我呼唤你》。

16 日，中央出版局为使出版工作更加有组织性，借以提高生产效能，特出版《中央出版局出版条例》。

24 日，中央政治局召开会议，毛泽东提出社论、新闻、广播三者应并重，提出题目分配给中央同志写文章，报社要组织写文章的工作。报纸第三版、第四版要贯彻党的政策，要组织自己的新闻，在新闻中表现党的路线。

28 日，中共中央政治局通过《中央关于抗日根据地政策的决定》。决定指出，为了团结全国抗日力量，彻底战胜日本帝国主义，除了军事上、政治上加以改革以外，只有采取合理的土地政策，取得农民群众的赞助，才能达到目的。这一土地政策的基本精神就是首先把广大农民群众发动起来。决定将没收地主土地分给无地和少地农民的政策改变为实行减租减息的政策。并规定地主应减租减息，农民应交租交息，政府应满足农民与地主双方的合理要求，保障双方的人权、政权、地权和财权。（《解放日报》1942年2月6日）

本月，徐特立的《我们怎样学习》在华北书店编辑的《学习月报》第1期发表。

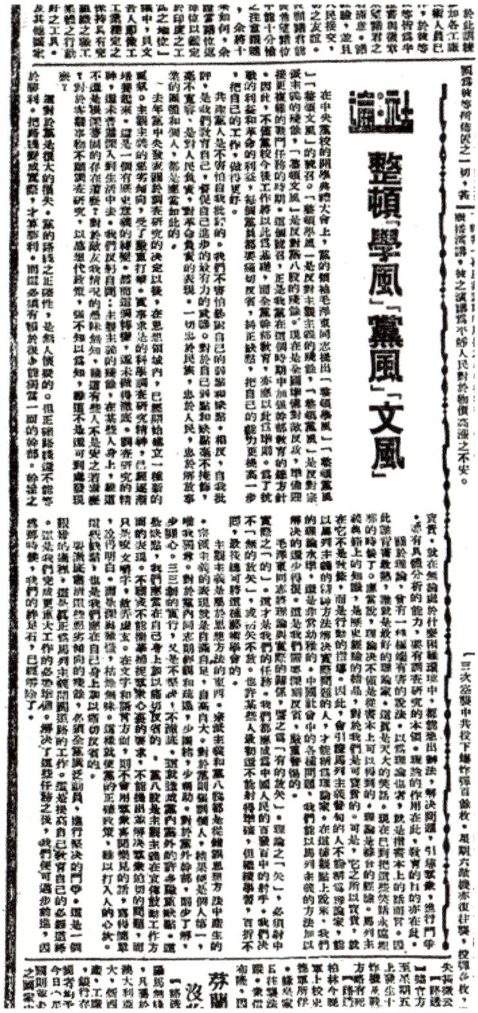
社論
整頓「學風」「黨風」「文風」

1942年2月2日，《解放日报》发表社论《整顿“学风”“党风”“文风”》

2月

2日，《解放日报》发表社论《整顿“学风”“党风”“文风”》。

5日，《解放日报》发表题为《加强地方在职干部教育》的社论。陕甘宁边区政府机关成立学习委员会，林伯渠任主任，李鼎铭、柳湜、周兴、周文为委员。（《解放日报》1942年2月5日）

8日，在中共中央宣传部和中央出版局召开的宣传工作会议上，毛泽东又作了《反对党八股》的报告，标志着伟大的延安整风运动正式开始。

10日，新华社发表消息称："毛泽东在中央宣传部与中央出版局召集的宣传工作会议上发表演说，要求全党对主观主义宗派主义与党八股的最后残余施以挞伐。"

11日，中央政治局会议上，毛泽东同志指出报纸要以自己国家的事为中心，这正是表现一种党性。中央政治局同意了毛泽东的意见，决定委托博古根据会议意见，拟出改革方案，提交中央讨论。

11日，《解放日报》发表社论《宣布党八股的死刑》。

12日，西北局发布《关于目前党内宣传教育工作给各级宣传部门指示》，指出贯彻中共中央关于反对主观主义、宗派主义和党八股这一思想，是目前宣传工作的中心任务。

13日，《解放日报》发表社论《开展宣传工作上的新阵容》，要求以"活的，生动的，与实际运动相联系的"作风，"掌握党的政策，与党的整个工作相配合，在各方面坚持贯彻党的路线"，目前主要任务，就是"贯彻遵义会议以来党的正确路线，纠正主观主义宗派主义党八股的错误"。

15日，《解放日报》发表《提高干部的文化水平》的社论。

15日，《解放日报》登载江丰的《关于"讽刺画展"》、黄钢《讽刺画展给了我们什么》。

15日，鲁艺文学部编的《世界文学名著选》出版。

17日，中央书记处办公厅发出《中共中央办公厅关于党务广播问题的通知》

17、18日，张如心在延安《解放日报》上发表《学习和掌握毛泽东同志的理论和策略》。该文批判国民党统治区御用文人叶青在重庆《抗战与文化》杂志上的撰文，指出"毛泽东主义决不是农民主义、洪秀全主义，它是20世纪的中国无产阶级的理论和策略，是中国民族解放社会解放的科学武器”。

18日，《大众读物社》正式改刊为《边区群众报》，谢觉哉任社长，胡绩伟任主编。

谢觉哉同志在延安

3月

9日，丁玲的《“三八节”有感》在《解放日报》发表。丁玲对延安的一些状况提出批评，引起“歌颂光明”与“暴露黑暗”的争论。

10日，《解放日报》发表题为《业务教育和政治教育》的社论。社论指出我们的干部必须兼备学有专长、精通业务和高瞻远瞩、通达政治两种品质。（《解放日报》1942年3月10日）

11日，中央政治局会议，讨论博古提出的改造《解放日报》的方案。毛泽东提出必须首先改造党报，报纸必须地方化，要反映地方情形，党报要反映群众，执行党的方针政策。

12日，《解放日报》登载罗烽的《还是杂文的时代》。罗烽提出“还是鲁迅时代，还需要杂文”的观点。

13日，王实味的《野百合花》在《解放日报》发表后，受到严厉批判。

16日，中共中央宣传部发出《为改造党报的通知》。通知要求各地党委根据毛泽东关于整顿党风的号召，认真做好检查与改造党报的工作。

16日，《解放日报》发表《为什么在职干部教育摆在第一位？》社论，对“干部教育第一”的政策作了详细的阐明。

西北局旧址

17日，西北局召开宣传会议，检查《解放日报》边区栏和《边区群众报》问题。西北局宣传部长李卓然在讲话中论述了报纸的作用与任务问题。丁浩川和胡绩伟在会上就《解放日报》改版及《边区群众报》改版的情况作了说明。

21日，毛泽东在改进《解放日报》座谈会上以及参观了中央研究院墙报《矢与的》后，针对王实味等人的错误观点，指出：在整风运动中有些人站在不正确的立场谈话，这是绝对平均观念和冷刺热讽。指出：批评应该是严肃的、尖锐的，但又应该是诚恳的、与人为善的，只有采取这种态度，才会对团结有利。

22日，《解放日报》刊登《延安鲁迅研究会〈研究丛刊〉第二辑征文启事》。

25日，《解放日报》登载《把文化工作推进一步》的社论。

25 日，《八路军军政杂志》停办，共出版 4 卷 39 期。

27 日，《解放日报》全文发表毛泽东《改造我们的学习》的报告。

31 日，中央办公厅在杨家岭召集《解放日报》改版座谈会，到会者约 70 余人。毛泽东指出整顿三风要利用报纸，并提出了反对“小资产阶级的空想社会主义思想”和两种批评态度问题。

本月，延安解放社出版《列宁选集》第 11 卷上册（吴亮平译）、第 17 卷（何锡麟译）。

本月，八路军总政治部编的《前线画报》至 32 期后停刊。

4 月

1 日，《解放日报》发表由博古执笔，经过毛泽东等人修改后的《致读者》的社论。宣布即日起，报纸版面进行改革，使之“成为真正战斗的党的机关报”。

1 日，《解放日报》第二版《党的生活》专栏以《怎样办党报》为题刊登了中共中央宣传部关于改造党报的通知，同时刊发《列宁论党报》《联共党史与真理报》《联共八次大会关于报纸的决议》三篇文章。

1 日，《解放日报》文艺栏停刊。

1 日，《民族音乐》创刊，由《歌曲半月刊》改刊而来，共出 8 期，1942 年 11 月终刊。

3 日，中共中央宣传部发出《关于在延安讨论中央决定及毛泽东同志整顿三风报告的决定》，对整风运动的目的、要求、方法和步骤作出明确具体的规定。同时规定了干部学习的十八个文件（后发展为 22 个）：（1）毛泽东二月一日在党校的报告；（2）毛泽东二月八日在延安干部会上的报告；（3）康生两次报告；（4）中央关于增强党性决定；（5）中央关于调查研究决定；（6）中央关于延安干部学校决定；（7）中央关于在职干部教育决定；（8）毛泽东在边区参议会的演说；（9）毛泽东关于

整风学习的 22 个文件

改造我们的学习的报告；（10）毛泽东论反对自由主义；（11）毛泽东农村调查序言；（12）联共党史结束语六条；（13）斯大林论党的布尔什维克化十二条；（14）刘少奇《论共产党员的修养》第二章第二节至第五节；（15）陈云的《怎样做一个共产党员》；（16）红四军九次代表大会论党内不正确倾向；（17）宣传指南手册；（18）中央宣传部关于在延安讨论中央决定及毛泽东同志整顿三风报告的决定。（《解放日报》1942 年 4 月 7 日）

8 日，萧军在《解放日报》发表《论同志之“爱”与“耐”》。

10 日，为整顿三风，《解放日报》发表了《反对党内几种不正确的倾向》（即《关于纠正党内的错误思想》）《反对自由主义》《农村调查》序。

13 日，《解放日报》发表刘少奇的《论共产党员的修养》一文。这个文件对整风运动和党的建设起了极为重要的作用，是对马列建党学说的一个重要贡献。（1939 年 8 月 7 日在马列学院的演讲，首先发表于《解放》杂志第 82、83、84 期）。

15 日，中央书记处发出《关于统一延安出版工作的通知》。

16 日，中共中央宣传部就整风问题发出通知。一是增加四个学习文件，作为在延安讨论整顿三风的材料的第 19 至 22 件。这四个文件是:《斯大林论领导与检查》《列宁斯大林论党的纪律与党的民主》《斯大林论平均主义》《季米特洛夫论干部政策与干部教育政策》。二是规定了学习整风文件的时间。（《解放日报》1942 年 4 月 18 日）

22 日，《马恩列斯思想方法论》一书在延安出版。

24 日，《解放日报》发表《省吃节用，渡过难关》的社论，指出：处在物资来源日益困难，人民负担正感沉重的今天，省吃节用，厉行节约，是渡过难关的一个重要步骤。

27 日，《解放日报》发表毛泽东《整顿党的作风》的报告全文。

解放日報

整頓學風黨風文風

毛澤東

1942 年 4 月 27 日，《解放日报》发表毛泽东的报告《整顿学风党风文风》

28日，《新华日报》华北版社长兼总编辑何云在日军对太行山的大扫荡斗争中牺牲。何云牺牲后，刘伯承沉痛地说：“实在可惜啊！一武（指左权）一文（指何云），两员大将，为国捐躯了！”

本月下旬，中央书记处工作会议同意了毛泽东的提议，在《解放日报》第四版创办《学习》副刊。每三日出刊一次，陆定一为编委会主任。

5月

5日，《解放日报》发表题为《一定要学习二十二个文件》的社论，指出中央规定的整风文件，应引起各级党组织的高度重视。社论指出了进一步改进学习的步骤和方法。（《解放日报》1942年5月5日）

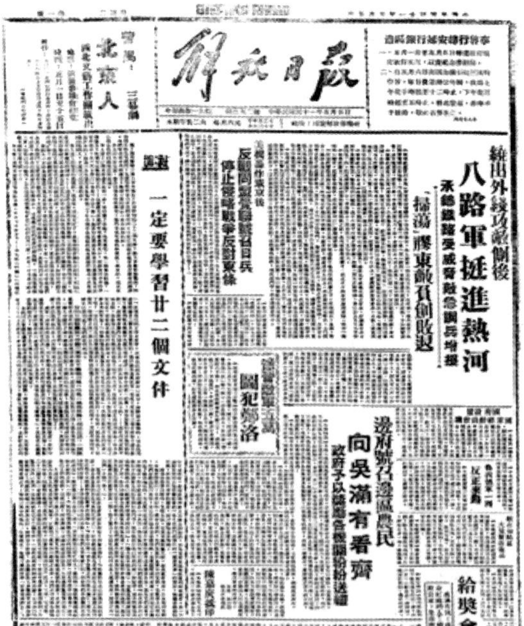
解放日報

北京人

社論

一定要學習廿二個文件

八路軍挺進熱河

「掃蕩」膠東敵負創敗退

向吳滿有看齊

給獎會上

1942年5月5日，《解放日报》发表《一定要学习二十二个文件》的社论

13日，时任中共中央宣传部代部长凯丰在《解放日报》上发表《整顿三风是党在思想上的革命》的社论。

13日，《学习》副刊创办，发表了一些同志学习文件的笔记和自我反省的材料，表现了自我批评的整风精神。

14日，《解放日报》发表萧军的《对于当前文艺诸问题的我见》。

15日，《解放日报》发表艾青的《我对于目前文艺上几个问题的意见》。

19日，《解放日报》发表与王实味商榷的文章《从〈政治家、艺术家〉说到文艺》。

21日，边区文委举行第二次例会，决定出版《边区文化》《边区戏剧》。

26日，金灿然在《解放日报》发表《读实味同志的〈政治家、艺术家〉后》，文章详细摘录原文，逐段批判。

28日，西北局在延安召开第二次边区宣传会议。各分区党委、县委宣传部部长以及党报编辑委员会主任参加会议。会议根据党中央关于整顿三风的精神，总结了过去的宣传工作，具体讨论了贯彻中央宣传教育工作会议精神的任务问题。

29日，解放日报社、新华社编委会举行第八次会议，专门讨论新华社的工作。

31日，《解放日报》发出了“征稿启事”，欢迎反映边区生活、反映战争的3000字以内的稿件。同时，《解放日报》开始刊登马列论文艺片段。同日，《解放日报》发表刘白羽对文艺问题的意见。

6月

8日，边区总学习委员会编刊的《学习导报》编整付印，创刊号约一万余字，内有陈正人、李卓然、杨清等人的文章。

10日，延安《解放日报》发表社论《宣传唯物论》。

18日，《解放日报》全文发表毛泽东二月八日的演说《反对党八股》。

本月，中国科学公司出版邓初民的《中国社会史教程》。

7月

1日，朱德在延安《解放日报》上发表《纪念党的二十一周年》文章，提出我们党已经“在中国革命的实践中创造了指导中国革命的中国化的马列主义的理论”，号召全党反对主观主义、宗派主义、党八股。陈毅在《盐阜报》发表《伟大的二十一年》，论述了党运用马克思主义解决中国革命问题的新创造，指出毛泽东在革命实践中创立了“正确的思想体系”。

紀念黨的二十一週年

朱德

1942年7月1日，《解放日报》发表朱德的文章《纪念党的二十一周年》

1日，为纪念中国共产党成立21周年，《晋察冀日报》总编辑邓拓代表“晋察冀边区”党委在《晋察冀日报》发表社论《纪念七一全党学习和掌握毛泽东主义》。社论写道：“中国共产党在21年的斗争中已经把马列主义民族化了、中国化了。马列主义的中国化就是毛泽东主义。毛泽东主义是中国共产党领导中国革命的理论与策略的统一完整的体系，是创造性的马列主义的新的发展”。

7日，《解放日报》发表《中共中央为纪念抗战五周年宣言》，提出争取时间，克服困难，以达抗战最后胜利，实现各党派一致意见，团结抗日、团结建国两大目标。同时发表《中共中央告抗日根据地全体党员和八路军、新四军将士书》，号召加强根据地内部团结、人民的团结、与友党友军的团结、新老党员团结，共同克服困难，争取抗战胜利。

11 日，延安社会科学工作者金灿然在《解放日报》撰文《“屈原”为什么“成问题”》，批判潘公展的《屈原》“成问题”谬论。

18 日，《解放日报》发表社论《把我们的报纸办的更好些》。

19 日,《解放日报》文艺栏召集作家座谈,号召写报告文学,反映现实。

24 日，《解放日报》登载程海洲的文章：《我们战斗了五年——中央印刷厂成立五周年》（《解放日报》1942.7.24）

《解放日报》第一任社长、兼新华社社长博古（秦邦宪）

31 日,博古在《解放日报》、新华总社编委会会议上作出《反对党八股，建设新文风》的发言。

本月，延安解放社出版马克思的《法兰西阶级斗争》，柯柏年译。

本月，延安解放社出版《列宁选集》第 6 卷。

本月，《解放日报》有几篇社论有错误，毛泽东读后，向《解放日报》提出意见，指出“报纸不能有独立性，自由主义在报社内不能存在”。

本月，毛泽东出席中央政治局会议，在讨论出版问题时，毛泽东说：“有富裕的排印时间，可印《鲁迅全集》《海上述林》，小说，吕振羽的《中国政治思想史》。”

8月

4日，《解放日报》发表社论《报纸和新的文风》，要求写稿人“从群众的生活中”“发掘材料”，“建立新鲜活泼有趣的文风”。

13日，《解放日报》报道：延安华北书店自1941年8月13日成立一年来，出版了《高尔基论文集》《高尔基小说选》《铁流》《巴尔扎克小说选》《戏剧艺术引论》《列宁在一九一八》《季米特洛夫传》《在北极》等。

15日，博古在《解放日报》编委会上宣布，由陆定一接替杨松，参加编委会。杨松原为《解放日报》总编辑，为党的新闻事业勤奋工作，当时因积劳成疾已离开工作岗位。1942年11月，杨松不幸病逝。

17日，延安《解放日报》发表社论《学与用的统一》。

23日，王思华的《二十年我的教条主义》在《解放日报》发表。

25日，《解放日报》发表社论《展开通讯员工作》。

31日，被英国政府查封的英共机关报《工人日报》定于9月7日在伦敦复刊。毛泽东致电祝贺：“我们热烈祝贺工人日报的启封，并坚信复刊后的工人日报将继续是动员英国一切力量，战胜纳粹主义的号角。工人日报的复刊，不仅是英国政治生活中的重大事件，而且也是在世界范围内击败法西斯主义的有力因素。我们祝贺你们的成功和日益接近的反法西斯事业的最后胜利。”（《解放日报》1942年8月31日）

本月，延安文抗会刊《谷雨》停刊，共出6期。

本月，《前卫报》成为鲁中军区机关报。

9月

2日，《解放日报》发表题为《祝九月运动大会》的社论。

3日，范文澜在《解放日报》上发表《古今中外法浅释》。

7日，《解放日报》发表毛泽东代写的社论《一个极其重要的政策》。社论指出，今后克服抗战中愈来愈厉害的物质困难的重要办法就是实行精兵简政的政策。（《解放日报》1942年9月7日）

社論

一個極其重要的政策

1942年9月7日，《解放日报》发表的社论《一个极其重要的政策》

9日，西北局通过了《关于〈解放日报〉工作问题的决定》。《决定》规定西北局加强对《解放日报》的领导，定期讨论《解放日报》关于边区的宣传和吸收报纸负责人参加西北局的会议。同时，也规定各级党组织对《解放日报》的责任，分区党委和县委宣传部部长担任报纸的通讯员和组织本地区通讯网等。

9日，《解放日报》登载了周扬关于鲁艺学风总结报告的理论部分《艺术教育的改造问题》。

11日，《整风文献》由陕甘宁边区新华书店出版发行。

11日，陕甘宁边区总工会发出关于开展赵占魁运动的通知。

11日，《解放日报》发表社论《向模范工人赵占魁学习》。希望全边区涌现出千万个像赵占魁一样的模范工人。

模范工人赵占魁

15日，毛泽东致凯丰信，其中说："今日与博古同志谈了半天，报馆工作有进步，可以希望由不完全的党报变成完全的党报，他向二百余人作了报告，影响很好（据舒群说），报馆人员在讨论改进中。谈到各部门利用报纸做工作的事，我想还要讨论一次，以促中央各部门同志的注意。"

22日，《解放日报》发表社论《党与党报》提出，要使报纸成为集体的宣传者和集体的组织者，报纸工作人员必须"一切要依照党的意志办事"，"必须动员全党来参加报纸工作""动员全党来办报"。

27日，艾青《开展街头诗运动——为〈街头诗〉创刊而写》在《解放日报》发表，掀起了一个街头诗歌运动，专门刊登街头诗的刊物《街头诗》也应运而生。在这一运动中，产生了《万丈高楼从地起》《十绣金匾》《咱们的领袖毛泽东》《共产党好比红太阳》《十二月唱革命》《送哥哥出征》等一批表现新时代的带有民族风格和新气魄的诗歌。

本月，中央宣布中央机关报《解放日报》同时也是中央西北局机关报。

本月，新四军司令部主办的《军事建设》杂志创刊，陈毅题写刊名。32开本，铅印。主要刊登关于军事建设的研究以及作战、教育方面的经验教训等。

刘少奇在华中

10月

9日，《解放日报》发表刘少奇《论党内斗争》的文章。编者指出，这是刘少奇1942年3月2日在华中局党校的讲话。为了配合整风，特为发表，请全党同志注意研究。

12日，《解放日报》发表《延安平剧研究院成立特刊》，刊有毛泽东题字："推陈出新！"朱德题字："宣扬中华民族四千余年的历史光荣传统"，林伯渠题词："通过平剧使民族形式与革命精神配合起来"，并发表《致全国平剧界书》。

16日，《解放日报》开辟"创作和思想的道路"专栏，发表对文艺反思和新认识的文章。

18日，鲁艺木刻作品在重庆举办全国木刻展，徐悲鸿观展后撰写《全国木刻展》在《新民报》发表，1943年3月16日《解放日报》转载。

19日，《解放日报》发表社论《纪念鲁迅先生》。

22日，中共中央书记处对各中央局、中央分局下发了指示，指出西北中央局《关于〈解放日报〉工作问题的决定》，"各地亦应仿此办理"。

本月，中共中央书记处出版《六大以前——党的历史材料》。

11月

17日，《解放日报》发表社论《给党报的记者与通讯员》，要求以“对于党的事业的绝对忠诚，对于人民利益的极度尊重，对于工作的非常认真”来“老老实实为党为人民办事”，克服“资产阶级报纸的影响”和“主观主义的作风”，使党报“有完全的党性”。

23日，《解放日报》总编辑杨松（吴绍镒）病逝。25日举行遗体安葬，葬于延安清凉山。毛泽东亲笔题词：“杨松同志办事认真，有责任心，我们应当记得他，学习他。”

1942年杨松在延安

本月，吕振羽著《中国社会史诸问题》，耕耘出版社出版。

12月

1日，由新华社、解放日报社合编的《参考消息》第一号出版。

10日，中共中央宣传部发出《中宣部对各地出版报纸刊物的指示》。

23日，《解放日报》发表社论《克服思想障碍，集中力量于两大任务》。指出一九四三年两大任务是：第一，发展生产，首先是发展农业生产；第二，是增强教育，首先是增强干部教育，而生产是中心之中心。其他工作要服从和围绕这两大任务。

本月，延安解放社出版《列宁选集》第1卷，何锡麟等译。

本月，范文澜领导的中国历史研究会编的《中国通史简编》中册（北宋至鸦片战争前）由延安解放出版社出版发行。

本年，延安时事问题研究会编辑的时事问题研究丛书《第二次欧战前夜的英美法德意》出版。

本年，冀鲁豫地区的《鲁西日报》改为《冀鲁豫日报》。

解放社出版的《列宁选集》第1卷

本年，延安中央研究院创办墙报，取名《矢与的》。

本年，延安大砭沟一些青年知识分子党员主办了大型墙报《轻骑队》。

本年，舒群接替丁玲，任《文艺》副刊主编，毛泽东亲自指导舒群如何办好副刊。《文艺》副刊编辑部人员，也进行了调整。

本年，张闻天领导的编译部编译出版“马恩丛书”有《法兰西阶级斗争》（柯柏年译），由解放社出版。

本年，边区政府组织人力编写了《人权条例通俗读本》，用易懂文字，详加解释《陕甘宁边区保障人权财权条例》，进行法律教育普及化。

本年，许立群编著的《中国史话》在延安出版。

本年，王曼硕给鲁艺美术系编绘教材《艺术解剖学图解》，由鲁迅艺术文学院编印。

本年，何干之出版鲁迅作品研究集《中国人和中国人的镜子》。

1943 年

1月

1 日，《解放日报》发表《新年献词》。指出，在陕甘宁边区这个比较处于后方的抗日民主根据地，发展生产，加强教育将是一九四三年的中心任务，而“发展生产”尤为中心的中心。

1 日，《西北儿童》新年特大号元旦出版。

7 日，《解放日报》发表题为《人尽其才，材尽其用》的社论，指出陕甘宁边区将要进行的第三次精兵简政中，一部分干部要去加强下层工作，或转入生产战线，这是革命的新岗位。要求各级党政机关对干部进行慎重处理，使每个干部各得其所。

11 日，《解放日报》发表题为《开展吴满有运动》的社论。指出，模范农民劳动英雄吴满有，响应政府号召，努力生产，周细计划的精神，值得大家学习，他的方向是今年边区全体农民的方向。

15 日，陕甘宁边区政府发布命令，要求贯彻执行《关于拥护军队的决定》。《解放日报》发表陕甘宁边区政府主席林伯渠的文章《造成拥军热潮增强拥军工作》。(《解放日报》1943 年 1 月 16 日）

社論
開展吳滿有運動

1943 年 1 月 11 日，《解放日报》发表题为《开展吴满有运动》的社论

16日，彭真在《解放日报》发表《工农干部要学文化》。

16日，《解放日报》第四版《学习》副刊停办，共办24期。

26日，《解放日报》副刊《新闻通讯》第二期发表胡乔木的《报纸是教科书》、胡小丁的《地方报纸地方化》、杨永直的《漫谈新闻八股》等文章。

30日，《解放日报》发表李富春的《给延安自然科学会的一封信》。

2月

1日，八路军留守兵团决定2月5日至3月4日为“拥政爱民运动月”，并公布《拥政爱民公约》，规定了服从政府法令，尊重政府，不侵犯群众利益，听取人民意见等十条内容。留守兵团司令部政治部作出《关于拥护政府爱护人民的决定》，《解放日报》发表贺龙的代论文章《开展拥政爱民运动》。（《解放日报》1943年2月1日）

5日，《解放日报》发表《中国共产党与废除不平等条约》的社论。

9日，陕甘宁边区政府公布《陕甘宁边区优待抗日军人家属条例》及《优待抗日工作人员家属暂行办法》。《解放日报》同日发表《认真执行优抗条例》的社论。

11日，总政治部发出关于宣传八路军、新四军中的各种英雄人物问题的指示。要求各战略单位政治机关，把各种英雄事迹“编成生动的通讯，电告延安新华社，同时在本地深入宣传”。

12日，《解放日报》发表《山东大众日报介绍》文章。

23日，《解放日报》发表朱德的《庆祝苏联红军节与红军大胜利向苏联红军学习》的代论文章。

26日，《解放日报》发表中共中央《关于各抗日根据地目前妇女工作方针的决定》，指出：“今年纪念三八”节的方针，就是动员妇女积极参加生产工作。”

3月

5日,《解放日报》副刊《新闻通讯》第三期发表了王揖的《编写国际消息的几种形式》、刘文怡的《新闻导语的作法》等文章。

解放日報
中央文委召開
黨的文藝工作者會議
凱豐陳雲劉少奇同志講話
指示到群眾中去應有的認識

1943年3月13日,《解放日报》登载《毛泽东在延安文艺座谈会上的讲话》部分内容

9日,艾青的叙事诗《吴满有》及"附记",在《解放日报》发表。

13日,《毛泽东在延安文艺座谈会上的讲话》发表在《解放日报》。

13日,《解放日报》登载《中央文委召开党的文艺工作者会议,凯丰陈云刘少奇等同志讲话,指示到群众中去应有的认识》。

14日,《解放日报》发表高岗的代论文章《党在春耕运动中要解决的三个问题》。

14日,《晋察冀日报》发表社论《肃清新闻工作中的党八股残余》。

16日,《解放日报》刊登多篇描写边区劳动英雄和先进人物的作品。

20日,中共中央召开政治局会议,通过了《中共中央关于中央机构调整及精简的决定》。会议推选毛泽东为中央政治局主席和中央书记处主席。会议决定,书记处由毛泽东、刘少奇、任弼时组成。会议决定在中央政治局和书记处下设中央宣传委员会和中央组织委员会,作为政治局和书记处的助理机关。决定刘少奇为中央军委副主席,参加军委领导工作。决定华中区党、政、军、民工作归刘少奇负责管理。

20日,《解放日报》刊登艾青的《拥护自己的军队——献给三五九旅》、萧三《慰劳三五九旅将士》。

20日,中共中央西北局发布《关于〈解放日报〉几个问题的通知》。通知要求:(一)各级党委负责同志应当经常向《解放日报》投稿。(二)

地委应加强对《解放日报》通讯处的指导。（三）各级党委应负责整顿各地通讯员。（四）各级宣传部应将通讯员的组织和教育工作作为自己的重要业务之一，并定期检查通讯员工作，向西北局及《解放日报》社汇报。（五）各级党委应当检查半年来执行本文的程度。

23日，《解放日报》编者在第四版发文《请和我们携手》，向读者征求办报意见。

26日，《解放日报》开辟“大众习作”专栏。

27日，《解放日报》发布《中央文委确定剧运方针为战争生产教育服务》。

28日，《解放日报》刊登了凯丰的《关于文艺工作者下乡的问题》。

29日，《解放日报》刊登了陈云的《关于党的文艺工作者的两个倾向问题》。

陈云在延安

本月，《解放日报》公布了中央文委确定戏剧运动为战争、生产、教育服务的方针，提出：“边区和各抗日根据地现正处在中国历史上空前伟大的斗争中，千千万万的群众正在为中国的独立解放紧张地工作着……在这个时候，每一个戏剧工作者的第一个问题就是：怎样使用戏剧这个武器去动员群众、鼓动群众、帮助群众来完成这些重大的任务，来更好地完成这些任务”。同时指出，“内容是抗战所需的，形式是群众所了解的”，这是现在一切戏剧创作运动的出发点。这一戏剧创作方针的确立，使边区戏剧运动呈现出一个别开生面的新景象。

4 月

1 日，《解放日报》副刊《军事》复刊，朱德为本刊写了复刊词，刊号为第 12 期。

8 日，《解放日报》副刊《新闻通讯》第四期发表有邓仪的《新闻观点和采访路线》、济沧的《漫谈报纸的错字》、志勇的《把组织通讯员的工作办好》等文章。

11 日，《解放日报》发表萧三的《可喜的转变》，概述了《讲话》以来文艺的新变化。

22 日，延安的党务广播中播发了《延安对文化人工作的经验介绍》。

23 日，《解放日报》以《西北局开会决定开展边区文化建设》为题，报道了本月 15 日的座谈会议。

25 日，《解放日报》发表《从春节宣传看文艺的新方向》的社论。

本月，留守兵团政治部出版的《部队生活》报创刊。

5 月

1 日，朱德在《解放日报》发表《建立革命家务》的代论，号召广大军民用革命者的态度对待自己的工厂和工作任务，增加生产，建立革命的家务。

5 日，《解放日报》发表社论《中国思想界现在的中心任务》。

26 日，《解放日报》发表题为《论共产国际的解散》的社论。

本月，中共中央作出《关于一九四三年翻译工作的决定》，委派张闻天、博古、凯丰、杨尚昆、师哲、许之桢、赵毅敏等同志组成翻译校阅委员会，负责翻译、校阅马列经典著作，提高马列经典著作翻译质量。

6月

6日，《解放日报》发表社论《欢迎冈野进同志》。

10日，《解放日报》发表社论《政治与技术——党报工作中的一个重要问题》。

12日，留延日本三团体——日本共产主义者同盟、华北日本人反战同盟、日本工农学校，在日本工农学校举行欢迎冈野进大会。（《解放日报》1943年6月12日）

16日，《解放日报》报道《中央印刷厂新创造，用毛边纸打纸版，效果不弱于薄型纸》。（《解放日报》1943年6月16日）

21日，中共中央发布《关于建立党务广播电台的通知》，确定由六月份开始实行，暂定为每周或每旬一次。

27日，《解放日报》再次发表《再论共产国际的解散》。

本月，陕甘宁边区新华书店登出新书广告：《三国演义》（全部）、《我是劳动人民的儿子》《十二把镰刀》《两家亲》《列宁论文化与艺术》等。

冈野进在延安

社論

歡迎岡野進同志

1943年6月6日，《解放日报》社论：《欢迎冈野进同志》

7月

1日，《解放日报》发表题为《中国共产党与中华民族为中共二十二周年而作》的社论。社论最后说：我们共产党人，主张国共两党更加紧密地合作，来克服困难，完成抗战建国的大业。

2日，林伯渠的《高举马列主义的旗帜前进》在《解放日报》发表。

4日，《解放日报》发表朱德题为《七一志感》的文章，号召共产党员真正成为无产阶级的战士，成为真正民族优良传统的继承者，在党中央领导下，努力完成抗战建国的伟大任务。

6日，刘少奇为纪念党的22周年而写的《清算党内的孟什维主义思想》一文发表在延安《解放日报》上，文章指出“中国共产党的历史是马列主义在中国发展的历史”，并使用了“毛泽东同志的思想”和“毛泽东同志的思想体系”两个概念。

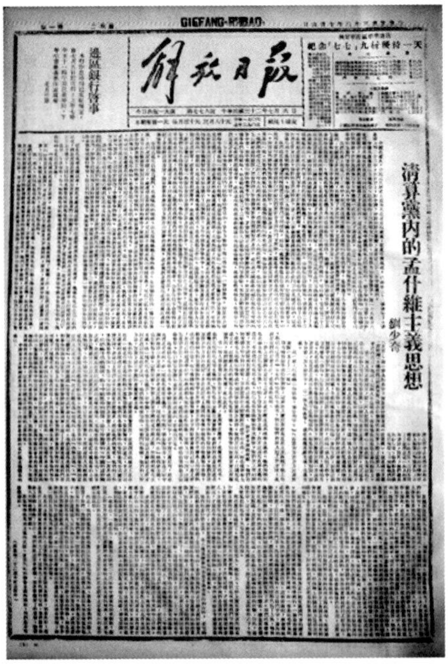
解放日報

清算黨內的孟什維主義思想

劉少奇

1943年7月6日，《解放日报》刊登刘少奇的《清算党内的孟什维主义思想》

7日，中央政治局会议专门讨论了关于对付国民党发动的反共宣传。会议决定改变过去两年不刺激国民党的“和国”政策，采用以宣传对付他们的反共宣传，以军事对付他们的军事进攻的方针。

7日，《解放日报》公布《八路军、新四军抗战第六周年光辉战绩》。

7日，日本共产党代表冈野进发表《告日本国民书》，号召日本人民与中国及南洋人民团结起来，打倒日本帝国主义，建立人民的新日本。(《解放日报》1943年7月7日)

8日，延安《解放日报》发表王稼祥写的《中国共产党与中国民族解放的道路——纪念共产党二十二周年与抗战六周年》长篇文章，第一次公开提出“毛泽东思想”这个概念，指出“毛泽东思想就是中国的马克思列宁主义”。

中國共產黨與中國民族解放的道路
王稼祥

1943年7月8日，《解放日报》发表王稼祥的文章《中国共产党与中国民族解放的道路》

8日，中央向各中央局、中央分局下发了电报指示：对于国民党的反共高潮，“中央决定发动宣传反击，同时准备军事力量粉碎其可能的进攻”。各地应响应中央的宣传。

8日，博古在《解放日报》、新华社编委会上说，边区周围形势突然紧张，同国民党的宣传战已开始，立即转入战时工作轨道。

他说，宣传战中最重要的问题是正确、迅速、确实。文章按时交稿，新华社要有值班的人。军事动作之前，以防御姿态揭露敌人，动员民众。

9日，《解放日报》发表社论《起来！制止内战！挽救危亡！》

9日，毛泽东电示重庆董必武，“速将‘七七’宣言，朱总致蒋、胡电，延安新华社揭穿西安特务假造民意新闻及延安民众大会通电（今日发出）密印分发各报馆、各外国使馆、各中间党派、文化人士，并注意设法寄往成都、桂林、昆明各界及地方实力派，是为主要”。

10日，范文澜的《斥所谓中国文化的同一性》在《解放日报》发表。

11日，中共中央总学委发出《关于在延安进行反对内战保卫边区的群众教育的通知》。《解放日报》发表《全体人民动员起来，把敢于向边区进攻的反动派打出去》的社论。（《解放日报》1943年7月11日）

12日，毛泽东为《解放日报》写了题为《质问国民党》的社论。

19日，陕甘宁边区抗敌救国联合会发表《为反对内战保卫边区告全边区父老兄弟姊妹书》，号召边区人民动员起来，积极参加反对内战、保卫边区的伟大战斗。

毛泽东和陆定一在交谈

19日，毛泽东指示博古、陆定一：陈伯达《评中国之命运》，请在《解放日报》发表，“一天登完。以两天或三天广播之，并请广播两次”。另印15000份交谭政发边区各分区各县。以此作一次大宣传。”

21日，陈伯达著《评中国之命运》在延安《解放日报》上发表。

21日，中宣部下发了指示：陈文（注：陈伯达《评中国之命运》）在延安已发表和广播，“各地收到后，除在当地报纸上发表外，应印成小册子，使党政军民干部一切能读的每人得一本，并公开发卖。一切干部均需细读，加以讨论。一切学校定为必修之教本”。

8月

8日，《解放日报》副刊《新闻通讯》第五期发表了裴孟飞的《贯彻全党办报与培养工农通讯员的方针》的文章。

11日，艾思奇的《〈中国之命运〉——极端唯心论的愚民哲学》在《解放日报》发表。

24日，《解放日报》公布我党两个重要文件：一是《国共两党抗战成绩的比较》，一是《中国共产党抗击的全部伪军概况》，用详尽具体的事实说明“不是没有国民党就没有中国，而是没有共产党就没有中国”。

25日，《解放日报》发表题为《没有共产党就没有中国》的社论，揭露国民党反动派吹嘘所谓抗战“丰功伟绩”的骗局与谎言。

社論

没有共產黨，就没有中國

《解放日报》发表社论《没有共产党，就没有中国》

本月，延安解放社出版列宁著作三部：《卡尔·马克思》《家与革命》（博古译）和《资本主义的最高阶段帝国主义》，（即《帝国主义是资本主义的最高阶段》伯虎译）。出版马克思恩格斯合著《共产党宣言》（校正本），博古校译。

本月，陕甘宁边区新华书店公告新书：《苏联的文学》（高尔基著，曹蛹华译）、鲁艺秧歌队编的《秧歌集》，包括《兄妹开荒》等。

9月

1日，陆定一在《解放日报》上发表了《我们对于新闻学的基本观点》一文，阐述了有关无产阶级新闻学的基本问题，批判了当时国民党顽固派提倡的所谓“三民主义的新闻理论”。

1日，《解放日报》发表题为《反对国民党的反动新闻政策——为纪念第十届“九一”记者节而作》的社论，揭露国民党推行“一个党、一个领袖、一个报纸”的法西斯化新闻统治政策的罪行。并报道在过去一年中，国民党统治区报纸、刊物被封闭者达五百余种。

1日，“九一”记者节，华北新华日报馆及太行新华书店全体职工，公祭何云同志。

周恩来在延安

4日，周恩来到清凉山，在新华社篮球场上向新华社、解放日报社的同志们作报告。

9日，中共西北中央局通过《关于〈解放日报〉工作问题的决定》。

12日，《解放日报》发表社论《意大利投降后时局之展望》。

13日，《解放日报》发表题为《法西斯主义就是祸国、叛国、亡国的主义》的社论，就意大利法西斯投降，希望国民党当局“权衡国内外局势，为了国家民族统一，同时也为着自己的存亡问题，取消一党专政，还政于民，既免祸国，兼免亡党。作革命的三民主义的叛徒呢？还是作信徒呢？作中华民族千秋万世的罪人呢？还是功臣呢？时不待我，欲择从速！”

18日，《解放日报》发表题为《国民党与民族主义——为纪念“九·一八”十二周年而作》的社论，详细回顾十二年历史之后指出，中国共产党的存在，是中华民族不至于灭亡的保证，而坚持不抗日一心反共的国民党反动派，如不改变政策，结果只会走上叛国投降的死路。

24日，《解放日报》发表题为《国民党六十二个叛国投敌的党政要员概观》。

26日，《解放日报》发表《延安各界宪政促进会宣言》。宣言指出：实施宪政的意义，“在于发扬民意，彻底战胜日本帝国主义”。宣言主张，国民大会代表选举法必须彻底修正，国民大会组织法必须彻底修正，人民有讨论宪政和选举国大代表之自由。

10月

1日，华北《新华日报》华北版改为太行版。

5日，毛泽东为《解放日报》写了社论《评国民党十一中全会及三届二次国民参政会》，新华社全文播发了这篇社论。

6日，毛泽东决定《解放日报》暂时停止登载揭露国民党的言论，以示缓和，看一看国民党是否有政治解决及缓和时局的趋向。10月6日起，新华社及各地分社相应停发一切揭露国民党的稿件。

10日，为纪念辛亥革命三十二周年，《解放日报》发表《只有新民主主义才能救中国》的社论。指出“救国的道路，明明白白放在我们面前，遵循新民主主义，则中国兴，反对新民主主义，则民族可能遭遇新的大灾难。”

12日，《解放日报》刊登《陕甘宁边区土地登记试行办法》《陕甘宁边区农业统一累进税试行条例》《陕甘宁边区农业统一累进税试行细则》。

1942年5月毛泽东与延安文艺座谈会代表合影

19日，《解放日报》正式发表毛泽东1942年5月《在延安文艺座谈会上的讲话》。编者说：今天是鲁迅先生逝世七周年纪念，我们特发表毛泽东同志这个讲话，以纪念这位中国文化革命的最伟大最英勇的旗手。10月2日，中共中央总学委就学习毛泽东在延安文艺座谈会上的讲话发出通知，指出：《讲话》绝不是单纯的文艺理论问题，而是马列主义普遍真理的具体化，是每个共产党员对待任何事物应具有的阶级立场与解决任何问题应具有的辩证唯物主义、历史唯物主义思想的典型示范。通知要求，必须把《讲话》当作整风运动中的必读文件，并规定为今后干部学校和在职干部必修的一课。

21日，中共中央宣传部发出《关于进行阶级教育的通知》。通知要求在进行阶级教育中一般应达到的目的是：①在事实方面，暴露国民党蒋介石反革命特务机关之一切祸国殃民罪恶；②在思想方面，说明封建买办法西斯之荒谬反动，区别蒋介石的法西斯主义与孙中山主义、旧民主主义与新民主主义、三民主义与共产主义；③在前途方面，说明世界的前途、中国的前途都是人民大众的。

本月，赵树理创作的《李有才板话》，被誉为解放区文艺的代表作。

本月，张闻天领导的“延安农村调查团”的调查报告《贺家川八个自然村的调查》公开出版。

11月

6日晚，中共中央办公厅召开干部会议，庆祝俄国十月革命二十六周年。毛泽东出席会议并讲了话。《解放日报》发表社论《欢迎莫斯科会议的伟大成功》。

7日，中共中央宣传部发出《关于执行党的文艺政策的决定》。决定指出，“毛泽东同志在延安文艺座谈会上的讲话，规定了党对现阶段中国文艺运动的基本方针。全党应该研究这个文件，以便对文艺理论与实际问题获得一致的正确的认识，纠正过去各种错误的认识。”决定指出：“毛泽东同志的讲话的全部精神，同样适用于一切文化部门，也同样适用于党的一切工作部门。”（《解放日报》1943年11月8日）

10日，延安观察家就汪精卫与日寇订立所谓《日华同盟条约》发表评论指出：强盗与奴才之间毫无同盟之可言，这是日寇对重庆国民党统治集团实行诱降的新钓饵。（《解放日报》1943年11月10日）

15日，《解放日报》发表《开展群众减租运动》的社论，指出，在群众减租运动中，《边区政府土地租佃条例》的各项规定，应该作为各地减租运动的一般标准与合法武器。社论要求把减租运动和生产运动及自卫工作结合起来，更进一步发挥群众的积极性，增强抗战建国的力量。

根据地群众参加减租减息运动

20日，《解放日报》《军事》副刊发表了《一位读者对本刊（军事）的意见》。

23日，《解放日报》前总编杨松同志逝世一周年。《解放日报》编辑部和新华社全体同志及中央印刷厂代表，在博古、陆定一、余光生同志率领下前往清凉山杨松墓前举行纪念会。

本月，延安解放社出版恩格斯的《社会主义从空想到科学的发展》（校正本），博古校译。

本月，延安解放社出版斯大林的《论列宁主义的几个问题》。

12月

12日，《解放日报》发表中共中央西北局调研室的文章，介绍延安南区信用社的经验。

26日，《解放日报》就陕甘宁边区第一届劳动英雄代表大会闭幕发表题为《边区劳动英雄代表大会给我们指出了什么？》的社论，指出，“这次大会将成为边区经济发展的重要里程碑。组织群众发展生产的方针，是我们的唯一正确的方针。只要我们紧紧地依靠人民，我们将是不可战胜的。”（《解放日报》1943年12月26日）

31日，《解放日报》发表《一九四三年国际形势的回顾》的文章，指出：“德国法西斯必将在盟国东西南三面总攻下最后覆灭，欧洲人民将获得自由解放。将开始远东各民族从日寇侵略与奴役下争取自由解放的决战。”

社論

邊區勞動英雄代表大會給我們指出了什麼？

《解放日报》就陕甘宁边区第一届劳动英雄代表大会闭幕发表社论《边区劳动英雄代表大会给我们指出了什么？》

本年

本年，延安新华广播电台因技术原因停止试播。

1944 年

1月

1 日，《新华日报》用一整版的篇幅以摘录和摘要的形式刊登了毛泽东《在延安文艺座谈会上的讲话》的主要内容。为了躲过国民党的检审，《新华日报》将《讲话》“化整为零”，分成三篇文章，即《文艺上的为群众和如何为群众的问题》《文艺的普及和提高》《文艺和政治》，分别夹在别的稿件中送检，通过检审后很快“合零为整”，加上《毛泽东同志对文艺问题的意见》的大标题，突然发表出来。并加编者按告诉读者：“毛泽东同志在延安文艺座谈会上曾发表过两次讲话，有系统地说明了目前文艺和文艺运动上的根本问题。原文不可能全部发表，只好提要介绍一下。在这里三篇文章中，关于普及与提高问题的一篇，全部是毛泽东同志的原文，另外两篇中加着引号的部分也都是他的原文。”

6 日，《解放日报》发表陕甘宁边区拥军公约。公约内容如下：“拥护军队，保卫边区。帮助生产，参加战争。军人过往，招待殷勤。转运伤病，爱护关心。防奸严密，消息灵通。优待抗属，建立家务。退伍残废，立业成家。潜逃战士，归队不差。过年时节，慰劳有加。军民团结，战胜日寇。”（《解放日报》1944 年 1 月 6 日）

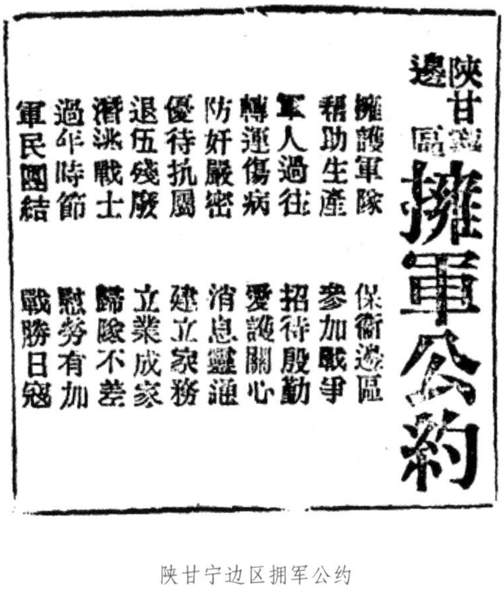
陝甘寧邊區擁軍公約

擁護軍隊 保衛邊區
幫助生產 參加戰爭
軍人過往 招待殷勤
轉運傷病 愛護關心
防奸嚴密 消息靈通
優待抗屬 建立家務
退伍殘廢 立業成家
潛逃戰士 歸隊不差
過年時節 慰勞有加
軍民團結 戰勝日寇

陕甘宁边区拥军公约

6日，陕甘宁边区政府林伯渠主席在边区政府委员会四次会议上作《边区政府一年工作总结》的报告，肯定了边区一九四三年建设事业的成绩，表彰了各条战线上的劳动英雄。李鼎铭副主席作边区政府简政总结报告，指出，边区政府合署办公前有干部469人，现为279人，减少190人，占原有人数40%。（《解放日报》1944年2月8日）

陕甘宁边区政府主席林伯渠

6日，八路军留守兵团公布拥政爱民公约：“一、服从政府法令。二、保护政府，帮助政府，尊重政府。三、爱惜公共财物。四、不侵犯群众利益。五、借物要送还，损坏了要赔偿。六、积极参加生产，减轻政府和人民的担负。七、帮助人民春耕秋收和冬藏。八、帮助人民进行清洁卫生运动。九、了解民情风俗，尊重民情风俗。十、向人民宣传，倾听人民意见。”（《解放日报》1944年1月7日）

留守兵團

擁政愛民公約

（一）服從政府法令。（二）保護政府，幫助政府，尊重政府。（三）愛惜公共財物。（四）不侵犯羣衆利益。（五）借物要送還，損壞了要賠償。（六）積極參加生產，減輕政府和人民的担負。（十）幫助人民春耕秋收和冬藏。（八）幫助人民進行清潔衛生運動。（九）了解民情風俗，尊重民情風俗。（十）向人民宣傳，傾聽人民意見。

留守兵团拥政爱民公约

14日，《解放日报》发表了张仲实同志的《关于〈“左派”幼稚病〉中译本一些初步的校正意见》。

20日，《解放日报》发表社论《群众需要精神粮食》。

2月

7日，《解放日报》刊登李子洲革命史略。

16日，《解放日报》在《本报创刊一千期》的社论中，明确提出了“全党办报”的方针。

17日，《解放日报》发表“气死牛”的劳动英雄郝树才的事迹。

21日，《解放日报》发表题为《边区组织劳动互助的主要经验和今后工作》的社论，总结组织劳动互助的五条经验，并提出了1944年把百分之五十的劳动力全部组织起来的任务。

本月《冀鲁日报》与中共清河区特委机关报《群众报》合并，成立渤海日报社，并于7月1日正式出版《渤海日报》，成为新建立的渤海区党委机关报。

本月，《解放日报》登出新书广告：《血泪仇》《查路条》《新秧歌集》（鲁艺编），延安平剧院的《上天堂》《难民曲》等。

3月

13日，《解放日报》发表《马锡五审判方式》的文章，把马锡五审判方式归纳为三个方面：（一）深入调查研究；（二）坚持原则，坚决执行政府政策法令；（三）审判方式是座谈式而不是座堂式，是“民门”而不是“衙门”。（《解放日报》1944年3月13日）

古元版画《马锡五审判方式》

19日至22日，郭沫若在重庆《新华日报》上连载发表著名警世文章《甲申三百年祭》，更加尖锐地指出，李自成农民起义军在攻入北京、推翻明朝后，若干首领因胜利而骄傲，因骄傲而丧失警惕，因不自警而腐化，因腐化而陷于失败。

21日，周扬在《解放日报》上发表了《表现新的群众的时代——看了春节秧歌以后》，总结了秧歌剧的基本经验，表达了对于秧歌剧的期望。

本月，新华总社根据各地报纸的容量，调整了每日播发电讯稿的数量，以四开小型的隔日刊报纸为标准对象，以两版刊载本区新闻，一版刊载国际新闻和国内新闻，一版刊载其他解放区消息计算，总社每日发稿5000字左右，社论、文件、中央负责同志讲话不计在内，其中包括国际新闻1500字，沦陷区和大后方新闻1000字，解放区新闻2500字。

各地来稿中的一部分，总社不播发各地，专供延安《解放日报》利用。

4月

4日，《解放日报》发表题为《为达到经济上的完全自足而奋斗》的社论，指出只有发展生产，才能解决经济问题。号召全体军民拿出自己的智慧和技术发展边区生产。

8日，《解放日报》发表周扬的《马克思主义与文艺——〈马克思主义与文艺〉序言》的文章。

11日，谭政代表八路军留守兵团政治部在西北局高干会上作《关于军队政治工作问题》的报告。报告全面总结了八路军、新四军政治工作经验，论述了军队政治工作中关于组织形式与工作制度的一些问题。（20日，中共中央宣传部、八路军总政治部联合发出通知，要求将这一报告列为全军干部整风学习文件，全党干部亦应研读。）（《解放日报》1944年4月15日）

11日，《平剧院下乡的经验》在《解放日报》登载。

18日—19日，郭沫若的《甲申三百年祭》在延安《解放日报》予以全文转载，并列为党在整风运动中的“整风文献”。

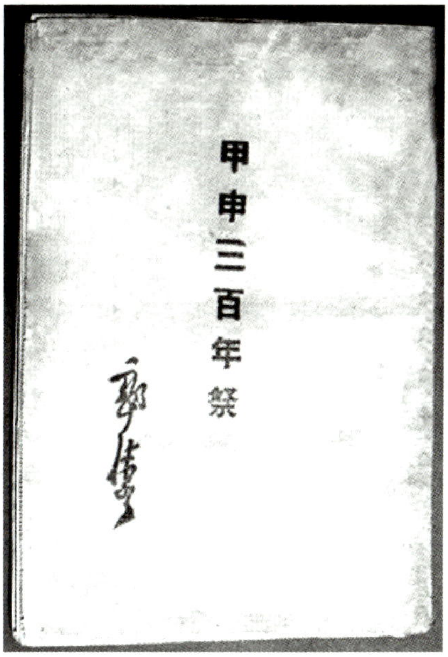

《甲申三百年祭》

19日，《解放日报》连续8天刊登苏联名剧《前线》。

20日，党的六届七中全会原则通过了《关于若干历史问题的决议》，对党内若干重大历史问题作了正式结论。这个决议的通过标志着整风运动胜利结束。

28日，邓拓在晋察冀边区宣传工作会议上作了《改造我们的通讯工作和报道方法》的发言。

30日，傅连暲在《解放日报》发表《陕甘宁边区群众卫生工作的一些材料》。

本月，留守兵团政治部出版的《部队生活》报创刊一周年纪念时，发表社论，总结一年来的收获和成绩，并提出纠正缺点的几个方面。号召干部战士积极写稿。

5月

18日，《解放日报》刊登了《关中报四周年纪念，提倡“大家办大家看”》。

19日，延安《解放日报》发表苏联A·科尔内楚克的剧本《前线》。全文刊至26日。

21日，《解放日报》登载《中央印刷厂祝志澄同志，精通业务团结工人》。（《解放日报》1944年5月21日）

27日，《解放日报》刊登“边区建设”提纲草案。包括边区史地、边区政策、边区组织三部分。（《解放日报》1944年5月27日）

28日，陕北《延川报》创刊。

本月，在中共中央晋察冀中央委员会的领导下，由邓拓编辑出版五个分册的《毛泽东选集》，这是最早出版的毛泽东选集。

5月至6月

《解放日报》新书广告：《眉户集》《张治国》（秧歌剧）、《牛永贵挂彩》《目击记》《我是劳动人民的儿子》《八路军的英雄们》、秧歌剧《钟万才起家》《动员起来》《变工好》《刘生海转变》等。

6月

1日，《解放日报》发表社论《我们从科尔内楚克的〈前线〉里可以学到什么》，指出这个剧本，可以帮助我们教育出很多德才兼备、智勇双全的干部。

2日，马健翎的《〈血泪仇〉的写作经验》一文，在《解放日报》发表。

9日，中外记者西北参观团一行21人来延安参观，十八集团军参谋长叶剑英举行招待宴会为记者团洗尘，边区政府民政厅厅长刘景范参加。10日，朱德总司令在王家坪举行欢迎晚会。12日，毛泽东主席接见记者团全

1944年6月，毛泽东等中央领导人与中外记者团西北参观团在王家坪的合影

体人员，并就国内外形势回答了记者提出的问题。22 日，十八集团军参谋长叶剑英向记者团发表《中共抗战一般情况的介绍》的谈话。7 月 14 日，外国记者离延。（《解放日报》1944 年 8 月 10 日）

17 日，中共中央宣传部和军委总政治部印发了郭沫若的《甲申三百年祭》，并发出联合通知，要求全党全军认真组织学习。

18 日，《解放日报》《卫生》副刊召开第七次编委会议，决定中西医共同负责编辑。

28 日，《解放日报》发表艾青的论文《秧歌剧的形式》。此文得到毛泽东的肯定。

7 月

1 日，《解放日报》发表题为《中国共产党创立二十三周年》的社论。社论指出，中国共产党越来越变成了一个对民族命运起决定作用的力量，任何要想解决中国问题的人，忽视了中国共产党是不能成功的。二十三年来，中国革命运动的历史统统证明了这个真理。社论最后说，中国共产党人的责任，就是说服一切赞成和平民主方针的人去坚决实现这一方针，去坚决反对违反、阻挠、破坏这一方针的人们，坚定不移地走向中国人民的胜利和世界人民的胜利。

GIEFANG RHBAO

解放日報

八路軍新四軍抗戰第七週年戰績

十八集團軍八路軍抗戰第七週年戰績

新四軍抗戰第七週年戰績

社論 在民主與團結的基礎上加强抗戰，爭取……

——紀念抗戰七週……

1944 年 7 月 7 日，《解放日报》公布《八路军新四军抗战第七周年战绩》

7 日，中共中央宣传部和总政治部联合发出通知，指出郭沫若的《甲申三百年祭》和苏联 A·科尔内楚克的剧本《前线》，都是反对骄傲的。这两篇作品对于我们的意义，就是要我们全党特别是高级干部同志，无论遇到何种有利形势与实际胜利，无论如何自己有功、德高望重，必须保持清醒与学习态度，万万不可冲昏头脑，忘其所以，重蹈李自成与戈尔洛夫的覆辙。

7日，《解放日报》公布《八路军新四军抗战第七周年战绩》。一年来，我八路军、新四军共进行大小战斗23327次，毙、伤、俘日军56432人，伪军79831人，缴获各种枪支51345支，各种炮87门，各种车辆7866辆。我敌伤亡比例为1 ∶ 5.02。《解放日报》还发表了题为《在民主与团结的基础上，加强抗战，争取最后胜利！——纪念抗战七周年》的社论。（《解放日报》1944年7月7日）

10日，《解放日报》发表题为《开展全边区卫生运动的三个基本问题》的社论。社论指出：首先，教育党政军及群众团体的干部认识推广群众卫生运动的重要性；第二，以生动现实的事实作好向群众的宣传，以改变农民群众不讲卫生的习惯；第三，大批培养边区医药卫生工作干部。（《解放日报》1944年7月10日）

24日，《解放日报》刊登了《群众报社的新工作》一文，文中介绍边区群众报社正在编撰一种为工农兵适用的通俗辞典。搜集边区常见的各种新名词新术语和群众用语，加以注释。全部工作年内完成。

28日，《解放日报》发表题为《军民一齐动员造林护林》的社论。指出，“植树造林已经成了进一步建设边区的迫切需要”，“只要我们大家认识此事的重要，加强组织领导，大规模的造林护林运动是能发动起来的”。

30日，《解放日报》发表《陕甘宁边区职工代表大会宣言》及《边区工厂职工劳动公约》。《宣言》号召：“全区工厂的职工，应以完成两年内工业必需品全面自给和提高质量而斗争这个光荣任务，来迎接抗战的最后胜利和建立新民主主义的新中国！”

31日，西北局宣传部奖励自高干会议以来二十三位干部学习模范。《解放日报》为此发表题为《发扬在职干部学习的范例》的社论。

31日，《解放日报》报道，边区各县创办小型油印小报。绥德分区米脂县出刊《米脂报》、关中分区淳耀县出刊《群众生活》、延属分区安塞县出刊《安塞群众》、延安县出有《农村生活》、鄜县出有《鄜县通讯》、延川县出有《延川报》。其中《农村生活》最为精彩。

8月

7日，美国驻中缅印军总部即史迪威将军总部，派遣包瑞德上校率领18人美军观察组于7月22日至8月7日先后在延安访问，毛泽东、朱德、林伯渠等设宴招待。《解放日报》发表题为《欢迎美军观察组的战友们》的社论。（《解放日报》1944年8月15日）

1944年8月，毛泽东、朱德与美军驻延安观察组组长包瑞德上校在延安机场

8日，新华社英文文字广播开始试播。党中央为使新华社适应抗战即将最后胜利的新形势，为更好地对外介绍解放区的真实情况，宣传我党的方针和主张，促进世界反法西斯战争的胜利，曾指示新华社建立英文广播部。周恩来根据毛泽东的指示，帮助新华社进行了英播部的创建工作。当时英文广播电台是用贺龙在晋绥缴获的日本火车头发电作动力的。

12日，《解放日报》发表《衡阳失守后国民党将如何》的社论。指出：“一切问题的关键在政治，一切政治的关键在民众，不解决要不要民众的问题，什么都无从谈起。要民众虽危险也有出路；不要民众一切必然

是漆黑一团。国民党有识之士其思之！”（《解放日报》1944年8月12日）

16日，山东渤海军区夏季战役攻势攻克利津县城战斗中，《渤海日报》记者刘实同志于前线采访中光荣牺牲，记者高光同志随军作战，光荣负伤，亦受到渤海区党委褒扬。（《解放日报》1944年11月24日）

20日，延安市委主编的《延市通讯》创刊。

21日，《解放日报》发表《党外人士座谈会的意见》的社论。指出，这种党外人士座谈会，敌后各根据地都可举行。应该开诚布公、毫无顾虑地将一切有关当地政策与行政的意见，都收集起来，发扬成绩，改正缺点，以便政府认真地采纳实行。

9月

1日，新华社英文广播正式播出。英播部由副社长吴文焘负责，沈建图、陈庶为编辑。年底，英国人林迈克来新华社作英播部顾问，负责英文改稿。

1944年，吴文焘（右二）在延安办公窑洞前

1日，《关中报》改出四版，统一编辑地方、部队稿件。第一版为要闻版，第二版为地方版，第三版为部队工作版，第四版为副刊。（《解放日报》1944年9月18日）

1日，《解放日报》发表李富春《准备迎接边区劳动英雄与模范工作者大会》的文章。文章指出，一般的原则是，只要他努力精通自己的业务，工作有进步有创造；对别人耐心帮助，推动别人前进；对公家忠诚爱护，处处为革命事业着想，合乎这三个条件，即能成为模范或英雄，即能成

为党的优秀干部。

4日，陕甘宁边区政府颁布《关于劳动英雄和模范工作者选举与奖励办法》的规定，并发出《关于今冬边区展览会筹备办法的通知》。（《解放日报》1944年9月4日）

5日，《解放日报》发表题为《采用新的组织形式与工作方式》的社论。指出，选举与奖励劳动英雄与模范工作者，这是我们改进工作、培养干部及联系群众最好的方法，是当前各种工作中普遍采用的新的组织形式与工作方式。（《解放日报》1944年9月5日）

6日，新华社播发评述蒋介石在三届三次参政会上开幕词的新闻。这条新闻由毛泽东定稿。

15日，新华社播发《关于分配同盟国援助物资问题，延安有资格人士发表评论》一文，此文经由毛泽东修改。

16日，晋绥军区《战斗报》记者丁基同志在战斗中牺牲。

18日，中共晋绥分局机关报《抗战日报》创刊四周年纪念日，并改出日刊。本日该报发表《改出日刊与加强通讯工作》社论。社论叙述该报现已拥有有组织的、与群众有密切联系的，富有各种工作斗争经验的通讯员860多名。这些通讯员是提高报纸质量的坚强基础。

22日，《解放日报》发表林伯渠在参政会上关于国共谈判的报告全文。

28日，中国文化界先进战士邹韬奋先生，因患脑癌于7月24日在上海逝世，中共中央电唁邹韬奋先生家属，宣布接受邹韬奋先生临终时提出的追认入党、骨灰移葬延安的请求。

秋

博古在延安《解放日报》社发表《党报记者要注意些什么问题》的谈话，说明党报的党性、群众性、组织性、战斗性。（选自《博古文选》，由洪流同志记录整理）

10月

4日，毛泽东到清凉山西侧山腰上中央印刷厂的礼堂，接见了新华社和解放日报社全体工作人员。

7日，《解放日报》发表《悼邹韬奋先生》的社论。

8日，新华社播发了延安评论家关于国民党当局抨击英首相丘吉尔演说的评论。此稿由毛泽东审定。

9日，新华社播发了关于批驳国民党政府发言人张平群谈话的评论，指出张氏谈话“暴露了国民党当局专制独裁，顽固不化，毫无民主气息的狰狞面目。”这个评论是由毛泽东修改定稿的。

10日，延安千余人在参议会礼堂举行“双十”节庆祝大会。朱德、周恩来出席并发表讲话，李鼎铭在最后讲话中呼吁全国人民和盟国朋友，援助敌后抗日军民。《解放日报》发表《今天与辛亥》的社论。

陕甘宁边区参议会大礼堂

11日，毛泽东就蒋介石发表“双十”节演说，为新华社写了评论《评蒋介石在“双十”节的演说》。（《解放日报》1944年10月12日）

27日，《解放日报》读者信箱登载了《对于报纸的几点意见》。对《解放日报》的工作提出了批评和建议，希望再细心一些，避免重复稿件，杜绝错字。并加了“编者按”，表示虚心接受批评。

本月，新书广告：《阿Q正传》《把眼光放远一点》《秧歌论文集》。

本月，郭沫若的《古代研究的自我批判》在重庆发表后，《解放日报》即全文转载。

11月

10日，中共中央主席毛泽东致电罗斯福，祝贺他连任美国总统。《解放日报》发表题为《罗斯福连任第四届总统》的社论。

15日，西北局宣传部部长李卓然在文教代表大会上作关于报纸问题的总结报告，联防司令部政治部、宣传部部长肖向荣作报纸通讯及文艺工作的总结报告。（《解放日报》1944年11月20日、11月22日）

18日，《解放日报》报道《新华社开展模范工作者运动后，工作效能空前提高》。

20日，山东分区党报委员会，山东军区政治部颁发指示，表扬莒城战役殉国的新华社记者曹秉衡、宋文礼等同志。

21日，周扬的《开展新文艺运动》发表于《解放日报》。

23日，《解放日报》前总编辑杨松同志逝世两周年，编辑部全体工作人员集会纪念。会上陆定一同志讲话，勉励大家要以推进模范工作者运动，把党报办的更好来纪念杨松同志。

23日，《解放日报》发表题为《此次文教大会的意义何在》的社论，祝贺陕甘宁边区文教代表大会的成功。

12月

4日，陕甘宁边区参议会第二届第二次会议在参议会礼堂开幕。安文钦副议长致开幕词，朱德总司令和陈毅军长讲话。《解放日报》发表《祝第二届第二次边区参议会》的社论。

11日，解放日报社、新华社、出版局举行劳动英雄与模范工作者大会，选出编报、译电、校对及总务工作等各行业60位模范工作者及劳动英雄。（《解放日报》1944年12月14日）

19日，陕甘宁边区第二届第二次参议会胜利闭幕。谢觉哉副议长致闭幕词，大会一致通过了《关于政府工作报告的决议》以及其他决议、通电。在闭幕前，朱德、吴玉章、刘伯承、朱瑞等讲了话。《解放日报》发表题为《人民代表的议会》的社论。

陕甘宁边区第二届参议会会场

21日，《解放日报》刊登陶铸的文章《关于部队的报纸工作》。

23日，《解放日报》报道边区群英大会开幕，林伯渠主席致开幕词，号召抑制自满力求进步。

本月，陈克寒从中央党校调回新华社，任广播科科长。

本年，陈伯达的《关于十年内战》出版。

本年，日本问题研究会编辑出版了《日本革命运动史话》《日本战友在这样斗争着》。

本年，西北局调查研究室编印了陕甘宁边区生产运动丛书。该套丛书是延安时期历史科学中的一套最大丛书。它包括《边区的水利事业》《边区的劳动互助》《介绍南区合作社》《1943年的运盐工作》《机关节约模范佟玉新》《模范党员劳动英雄申长林同志》《石明德和白原村》《张振财和城壕村》《农业畜牧英雄贺保元同志》《安置移民与创办合作社英雄田云贵》《植棉英雄郭秉仁》《磨房起家的王科》《边区改良农作问题》《边区的移民工作》《边区二流子的改造》《杨朝臣是退伍军人的旗帜》《水利英雄马海旺》《六十岁老英雄孙万福》《刘生海从二流子变成劳动英雄》《马蹄沟炭工领袖蔡自举》。

1945 年

1月

1 日，《解放日报》发表题为《争取胜利早日实现》的新年献词。指出：“一九四四年是中国战场重大变化的一年，一九四五年全国同胞的中心任务，就是为建立联合政府，争取抗日战争的早日胜利而奋斗。”

1 日，陕甘宁边区《佳县报》创刊。（《解放日报》1945 年 1 月 15 日）

1 日，华中解放区创办的综合性刊物《新华论坛》创刊。

11 日，《解放日报》发表朱德同志《祝新华日报七周年》文章。

29 日，《解放日报》发表题为《迎接拥政爱民与拥军爱抗运动第二年》的社论。

29 日，《解放日报》发表一组悼念罗曼·罗兰的文章。

2月

7 日，《解放日报》发表题为《为独立与民主而战，准备成立中国解放区职工联合会——纪念“二七”二十二周年》的社论。社论指出，争取抗战胜利与实行人民民主是不可分的。各解放区职工联合会应组织职工开展劳动竞赛，支援解放区，取得对敌斗争的胜利，为迎接解放区职工联合会的成立而奋斗。

1945 年，毛泽东与吴玉章、博古、刘少奇、周恩来、叶剑英等在延安机场

12日，毛泽东给博古写信，全文如下：

“今天报载张平凯《晋察冀机关部队大生产的一年》，请全文分数日广播。此文写得生动，又带原则性。

早几日《贯彻减租》社论及路口村新闻，谅已广播了，也是很好的。我们报纸自己能写这样的社论，大进步了（谁人写的？）

《民主同盟宣言》请予发表，广播。当《新华》发表时，当局动员没收，但由于报童勇敢，大部分发出去了；最后没有了，卖到二百元一份，可见民众情绪。十项主张上打的红圈是若飞同志标出叫我们注意的，请不要刊落了。”

26日、27日，刘芝明的《从〈逼上梁山〉的出版谈到平剧改造问题》在《解放日报》发表。

延安时期新华社编辑在窑洞内工作

27日，《解放日报》、新华社召开编委会。博古、陈克寒在会上发言。

本月，新华社广播科改为编辑科，陈克寒仍任科长。广播科改为编辑科，在新华社业务建设上是一项重要改革。过去新华社收到分社稿件，都由《解放日报》编辑采用，新华社再剪辑摘要送博古审查后广播。改为编辑科后，新华社自行编辑各分社来稿，经博古审查后广播，并发《解放日报》，只有陕甘宁边区新闻和国际新闻例外。不久，国际新闻也由新华社自己编发。这一重要改革是陈克寒创意并领导实现的。

3月

1日，《解放日报》发表题为《开展大生产运动中的几个问题》的社论。

4日，新华社总社发出《关于通讯工作的一些经验》通报。

8日，毛泽东起草的《新华社记者评王世杰对外国记者的谈话》发表，驳斥国民党宣传部部长王世杰3月7日关于召集国民大会问题的谈话。

13日，尹达的《郭沫若先生与中国古代社会研究》发表在《解放日报》，重庆的《群众》第10卷第7、8期予以全文转载。

23日，《解放日报》发表题为《新闻必须完全真实》的社论。

4月

1日，延属地委宣传部通知各县研究《解放日报》社论《新闻必须完全真实》。

9日，《解放日报》发表题为《扩大妇女团结，为民主而斗争，准备成立解放区妇女联合会》的社论。

14日，《解放日报》发表题为《哀悼罗斯福总统》的社论。

23日，中国共产党第七次全国代表大会在延安召开。

1945年4月23日，中国共产党第七次全国代表大会在杨家岭中央大礼堂召开

24日，《解放日报》发表《继续开展卫生医药运动》的社论。

27日，毛泽东为《解放日报》写了题为《论军队生产自给，兼论整风和生产两大运动的重要性》的社论。

本月，据《新华日报》报道，今年4月9日美国《生活》杂志，介绍了延安木刻15幅，有《村选》《结婚登记》等。

5月

4日，《解放日报》发表题为《迎接解放区青年联合会的成立》的社论。社论指出，青联的成立，将会对解放区青年运动的领导、青年的团结和争取民主胜利的斗争有所加强。

4日，《解放日报》发表题为《中国人民胜利的指南——读毛泽东同志的〈论联合政府〉》的社论。指出，毛泽东运用马克思主义的方法，实事求是地总结了百年来中国民主运动的经验，指出了中国革命的唯一正确道路，解决了政权的具体形式，即联合政府。

9日，晋察冀分局指示加强党报及通讯工作。（《解放日报》1945年5月14日）

13日，《解放日报》发表了《论自纺自织》的社论，号召全边区妇女，继学会纺纱以后，努力学习织布，实行自纺自织，用布自给。

15日，孙犁在《解放日报》发表《荷花淀》。

16日，《解放日报》发表题为《提高一步——纪念本报创刊四周年》的社论。指出理论与实际结合，和人民大众密切的联系，以及自我批评这三者统一的作风，可以使我们天天发现新事物，新问题，取得新经验，发展新理论，坚持真理，修正错误，不断前进，不断发展。

18日，《解放日报》发表《紧急动员起来，防旱备荒！》的社论。

6月

5日，《解放日报》报道《新华社各分支社调整机构健全通讯网，各解放区党委重视通讯工作，新闻报道已有改进》。

11日，中国共产党第七次全国代表大会闭幕。

12日，《解放日报》刊登中共中央办公厅行政处发布的《防旱备荒紧急实行办法》。

14日，《解放日报》发表社论《团结的大会，胜利的大会》。

15日，《冀中导报》复刊。

社論

團結的大會　勝利的大會

1945年6月14日，《解放日报》发表社论《团结的大会，胜利的大会》

23日，《解放日报》发表题为《迅速召开解放区人民代表大会》的社论。社论说，为了加强解放区的抗日工作，支援沦陷区人民的抗日活动，争取全国范围的民主改革和统一团结，就使迅速召开解放区人民代表大会成为目前迫切的需要。

24日，华中新闻界建议成立解放区记者联合会。

7月

1日，《解放日报》社论《纪念中国共产党的二十四周年》。指出，我党成立二十四年的斗争历史，“完成了把马克思主义的普遍真理与中国革命的具体实践活动结合起来”这件大事，使中国革命从“七大”以后进入了“在毛泽东思想指引下的更加自觉的新民主主义”的新的革命历史阶段。

1日，解放日报社、新华总社、边区群众报社等，联合致电各解放区同业，赞同成立解放区新闻记者联合会筹备会。

1日，苏北《盐阜报》以首要地位刊载新四军三师师长黄克诚同志给该报编辑部的一封信，并发表社论响应信中提出的加强自我批评，报道全面情况，进一步联系群众的号召。

7日，中共中央发表“纪念抗战八周年口号”（共22条）。《解放日报》发表题为《纪念抗战八周年》社论。

12日，解放区记者联合会筹委会正式成立。

16日，《解放日报》报道《太行新华书店五个月出版大众读物十三万册》。

本月，《晋察冀日报》发表社论《三论如何提高一步》。

本月，延安解放社出版《列宁选集》第11卷下册、第16卷，何锡麟、林忠译。

本月，苏中出版社出版了苏中区党委宣传部部长余铭璜主编的《毛泽东选集》第一卷，收录毛泽东文章11篇，收录朱德、周恩来、刘少奇等关于毛泽东思想的论述作为代序。

8月

6日，美国在日本广岛投掷原子弹，消息在《解放日报》发表后，毛泽东曾找胡乔木、余光生、陈克寒谈话，指出不应当夸大原子弹的作用。

10日，延安总部关于各解放区部队要积极进攻，迫使日伪投降的各项命令，通过新华社广播，传遍各个解放区和国内外。

10日，《解放日报》发表题为《苏联对日宣战》社论。

中旬，延安新华广播电台迁到延安西北13公里的盐店子村，恢复试验播音。

19日，《解放日报》发表题为《支援前线保卫后方》的社论。指出，作为八路军、新四军唯一后方的陕甘宁边区的中心任务，是"动员一切力量，支援前线部队顺利进军，并积极增加自卫的武装力量，更有效地保卫后方。"

新华社工作人员王唯真的速写："在延安广播电台播音室播发新华社稿件"

23日，我军收复华北重镇张家口。三十日张家口新华广播电台正式播音，并担负了转播延安台广播的任务，弥补了延安台发射电力弱、收听范围小的缺陷。

24日，《解放日报》发表胡绩伟的文章《从宣传备荒运动谈地方报对一个运动的宣传》。

25日，《解放日报》社、新华社举行编委扩大会议，社长博古宣布了编委委员名单：博古、余光生、艾思奇、徐健生、曹若茗、吴文焘、陈克寒。余光生任《解放日报》总编辑，艾思奇任副总编辑，陈克寒任新华社第一副社长，吴文焘任第二副社长。余健生任秘书长。

26日，新华社播发了中共中央8月25日发表的《对于目前时局的宣言》,其中提出了和平、民主、团结三大口号，并决定派毛泽东、周恩来、王若飞去重庆谈判。

1945年8月，周恩来起草、毛泽东修改的新华社记者评论

新华社根据党中央的政策，一方面宣传做好对付敌人进攻的准备，迎击国民党反动派的一切进犯；另一方面又宣传积极争取和平，寻求一切避免内战的方法。

27日，《解放日报》报道《毛主席决定赴重庆，商讨团结建国大计》。

28日，毛泽东、周恩来、王若飞在赫尔利、张治中陪同下，乘专机前往重庆，与国民党进行和平谈判。

31日，孙犁的《芦花荡》在《解放日报》发表。

本月，新华社总社通报台发展到四个，分别与晋察冀、晋西北、冀鲁豫、苏北、山东和太行地区等地总分社、分社联络。这时通报用的机器，都是15瓦的小收发报机和15瓦的手摇马达。通报台有报务员十几人。

1945年8月28日，毛泽东赴重庆谈判，在机舱口挥帽向延安民众告别

1945 年 9 月 2 日在密苏里号军舰上日寇投降签字仪式

9月

2 日，日本正式举行投降签字仪式。

3 日，成为中国抗日战争胜利纪念日。

5 日，《解放日报》发表题为《庆祝抗战最后胜利》的社论。

10 日，《解放日报》发表题为《汉奸国贼必须严惩》的社论，揭露国民党包庇重用汉奸卖国贼的阴谋，指出，严惩卖国罪魁，没收其财产，以救济被难同胞，这是中国人民在抗战胜利后的一个最起码的要求。

11 日，延安新华广播电台宣告正式播音。延安《解放日报》登载“新华社延安十一日电”：“延安广播电台，即日起开始中国国语广播。”“时间每日十一时三十分至十二时三十分，与十八时三十分至十九时三十分（上海时间）。播送节目有时事新闻、解放区消息、时评及名人讲演等。尚有记录新闻一类，以便各地抄收，希各地注意收听。”

在此之前，一直为试播。它同对外英文广播用的是同一发射机。

14 日，《解放日报》发表题为《严惩战争罪犯》的社论，指出只有迅速而严厉地严惩一切日本帝国主义的战争罪犯，才能建立和平与安全的巩固基础。

14 日，毛泽东、周恩来给党中央并转华中解放区负责同志的电报《尽快去上海等地办报》。

22 日，《解放日报》发表艾思奇的《文艺工作者到前方》的号召。

23 日，《解放日报》发表题为《秋收与减租》的社论。社论指出，迅速完成秋收，并及时把粮食送到前线及新解放区去，是“保证前线胜利与安定新解放区社会秩序的重要环节”。社论同时指出：“在秋收时节中，必须注意发动群众进行减租工作”。

25 日，《解放日报》发表题为《新解放区工人的英勇斗争》的社论，号召新解放区工人高举“为民主而战、为自由而战”的旗帜，努力战斗，努力生产，和全国工人团结一致，为实现独立、自由和幸福的新中国而奋斗。

本月，中国民间音乐研究会编印《郿鄠道情集》。

10 月

1 日，威市各界创办《新威日报》，该报为四开铅印。

2 日，李纶的《谈历史剧的创作》在《解放日报》发表。

6 日，延安新华广播电台举办第一次文艺广播，播出了鲁迅艺术文学院文工团演唱的《东方红》。之后，还播出过评剧《逼上梁山》、秧歌剧《兄妹开荒》、歌剧《白毛女》，还有毛泽东诗词《沁园春·雪》（朗诵并演唱）。

8 日，解放日报社、新华社编委会讨论口语广播问题。这次会议决定成立口语广播组，负责编辑口播稿。

解放日報
毛澤東同志答路透社記者
中國需要和平建國

1945 年 10 月 8 日，《解放日报》报道《毛泽东同志答路透社记者，中国需要和平建国》

8日，《解放日报》报道《毛泽东同志答路透社记者，中国需要和平建国》。

11日，《新华日报》发表社论《人民的报纸》。

15日，《解放日报》发表题为《要在全国人民前面做出更好的榜样——陕甘宁边区选举运动开始》的社论。指出，陕甘宁边区是全国第一个进行自下而上的普选的地区，这对于全国政治民主化和地方自治的推行，将会提供许多宝贵的经验。

18日，《解放日报》登载哈华的《新闻工作者在冀南》一文。

30日，《解放日报》就蒋介石破坏和谈，蓄意挑起内战的罪恶行为，发表题为《停止八十万军队进攻解放区》的社论。社论指出，国民党军大举进攻解放区，是其坚持反人民、反民主的独裁方针的必然结果。这危害了中国和平建国的前途，损害了国家民族的利益，违背了全国人民的意志。社论还告国民党要悬崖勒马。

本月上旬，延安解放日报社、新华社派出先遣队，前往晋察冀建立新的工作基地，在东北建立新华社东北总分社。

本月，延安解放社出版列宁的《进一步，退两步》。

11月

11月初，毛泽东、任弼时来到军委三局所在地裴庄，视察延安新华广播电台，了解广播电台情况。

1日，党在辽宁沈阳创办了中共中央东北局机关报《东北日报》。

4日，博古在编委会上指出，目前是个宣传战，一对蒋介石，一对美国，宣传不仅只顾今天，还要考虑到明天。

7日，新华社发表综合报道，概述日本投降以来，国民党进攻解放区部队之番号，原驻地，现在所在地，以及进攻我军之事略。此消息经毛泽东审阅发表。

8 日，《解放日报》发表题为《纪念十月革命，庆祝中苏同盟》的社论。

15 日，《解放日报》刊出“冼星海同志追悼特刊”，发表悼文 6 篇。

16 日，《解放日报》发表题为《减租与生产》的社论。指出，只有把减租和生产这两件重要工作做好，才能迅速恢复解放区人民的战争创伤，才能保证解放区人民繁荣幸福的生活，才能更加壮大解放区人民的力量，才能承担起作为“全国民主建设的模范与和平团结的中坚”的重大任务。

26 日，美国《纽约时报》记者窦丁、芝加哥《每日新闻》记者惠勒、美联社记者罗约翰、法国通讯社记者柔尔生飞抵延安，同行者有国民党中央宣传部国际宣传处张彼德。

本月，新华社总社英播部顾问林迈克由延安返回英国。

1945 年，林迈克夫妇和延安新华社人员合影

本月，华中举行第一次新闻工作座谈会，苏中、苏北、淮南、淮北、皖中、苏浙等地分社和报社都派人参加了座谈。

12月

1日，《新察哈尔报》创刊。

7日，《解放日报》发表题为《昆明惨案》的社论，声援昆明学生的斗争。延安及晋察冀、山东、晋绥边区的广大军民支援昆明学生。

9日，《新华日报》华中版创刊。

10日，《解放日报》发表题为《纪念“一二九”十周年》的社论。

13日，《解放日报》发表文章《从五个W说起》。谈新闻写作必须有五个W（时间、地点、人物、事情、为什么），缺了一件就会不成样子。

17日，中国解放区新闻记者联合会致电美国记者斯诺、爱金生等人，对于他们被列入国民党黑名单，不能到中国自由旅行的境遇，表示惋惜和慰问。（《解放日报》1945年12月19日）

本年冬，各大战略区分社相继改为新华总分社。

本年，苏中出版社编印的《毛泽东选集》出版。

本年，《工农写作》创刊，这是新华社为提高工农通讯员写作水平办的刊物。

本年，边区银行原行长曹菊如写出《陕甘宁边区抗战时期关于金融问题的一些经验》，即《边区金融总结》，引起不同的反响。

本年，日本问题研究会编辑出版了《二次大战中的日本政治》。

1946 年

1月

1 日，《解放日报》发表《新年献词》，指出一九四六年的任务，首先是力争迅速停止内战，建立国内和平，废除一党专政，实现民主的联合政府。同时，又提出了停止内战、减租、生产、拥政爱民、拥军优抗、整理财务的五项任务。

社論

新年獻詞

1946 年 1 月 1 日，《解放日报》发表《新年献词》

1 日，晋绥边区创办综合性半月刊杂志《人民时代》。

5 日，晋绥边区创办《人民画报》。

17 日，《解放日报》刊登王子宜题为《调解与审判》的文章。

20 日，西北局宣传部发出《关于加强各县通讯工作的通知》，指出通讯报道工作中存在着稿件少、质较差、缺乏特点和系统性等问题，并提出了具体的解决办法。（《解放日报》1946 年 1 月 22 日）

30 日，新华总社急电各分社：政治协商会议日内即将结束，可能获得若干成果，各解放区反应如何，分社务须立即报道。如有庆祝行动，更应大力采写。

2月

1日，新华社重庆分社成立，设在重庆《新华日报》社内。

初，新华社北平分社成立。与2月22日创刊的《解放三日刊》一个机构，两个牌子。

3日，延安市各界两万人集会，庆祝政协会议闭幕，朱德总司令在讲话中指出："政治协商会议的成功，使我们的国家从此走上了和平民主建设的新阶段。"

7日，《解放日报》报道《晋察冀日报实行革新》。

12日，《解放日报》报道了由洪流采写的本报模范工作者张瑞书和姚富贵的先进事迹。

本月，范文澜著《中国近代史》上册，在延安出版。

3月

1日，由太行区文协主编的《文艺杂志》月刊创刊。

8日，延安各界妇女在边区参议会大礼堂举行集会，纪念"三八"妇女节。朱德、林伯渠、习仲勋、蔡畅出席会议并讲了话。同日，《解放日报》发表题为《中国妇女今后的任务——纪念三八妇女节》的社论。

15日，平绥铁路七千多职工的喉舌《铁路工人》周刊创刊。

24、25日，《解放日报》刊出纪念张寒晖的多篇悼文。

25日，《边区群众报》创刊六周年，适满三百期。毛泽东主席特函勉励该报，函中说："希望读者，多利用报纸，推动工作，学习文化。"（《解放日报》1946年3月27日）

本月，张家口成立北方文化社，《北方文化》创刊。

4月

3日，《解放日报》社、新华社编委会通过了《编辑记者任用培养提拔暂行办法》。

3日，新华社北平分社和《解放三日刊》遭到国民党军警非法搜捕，捕去负责人钱俊瑞、姜君辰、杨庚及工作人员共39人。经军调处中共方面委员叶剑英向国民党当局提出抗议后，于次日获释。

7日，哈尔滨记者学会成立。

8日，新华社、解放日报社社长博古和王若飞、叶挺、邓发等同志从重庆回延安途中，飞机失事，遇难于黑茶山。

1946年4月，毛泽东为“四八”烈士殉难题词：“为人民而死，虽死犹荣”

12日，《解放日报》发表题为《痛悼死者》的社论及博古等人传略。

20日，《解放日报》刊登毛泽东悼念博古等人的文章及题词，毛泽东题词：“为人民而死虽死犹荣”；朱德题词：“为全国人民和平民主团结而牺牲”；刘少奇题词；“把给予我们伟大死者的悲痛，变为积极的力量来巩固和平，争取民主”；李鼎铭题词：“为和平为民主而牺牲虽死犹生”；任弼时题词：“你们的功绩永垂不朽”；彭德怀题词：“为中国和平民主团结而牺牲，永远是光荣的！”

20日，解放日报社、新华社总编辑余光生、副总编辑艾思奇、陈克寒合写《悼念我们的社长和战友博古同志》一文发表。

24日，中国解放区新闻记者联合会华中分会成立。选出范长江等13人为理事，决定会务工作。（《解放日报》1946年5月5日）

30日，《解放日报》发表题为《解放区职工运动的任务——迎接今年的五一节》的社论。

5月

1日，《济宁日报》创刊。

1日，《解放日报》发表题为《抗议西安新闻界血案》的短评。西安秦风工商日报报馆被国民党特务捣毁（三日报纸被迫停刊）。共产党员、民主同盟西北负责人、秦风工商日报主编李敷仁被国民党特务绑架至咸阳北原暗杀（未死）。该报法律律师王任，因主持正义，反对国民党对该报的迫害，已于4月25日被国民党诬为“烟犯”而遭处决。（《解放日报》1946年5月8日）

16日，为纪念《解放日报》创刊五周年，韬奋基金委员会、西北局宣传部、延安记者学会奖励通讯员。（《解放日报》1946年5月16日）

23日，新华通讯社给各总分社、分社、支社及特派记者一封公开信：《电讯要简练》。

28日，中央书记处、毛泽东正式批准《新华社、解放日报暂行管理规则》和主要领导人员的任命。

29日，北平分社和《解放三日刊》报被国民党当局无理封闭。

本月，晋冀鲁豫中央局机关报《人民日报》在邯郸问世。

本月，范文澜主编的《中国近代史》上编第一册在延安解放社出版。

6月

1日，《解放日报》刊登聂志超题为《延安参观后的我见》的文章。

6日，《解放日报》发表社论《中国文艺运动中一个有历史意义的文献》。

談批評和接受批評的態度

1946 年 6 月 7 日，《解放日报》刊登的《谈批评和接受批评的态度》

7 日，西北局发出指示，要求各级党委学习该日《解放日报》刊登的《谈批评和接受批评的态度》一文，以此作为学习材料，对照检查所属地区的工作缺点，开展正确的批评与自我批评，以达教育干部改进工作的目的。

9 日，赵树理的小说《地板》在《解放日报》刊出。

26 日，赵树理的小说《李有才板话》在《解放日报》连载。

26 日，国民党军队大举围攻中原解放区。以此为起点，蒋介石发动了对各解放区的全面进攻。解放战争爆发。

28 日，《解放日报》刊载《美国干涉中国内政纪要》一文。文中指出，自抗战胜利至 1946 年 6 月 25 日，美国装备和训练了国民党 20 个军，50 个师。为国民党运送到华北 5 个军，共 19 万人；运送到东北 7 个军，共 26 万人。美国援助国民党的军需物资总额为 13 亿多美元。美军在中国至少有 53000 人。文章还列举了美国破坏中国领土完整、侵犯中国解放区等大量事实。

本月，新华社南京分社成立。范长江负责。

本月，侯外庐与罗克汀合作写成的《新哲学教程》，是延安时期后期的一部重要的唯一的马克思主义哲学教科书，它的主要内容包括对辩证唯物主义基本特点的阐述、对辩证唯物主义基本观点的阐述、论辩证唯物论在自然科学中的应用和验证等三部分。全书系统全面地介绍了辩证唯物论特别是唯物辩证法的基本规律与范畴，论证了辩证唯物论在自然和社会中的应用和实践。

7月

1日，《解放日报》发表题为《中国共产党与中国——纪念中共成立二十五周年》的社论，指出，没有中国共产党的领导，便没有现在和将来的中国。

1日，晋绥边区的《抗战日报》改名为《晋绥日报》。

1日，绥德《抗战报》改名为《大众报》。铅印，每期八开两版。(《解放日报》1947年7月13日)

12日，口语广播开始举办《对国民党军广播》节目。

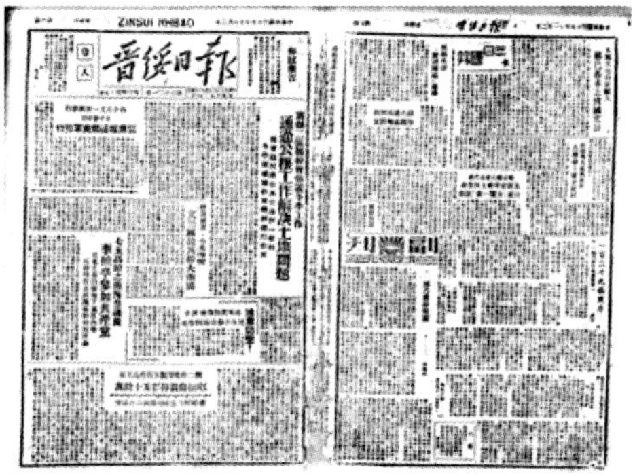
晋绥日报

《晋绥日报》

15日，张家口新华广播电台开始每晚八时四十分至九时(上海时间)增加英语口播。播音员先后为李敦白、冯培、魏琳。

15日，《解放日报》发表题为《人民的运动是阻不住的——论李公朴先生殉难》的社论。

15日，全国著名文学家、西南联大教授闻一多，在昆明被国民党特务暗杀。《解放日报》发表题为《杀人犯的统治——论闻一多先生被害》的社论。17日，毛泽东、朱德电唁闻一多家属，表示慰问。18日，边区参议会、边区政府电唁闻一多家属，表示慰问。(《解放日报》1946年7月17日-7月19日)

15日，《新少年》创刊。

本月，廖承志担任新华社社长，范长江、钱俊瑞、石西民、梅益、徐迈进陆续到延安，任副总编辑。

本月，新华社华中总分社如皋分社女记者叶邦瑾，在如皋县坚持敌后采访时被捕，敌人对她施以酷刑，她始终不屈，英勇就义。后来，当地群众为了纪念她，把她被捕时所在的村子改为“邦瑾村”。

本月，山东野战军在淮北地区发起朝阳集战役，全歼国民党军一个整编旅，生俘旅长洗盛楷。新华社山东野战军分社进行了战役的系统报道工作，总社表扬了《冼盛楷访问记》一稿。

本月，延安解放社出版《列宁选集》第 18 卷。

8 月

16 日，《解放日报》发表题为《全解放区人民动员起来，粉碎蒋介石的进攻！》的社论。指出，中国和平民主的进程已经被蒋介石推翻，全面内战的火焰已经被蒋介石点燃。为了中国的和平民主与独立，全解放区军民的历史任务是：动员一切力量，粉碎蒋介石的进攻，以夺取自卫战争的胜利。

24 日，新华社致电各分社，告诫在外活动的记者要提高警惕。

解放日報

賀龍將軍

抗議蔣機炸延

社論

全解放區人民動員起來，

粉碎蔣介石的進攻！

1946 年 8 月 16 日，《解放日报》发表社论《全解放区人民动员起来，粉碎蒋介石的进攻！》

25 日，全国文协延安分会与边区文协举行座谈会，决定发行《延安生活》丛刊。会议决定由李伯钊、欧阳山、张仲实、艾思奇、柯仲平、鲁

直、秦川为编委组成编委会，欧阳山为主编。（《解放日报》1946 年 8 月 30 日）

25 日，全国文协延安分会与边区文协开会，决定印行《延安生活》丛书，《解放日报》发表启事。

30 日，全国文协延安分会与边区文协的会刊《延安文艺》月刊，定于双十节出版。该刊由李伯钊、胡蛮、欧阳山、贺绿汀、柯仲平、张季纯、马健翎等 11 人组成编委会，柯仲平任主编。（《解放日报》1946 年 8 月 30 日）。

本月，我军撤出淮北四个县，陈毅亲自动手写新闻，宣传我军集中优势兵力歼灭敌人有生力量，不在一城一地得失的战略思想。

9 月

1 日，新华社总社正式公布了《新华社特派记者工作条例》。

1 日，为纪念“九一”记者节，《解放日报》发表社论《改进我们的通讯社和报纸》。

1 日，《解放日报》发表胡乔木的文章《人人要学会写新闻》。

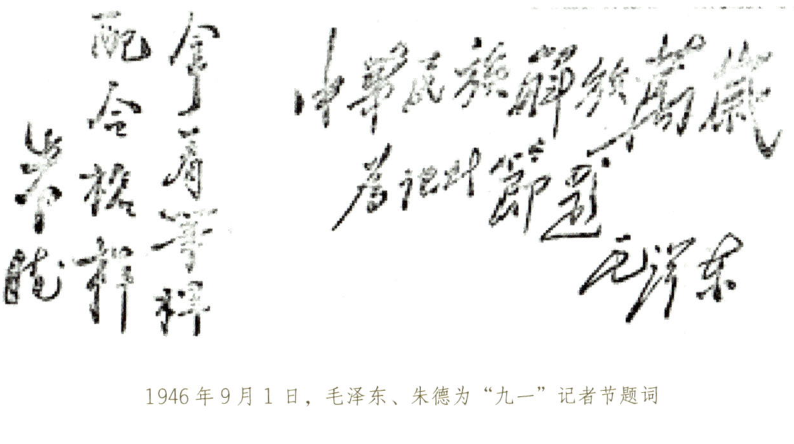

1946 年 9 月 1 日，毛泽东、朱德为“九一”记者节题词

2日，《解放日报》登出《延安文艺》征稿启事。

3日，马峰、西戎长篇小说《吕梁英雄传》在《解放日报》连载。

4日，《解放日报》发表题为《国民党军官兵，起来罢战怠战！》的社论。指出，国民党军官兵怠战罢战运动是全国反内战反独裁反卖国的怒潮的一种具体表现，这个运动还要向前发展，并将成为彻底粉碎蒋介石进攻的一个重要因素。

12日，《解放日报》发表题为《蒋军必败》的社论。指出，蒋介石虽有美国的大规模援助，但它发动战争的反动性决定了蒋军必败。

22日，《解放日报》连载三天，发表了李季的长篇叙事诗《王贵与李香香》。作品以优美的故事和陕北人民群众熟悉的"信天游"形式吸引了读者，在根据地引起了轰动性效应，被誉为诗歌创作的一个丰硕成果。

23日，东北新华广播电台开始播音。(《解放日报》1946年10月5日)

25日，哈尔滨市《工人周报》创刊。

27日，《解放日报》发表胡乔木的文章《短些，再短些》。

28日，《解放日报》发表题为《欢迎三五九旅胜利归来》的社论。指出，中原我军五师和三五九旅突围的胜利，是全党全军的光荣，也是中国人民的光荣。社论号召全边区军民提高警惕，加强团结，学习三五九旅艰苦卓绝、英勇战斗的伟大精神，准备迎击蒋介石的任何进攻。

本月，《解放日报》刊登李卓然题为《学习党章的目的与方法》的文章。

本月，陆定一在《解放日报》著文《读了一首诗》，高度评价《王贵与李香香》。

10月

1日，总社电各分社："刘善本起义及彼在延安数次广播，对蒋空军影响很大，希各地立即注意对蒋空军的宣传。”

3日，王震在延安新华广播电台发表题为《人民军队是不可战胜的！》广播词。广播词中在叙述了中原突围经过之后，揭露了蒋介石反动派在美国支持下扩大中国内战的罪恶面目。又指出，在毛泽东主席和朱德总司令旗帜下的军队是经得起严峻考验的、爱国主义与英雄主义的人民军队，是永远不可战胜的。（《解放日报》1946年10月5日）

南征胜利归来的王震向毛泽东汇报工作

4日，《解放日报》发表题为《边区人民警惕起来，反对特务破坏》的社论。社论在指出我们对国民党特务认识不足、没有广泛发动群众与之斗争及对特务破坏分子处理有过分宽容的倾向后，号召边区军民和全体干部，立即克服这些缺点，更加团结和警惕，彻底肃清特务，粉碎反动派的一切阴谋。

18日，《解放日报》发表中共中央《关于时局的声明》。声明分析了一年来的形势，郑重声明，只要蒋介石及马歇尔有最低限度的诚意，承认停战协定和政协决议，中国共产党将继续与他们通力合作，以求和平真正实现，民主真正开始。

19日，陈涌在《解放日报》发表《三年来文艺运动的新收获》，评述新创作的各种作品。

23日，《解放日报》副刊《读者服务》创刊。

24日，柯仲平的16场歌剧《无敌民兵》，在《解放日报》连载22天。

29日，陕甘宁边区政府林伯渠、李鼎铭、刘景范正副主席设宴欢迎来延安参观访问的英援华会会长克利浦斯夫人一行，林伯渠致欢迎词，克利浦斯夫人致答词。《解放日报》发表题为《欢迎克利浦斯夫人来延》的时评文章。克利浦斯夫人一行参观了西北医专、白求恩国际和平医院总院等，与中国解放区救济委员会秘书黄剑拓、中国解放区保育委员会康克清及十八集团军总卫生部部长苏井观分别举行了座谈，并向新华社、《边区群众报》及《解放日报》记者谈了援华会工作状况。30日，毛泽东主席、朱德总司令设宴招待克利浦斯夫人，晚上，克利浦斯夫人等由朱德、康克清陪同出席欢迎晚会。31日，克利浦斯夫人一行离延飞往郑州。（《解放日报》1946年10月29日—10月31日）

本月，《解放日报》及新华总社举行晚会，欢迎《新华日报》返延同志及外国通讯社记者查甫曼夫妇等。（《解放日报》1946年10月25日）

11月

2日，《边区群众报》即日起，改为半周刊，每周三、周六出版。

15日，《解放日报》刊登蔡畅、白茜题为《解放区妇女当前的任务》的文章。指出，今天的任务就是要动员起来，集中一切力量，参加支持自卫战争，粉碎蒋介石的进攻，保卫民主自由，保卫土地，保卫丰衣足食的生活。

17日，新华总社通电各分社、各报社：晋察冀总分社特派记者田雨在10月5日去平汉前线采访时，误踏地雷，身受重伤，经医治无效，不幸牺牲。总社除对田雨同

晋察冀总分社特派记者田雨

志表示沉痛悼念外，要求记者们在前线采访时务须特别小心。同军事机关及部队取得联系，服从其指挥，并在行动中学习军事常识，力避危险，完成采访任务。

29日，《解放日报》发表题为《慰问朱学范先生》的时评文章。

30日，关于对蒋管区的新闻广播方针，周恩来给廖承志、余光生写信。

12月

9日，《新华日报》华中版创刊周年纪念，朱德、刘少奇、周恩来、陈毅、饶漱石、邓子恢、张鼎丞等同志为该报题词。当日下午，该报全体工作人员百余人集会庆祝。（《解放日报》1946年12月14日）

14日，《解放日报》发表题为《争取春耕前完成土地改革》的社论。

15日，邯郸新华广播台正式广播。（《解放日报》1946年12月16日）

17日，新华社广播时评《到进犯蒋军的后方去！》

31日，《解放日报》发表题为《坚决消灭进犯者》的社论，指出，国民党军胡宗南部三十日大举进攻陕甘宁边区，是蒋介石决心破裂，大打内战的铁证，号召边区军民克服麻痹思想，积极配合全解放区和全国人民的斗争，把进犯者坚决消灭掉。

本月，长江出版社出版陈伯达的《中国四大家族》。

本年，范文澜、陈伯达著《曾国藩与袁世凯》，华中新华出版社出版。

本年，范文澜著《中国代近史》（上册）在延安出版。

本年，八路军总政治部宣传部编《抗战八年来的八路军与新四军》上下册，在华北新华书店出版发行。

本年，陈伯达著《中国四大家族》在延安新华书店出版发行。

本年，丁玲《一颗未出镗的枪弹》由东北书店出版。

本年，中共中央晋察冀分局出版《毛泽东选集》增订本和续编本，共六卷，共收毛泽东文章43篇，约60万字。

1947 年

1月

1 日，毛泽东发表《新年祝词》。指出，在一九四六年，中国人民开展了争取民主自由的运动，与反动势力进行了胜利的斗争，并将必然取得胜利。一九四七年，中国人民的斗争将取得比去年更重要的胜利，其结果将使中国的情况发生变化，有利于和平的恢复与国家的独立。朱德发表题为《一九四七年的十大任务》的元旦广播祝词，指出，解放区军民，要在今年底停止国民党反动派的进攻，收复失地，完成土改，发展生产，改善生活。《解放日报》发表了题为《艰苦奋斗　迎接光明》的新年献词。指出，一九四七年将是中华民族与中国人民光明日子日益临近的年份，我们面前还有困难，但这是胜利中的困难，新中国诞生中的困难，因而是可以克服的困难。全体共产党员要与全国人民在一起，在今年一年中克服困难迎接光明，我们艰苦奋斗将要换得新中国的实现。

晋察冀总分社社长邓拓

6 日，晋察冀总分社社长邓拓致电新华总社，检查了总分社工作中的差距，提出今后努力方向。

7 日，《解放日报》连续两天登载杨醉乡写的剧本《送公粮》。

19 日，《解放日报》刊出一

组悼念王大化的文章。

20日，延安新华广播电台增播专门节目，介绍在各个解放区战场上放下武器，脱离内战的国民党军将校尉、高级军官的姓名、部别、职别及现在生活状况等。

25日，《解放日报》发表题为《誓雪新国耻 严惩卖国贼》的社论。

29日，《边区群众报》发表题为《用最大的力量完成第一中心工作》的社论。指出，彻底解决土地问题，使每个农民都有土地耕种，是全边区今年最中心的、第一等重要的工作。要求各地在春耕前大体完成，至年底完全做好。

2月

1日，新华总社致电各总分社、分社："昨日播晋冀鲁豫总分社之《一个被俘蒋军连长转变的自述》，此种体裁对外宣传最易收效，加之写法生动，可资观摩。"

8日，新华总社致电各总分社，表扬《冀南农村新貌》一稿。

19日，《西北新闻社》成立，李卓然、杜桴生任正副社长，胡绩伟、金照任正副总编辑。

23日，新华社华东野战军前线分社第四支社记者陈夏，在莱芜战役采访时，不幸中弹牺牲，时年24岁。（《解放日报》1947年3月6日）

23日，联防军政治部出版《部队画报》。

27日，《解放日报》发表题为《粉碎蒋介石进攻边区的阴谋》的社论。指出国民党军有进攻延安的可能，号召边区军民迅速而紧张地动员起来，做好土地改革和春耕生产等项工作，为保卫边区、保卫延安而战斗而工作。

本月，新华社苏中分社记者袁素，在江苏海安、泰州一带采访时被俘，牺牲于南通庙家闸集中营。

3月

2日，新华社盐阜分社特派记者钱毅，在江苏淮安县石塘区采访时被俘，坚贞不屈，英勇就义。他是著名文学家阿英（钱杏村）的长子。

3日，延安总部发言人指出，国民党军胡宗南部主力整编第1师、第90师均西渡黄河，集中于宜川地区，准备最近袭取延安。胡宗南部进攻庆阳，是为吸引我军主力向西，以便乘虚入侵延安。发言人号召边区军民紧急动员起来，坚决粉碎国民党军的阴谋。（《解放日报》1947年3月3日）

8日，《解放日报》发表题为《把卖国贼的血爪斩断在延安门外》的社论。号召边区军民紧急行动起来，保卫陕甘宁边区，保卫延安，保卫毛主席。《边区群众报》也发表题为《消灭胡宗南的时侯到了》的社论。指出，胡宗南进攻延安的战争就在眼前，边区军民应奋勇战斗，消灭胡宗南的军队。

14日，延安新华广播电台播完当天中午的节目后，奉命转移至瓦窑堡好坪沟播音，台名照旧。这是延安台的第一次转移。

3月中旬，晋冀鲁豫中央局在中央指示下调集一批人，在太行地区的涉县筹建临时新华总社，接替在行军中的新华总社工作。

毛泽东在转战陕北途中

18日，我党、政、军机关全部从延安撤出。毛泽东率领中央纵队开始了转战陕北的战斗历程。

21日，新华社开始以“陕北”电头代

替“延安”电头播发新闻。延安新华广播电台改名陕北新华广播电台播音。

25 日，周恩来、朱德同志先后到好坪沟村视察陕北新华广播电台，鼓励大家做好工作，保证不中断广播。

27 日，《解放日报》出版第 2130 号后停刊。

28 日，新华总社口播在晚上播完我军在陕北战场上的第一个大胜仗——青化砭大捷的战报后，结束了在瓦窑堡的播音，向太行地区转移。这是延安（陕北）台的第二次转移。

本月，晋察冀中央局编印的《毛泽东选集》第 1-6 卷出版，选编了毛泽东同志 1927 年至 1946 年的著作。12 月又出版了一本续编，补选了十年内战时期和抗日战争时期的几篇著作。

4 月

9 日，随中央转战陕北的新华社小分队，在陕北横山县青阳岔油印出版第一期《新闻简报》，供中央首长和中央纵队同志阅读。

新聞簡報

《新闻简报》

14 日，我军于瓦窑堡以南之羊马河，全歼国民党军整编十五师之 135 旅。毙、伤、俘 135 旅代旅长麦宗禹以下 4700 余人，首创歼国民党军一个整旅之范例。新华社就此发表题为《战局的转折点》的社论，指出，135 旅的全部被歼，说明国民党国防部所谓新战术的破产，说明胡宗南部战斗力的下降，是胡宗南也即蒋介石走下坡路的开始。135 旅的被歼也同时说明西北人民解放军战斗力的上升，奠定了今后彻底消灭国民党军胡宗南部的基础，说明了西北人民解放区仅以自己现有的力量，就足以打败胡宗南。西北战局的转折点就是全国战局的转折点，全国战局将以此全面地起变化。四月开始的二、三个月内，国民党军将由攻势转变为守势，我军将由守势转变为攻势。18 日，陕甘宁边区党政军民各界，召开祝捷大会，庆祝羊马河战役胜利。王维舟副司令员等讲话指出，这一胜利是边区保卫战的转折点，它说明边区军民有充分信心，不靠任何外援，就能把国民党军胡宗南部完全消灭在边区。

17 日，西北局后委首次召开宣传工作会议，贾拓夫在讲话中指出，战时宣传工作的基本方针是动员全边区 160 万军民一齐起来，参加战争，支援战争，争取爱国自卫战争的胜利，保卫边区，解放西北。会议决定了《边区群众报》改出日刊，民众剧团分成若干小组下乡演出，新华书店应多采用货郎担的售书方式等问题。（《边区群众报》1947 年 5 月 3 日）

21 日，《新闻简报》并入《边区群众报》，《边区群众报》由原来的三日刊改为日刊。（《边区群众报》1947 年 4 月 21 日）

25 日，《边区群众报》刊登新华社 18 日发表的题为《新筹安会评蒋政府改组》的社论。指出，4 月 18 日蒋介石宣布改组他的政府，蒋本人由主席改称总统，与袁世凯将总统改为皇帝的实质是一样的，都是：一是媚外，二是残民，三是打内战，四是走死路。

28 日，《边区群众报》发表题为《珍惜我们的生命线粮草》的社论。

5 月

1 日，《边区群众报》刊登新华社为纪念五一劳动节发表的题为《全力准备大反攻》的社论。指出，我们的任务就是动员一切力量，全力准备大反攻，中国人民一定能打败美国支持下的蒋介石集团，实现解放。

7 日，陕甘宁边区党政军民各界举行第二次祝捷大会，庆祝蟠龙大捷与耀县解放。马明方、王维舟、贾拓夫先后讲话，指出蟠龙大捷还只是胜利的开始，全边区军民应闻胜不骄，克服速战速胜思想，一切从长期打算。前方部队要更英勇地顽强作战，后方要更加加强战勤与生产工作，争取胜利早日来临。（《边区群众报》1947 年 5 月 8 日、晋冀鲁豫《人民日报》1947 年 5 月 11 日）

8 日，陆定一同志写《新华社记者评蟠龙大捷》一文，经“四大队”发太行临时总社广播。

13 日，周恩来、陆定一由王家湾到西北野战军司令部驻地马家沟（真武洞西五里），代表中央祝贺西北野战军三战三捷。

14 日，西北人民解放军及陕甘宁边区各界五万军民，于安塞县真武洞举行祝捷大会。周恩来、彭德怀、习仲勋等出席大会。周恩来在讲话中代表中共中央祝贺边区连获大捷，并宣布毛主席、党中央撤离延安后，一直留在陕北，与边区全体军民共同奋斗。彭德怀在讲话中指出，只要军民团结一致，定能全部消灭国民党军胡宗南部。习仲勋在讲话中号召边区全体青年拿起武器参加游击队，参加正规军，男女老少一齐生产，积极参加担架运输和后方勤务，用一切力量支援前线。在会上讲话的还有劳动英雄、战斗英雄及解放军战士多人。（晋冀鲁豫《人民日报》1947 年 5 月 23 日）

慶祝連次大捷、檢閱自己力量
邊區舉行五萬軍民大會
大家充滿消滅胡宗南的堅强信心
從撤出延安已殲胡軍二萬三千多
邊區軍民祝捷大會
發表通電

真武洞祝捷大会报照：《边区举行五万军民大会》

27 日，《西北新闻》社自即日起撤销，分称新华社，西北总分社与《边区群众报》社。（《边区群众报》1947 年 5 月 27 日）

30日，《边区群众报》发表题为《饿死敌人！》的社论。号召边区人民做好粮食坚壁工作，破坏道路，打击国民党军的运粮队伍。

30日，毛泽东在陕北安塞县王家湾村写了《中共中央权威人士向新华社记者发表关于目前局势的评论》。

毛泽东在王家湾旧居

6月

10日，以新华社记者黄作梅名义出版的《新华社新闻稿》第一期在伦敦出版，向欧美各国发行。

25日，《晋绥日报》连续两天发表了《不真实新闻与"客里空"之揭露》一文，文中揭露了报道上的"客里空"现象，并追根求源，检查了记者队伍中思想立场的错误。

26日，胡乔木在陕北写《孙科原形毕露》一文，由临时总社广播。

30日，刘伯承、邓小平率领晋冀鲁豫野战军的七个纵队，在鲁西南地区强渡黄河，揭开了人民解放军战略反攻的序幕。从此，新华社连续播发一系列的大反攻新闻、评论及各个战场上的胜利喜讯，鼓舞广大军民更加迅速地推动解放战争的胜利进程。

7月

1日，新华社发表题为《努力奋斗迎接胜利——纪念中国共产党创立二十六周年》的社论。指出："中国共产党在二十六年的锻炼中已经成为伟大的成熟的老练的政党，有充分的把握领导人民粉碎反动派的一切进攻，并取得最后胜利。"社论又指出，爱国自卫战争"胜利的条件已

人民日報

努力奮鬥迎接勝利

★紀念中國共產黨創立二十六週年★

1947 年 7 月 1 日，新华社发表题为《努力奋斗迎接胜利——纪念中国共产党创立二十六周年》的社论

经具备了，前进的道路上还会有困难，我们一定要正视这些困难，宁可作长期打算不要有速胜论，但是无论什么困难，我们一定要克服，也一定可以克服。”（晋冀鲁豫《人民日报》1947 年 7 月 1 日）

7 月上旬，新华总社大队人马到达太行地区。至此，总社从 3 月 14 日由延安出发的一次大转移胜利完成。

14 日，新华社发表社论《总动员与总崩溃》，对蒋介石 7 月 4 日发出的《戡平共匪叛乱总动员令》，从军事、经济、政治等几个方面加以批判。

28 日，联合国救济总署以国民党封锁为借口，即日起，停止对解放区之救济，而仍继续运输救济物资给国统区。新华社就此发表题为《评联总停止对解放区救济》的时评，指出，这是联总援蒋内战之明证。文章要求联总立即冻结国民党仓库中的一切救济物资，以待问题的总解决。（晋冀鲁豫《人民日报》1947 年 8 月 13 日）

29 日，新华社华东野战军前线分社第四支社社长金革，在外出执行任务时牺牲，时年 28 岁。

8月

1日，新华社发表题为《人民解放军二十周年》的社论。社论在回顾了解放军的成长过程，总结了历史经验后指出，经历了二十年奋斗的中国人民解放军，温习了二十年奋斗经验的中国人民解放军，一定会不顾一切困难，坚决地执行中共中央所给予的伟大任务，勇敢地奔赴那个不可避免的神圣目标，战胜蒋介石建立新中国。”（晋冀鲁豫《人民日报》1947年8月3日）

5日，冀鲁豫前线记者团改建为中原（刘邓）野战分社。

8日，陆定一自陕北致廖承志电，其中说：“此次晋绥反对客里空，除反对一般的报道不确实外，特别触及了新闻工作中的阶级立场问题，是土地改革中的一个收获。”“在土地革命中，对于立场好的记者应表扬，立场不好的应批评指责。”

12日，新华社苏北前线支社记者胡捷同志，在盐城战斗中身负重伤，在转移中牺牲。

16日，陕北台编辑齐越参加播音工作。他是人民广播事业的第一个男播音员。

1949年齐越在北平新华广播电台播音

28日，新华总社编辑部发表文章《锻炼我们的立场与作风》，指出：“过去各解放区都曾作过一些改进新闻写作的工作，而且也有若干成绩，但是，像《晋绥日报》六月下旬开始的这样公开的群众性地的检查工作，则没有做过。”这次反“客里空”运动，有普遍意义。

29日，新华社发表社论《学习晋绥日报的自我批评》，指出《晋绥日报》6月25日《不真实新闻与“客里空”之揭露》对于“客里空”及记者队伍中思想立场问题的公开揭露，是土地改革中的一个收获。

本月，新华总社开始筹建自己的印刷厂。

9月

1日，指导群众通讯员写作的小册子《边区群众报副刊》创刊。

1日，新闻业务刊物《新闻研究》创刊号出版。（晋冀鲁豫《人民日报》1947年9月8日）

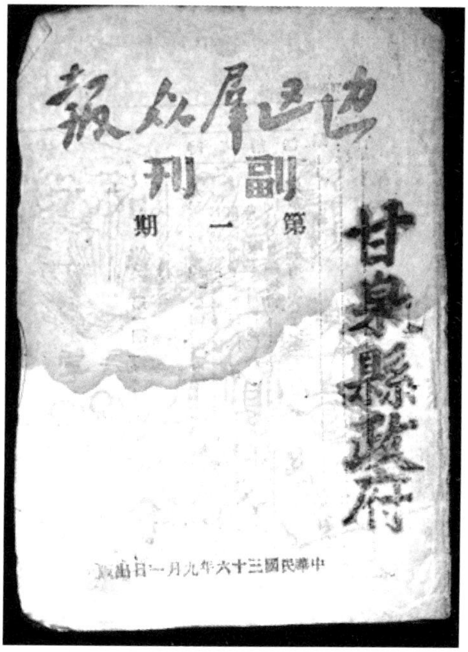

《边区群众报副刊》

1日，新华社为纪念“九一”记者节发表社论《纪念“九一”，贯彻为人民服务的精神》。

5日，口播台每晚播音时间延长到三小时，增设了“简明新闻”等节目。

7日，新华社华东野战军前线分社第三支社记者宋大可，在采访鲁西南沙土集战斗时牺牲，时年23岁。纵队政治部追赠他为“一等人民功臣”，总社追赠他为“模范记者”称号。

11日，新华总社英语口语广播开始。播音员为从张家口台调来的魏琳。

12日，太行总社广播中央同志为新华社写的社论《人民解放军大举反攻》。

14日，新华社发表题为《人民解放军大举反攻》的社论。指出，人民解放军的大举反攻，标志着战争形势的根本改变，蒋介石的全面进攻已被打得粉碎。解放军的全面战略攻势，使蒋介石转到被动地位，并且因为人民反对、兵力削弱与后方空虚，而处在极其危殆的地位。

20日，中共陕甘宁边区党委召开所属各厅及保安处、银行、贸易公司等单位党员干部检查工作、思想、作风动员大会，边区政府主席林伯渠讲话，在指出解放军开始大反攻的新形势后，号召全体党员干部彻底检查工作、思想和作风，配合检查政策提高工作效率，完成支援前线、收复失地、解放大西北的任务。《边区群众报副刊》发表题为《完成任务靠什么？》的社论，希望边区各地区乡政府，热烈响应这个号召，端正阶级立场，提高工作效率，配合我军大反攻，解放大西北。

27日，《西北局为消灭胡宗南解放大西北告西北各界人民书》发出。

本月，新华社华东野战军前线分社摄影记者苏正平在山东高密前线采访时牺牲，时年24岁。

10月

10日，中共中央发出《关于公布"中国土地法大纲"的决议》，决议要求各地订出适合当地情况的具体贯彻《中国土地法大纲》的办法，展开全国的土地改革运动，完成中国革命的基本任务。（晋冀鲁豫《人民日报》1947年12月28日）

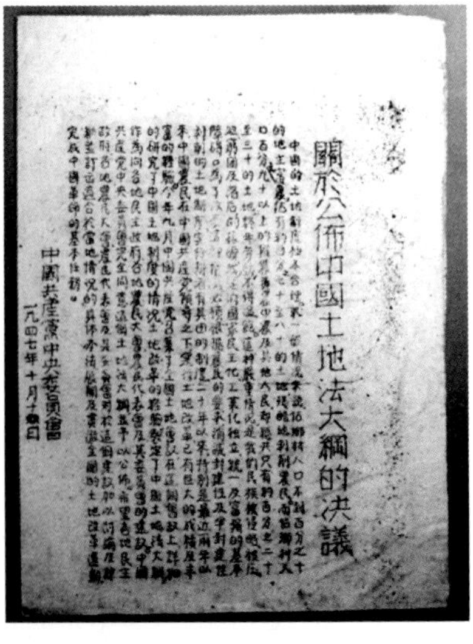
關於公佈中國土地法大綱的決議

中國共產黨中央委員會
一九四七年十月十日

《关于公布中国土地法大纲的决议》

10日，中国人民解放军总部发布关于重新颁布三大纪律八项注意的训令。训令指出，三大纪律是：一切行动听指挥；不拿群众一针一线；一切缴获要归公。八项注意是：说话和气；买卖公平；借东西要还；损坏东西要赔；不打人骂人；不损坏庄稼；不调戏妇女；不虐待俘虏。训令命令全军，要深入教育，严格执行。（晋冀鲁豫《人民日报》1947年10月10日）

10日，中国人民解放军总部发表宣言，分析了国内政治形势，号召全国人民协同解放军，“打倒蒋介石，解放全中国”，宣布了人民解放军的也就是中国共产党的八项基本政策，即组成民族统一战线，打倒蒋介石独裁政府，成立民主联合政府；惩办内战罪犯；废除蒋介石统治的独裁制度，实行人民民主制度，废除蒋介石统治的腐败制度，肃清贪官污吏，建立廉洁政治；没收官僚资本，发展民族工商业；废除封建剥削制度，实行耕者有其田的制度；中国境内各少数民族有平等自治的权利；废除一切卖国条约。（晋冀鲁豫《人民日报》1947年10月10日）

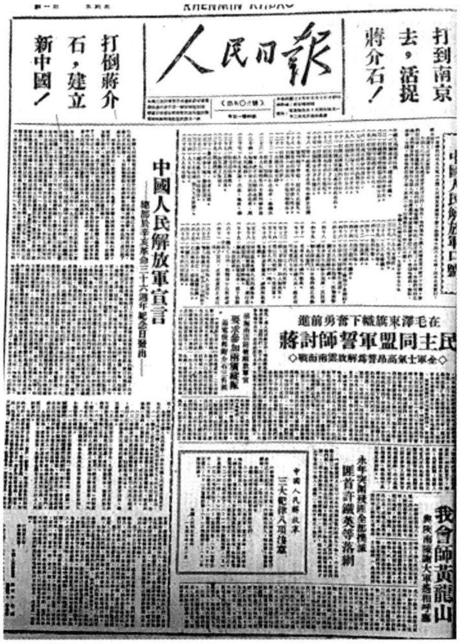
人民日報

打倒蔣介石，建立新中國！

打到南京去，活捉蔣介石！

中國人民解放軍宣言

在毛澤東旗幟下奮勇前進

民主同盟軍誓師討蔣

中國人民解放軍三大紀律八項注意

我會師黃龍山

1947年10月10日的《人民日报》

10日，陕甘宁边区政府林伯渠主席指出，纪念双十节，我全边区干部和人民，应充分发扬辛亥革命的精神，积极进行收复区工作，彻底平分土地，组织和积蓄力量，努力支援前线，消灭国民党军，解放大西北，配合全国各解放区军民的全面大反攻，共同打倒国民党反动派，驱逐美帝国主义，为新民主主义中国的完全实现而奋斗。同时，报纸刊登吴玉章、董必武、徐特立纪念辛亥革命三十六周年的文章。（晋冀鲁豫《人民日报》1947年10月12日、10月13日、10月15日）

10日，新华社华东野战军前线分社记者田耘在采访山东诸城战斗时牺牲。

16日，《西北局关于敌军工作的指示》发出。

21日，为庆祝绥德分区全部收复，绥德军民六万余人举行祝捷大会。彭德怀副总司令讲话，指出："西北解放军在毛泽东主席的亲自指导下，进行了七个月的自卫战争，消灭国民党军六万多人。打败了胡宗南的进攻，取得了第一步的胜利。我们还要继续消灭胡宗南部，解放大西北，打倒蒋介石，解放全中国。"中共绥德地委书记张邦英、战斗英雄郑德印、劳动英雄刘玉厚也讲了话。（晋冀鲁豫《人民日报》1947年11月6日）

本月，晋察冀新华书店出版列宁的《社会民主党在民主革命中的两种策略》，曹葆华译。

11月

9日，中宣部发出关于反"客里空"运动的指示，其中说："晋绥日报九月十八日至二十一日发表的关于'客里空'的检查（见新华总社《业务通讯》第十七号），表示更深一步的检讨，实质上是由于晋绥在一段（抗日时期）的土地工作的检讨。此种检讨必会在各地同样的发生。"

18日，党在石家庄创办了《新石门日报》。

19 日，新华社发表题为《星星之火可以燎原——纪念十月革命三十周年》的社论。（晋冀鲁豫《人民日报》1947 年 11 月 9 日）

新華社論

星星之火可以燎原

——紀念十月革命三十週年

1947 年 11 月 19 日，新华社在《人民日报》上发表社论《星星之火可以燎原》

12 月

2 日，新华社陈谢兵团分社记者朱言晋在采访河南登丰战斗时牺牲，时年 29 岁。

本年秋，新华社太行临时总社开始了英语广播，揭开了外语对外宣传的第一页。

本年，胡华著《美帝国主义侵华史略》在冀中新华书店出版。

本年，翦伯赞著《中国史纲》第 2 卷、《中国史论集》第 2 辑分别由上海大孚出版公司、上海中国文化服务社出版。

本年，侯外庐著《中国近代思想学说史》《中国古代社会史》，分别由上海生活书店、上海新知书店出版。

1948 年

1月

1 日，《新石门日报》改名《石家庄日报》。

1 日，华中局的《新华日报》（华中版）复刊。

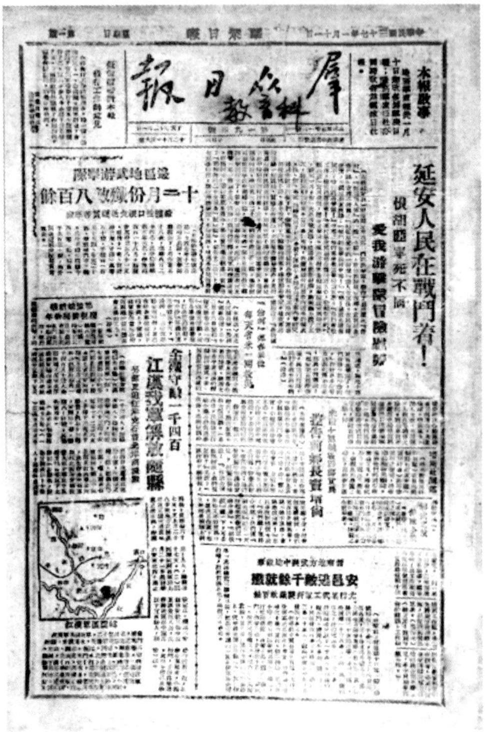
羣衆日報

十一月份繳敵八百餘

延安人民在戰鬥着！

安邑退敵千餘就殲

《群众日报》

2 日，《边区群众报》发表题为《迎接解放大西北胜利年》的元旦献词，指出，陕甘宁和晋绥军民的任务是：进行土地改革，发展生产；改进战勤动员，加强支前工作，深入毛泽东思想理论的学习。

8 日，中原局创办了机关报《中原日报》。

10日，《边区群众报》改出日刊，更名《群众日报》。

31日，新华社发表题为《整顿后方机关帮助前线胜利》的社论。指出，哈尔滨市各机关整编运动的结束，为我们提供了新民主主义政权不断在新解放的城市中建立起来的新形势下，有关机关整编问题的经验。社论还指出，整编的目的是“严密组织，统一编制，健全制度，提高工作效率，建立艰苦朴实作风，反对贪污浪费，使我们的一切人力、物力、财力的使用，一切思想、工作、生活的作风，都能适应大规模战争的要求”。（《群众日报》1948月2月1日）

本月，延安作家刘白羽的《无敌三勇士》由华东新华书店出版。

春，晋冀鲁豫中央局印行了该局党委宣传部副部长张磐石主编的《毛泽东选集》上下卷。

2月

7日，新华社发表题为《坚持职工运动的正确路线，反对“左”倾冒险主义》的社论。（晋冀鲁豫《人民日报》1948年2月8日）

7日，《延属报》创刊，该报为油印四开二版，系中共延属分区地委机关报。（《群众日报》1948年2月18日）

11日，毛泽东为中共中央起草了党内指示《纠正土地改革宣传中的“左”倾错误》。

22日，新华总社出版《本周业务一览》第一期，同年9月1日改名为《业务汇报》。

26日，《群众日报》刊登《陕甘宁晋绥边区缉私办法》和《陕甘宁晋绥边区外汇管理办法》。（《群众日报》1948年2月26日）

本月，新华社关中分社成立，属西北总分社领导。

3月

13日，边区新华书店公告新书有:《赵树理小说选集》《毛泽东印象记》

《王贵与李香香》《洋铁桶的故事》等。

17日，《群众日报》刊登王学善等六烈士传略。

23日，毛泽东、周恩来、任弼时等率中共中央、人民解放军总部机关，由吴堡县川口东渡黄河，离开陕北进入华北。毛泽东在黄河渡船上说："陕北是个好地方"。

1948年，毛泽东东渡黄河

本月，陈伯达著《人民公敌蒋介石》出版发行。

本年

本年，晋冀鲁豫中央局编印作为党内文件的《毛泽东选集》上、下册，编选了毛泽东同志1927年至1945年的著作。

本年，东北书店出版《毛泽东选集》第1-6卷，编选了毛泽东同志1927年至1947年的著作。

本年，范文澜的《中国近代史》重印本在东北书店出版发行。

主要参考书目

一、报纸、刊物

[1] 红色中华，1935-11—1937-01.

[2] 新中华报，1937-02—1941-05.

[3] 解放日报，1941-05—1947-03.

[4] 新华日报，1938-01—1947-12.

[5] 东北日报，1947-07—1948-07.

[6] 人民日报，1947-07—1948-06.

[7] 解放，1937-04—1941-08.

[8] 群众，1937-12—1947-03.

[9] 八路军军政杂志，1939-01—1942-03.

[10] 中国文化，1940-02—1941-08.

[11] 共产党人，1939-10—1941-08.

[12] 群众，1937-12—1947-03.

二、文献档案、专著

[1] 新华社新闻研究部 . 新华社编年记（1931—1950）[M]. 北京：新华社新闻研究部，1981.

[2] 方汉奇，陈业劭，张之华 . 中国新闻事业简史 [M]. 北京：中国人民大学出版社，1983.

[3] 中央人民广播电台研究室，北京广播学院新闻系，解放区广播历史资料选编 [M]. 北京：中国广播电视出版社，1985 年版 .

[4] 延安清凉山新闻出版革命纪念馆，万众瞩目清凉山：延安时期新

闻出版文史资料 [M]. 第 1 辑 .1986.

[5] 苏力，延安之声 [M]. 西安：陕西旅游出版社，1990.

[6] 林绪武，新中华报:“全国报纸中最好的一个”[J]，党史学习教育网，2021 年 5 月 20 日 .

[7] 中共中央党史研究室，中国共产党历史 [M]：第 1 卷 . 北京：中共党史出版社，2002.

[8] 延安市文物志编纂委员会 . 延安市文物志 [M]. 西安：陕西旅游出版社，2004.

[9] 吴筑清，张岱编 . 中国电影的丰碑：延安电影团故事 [M]. 北京：中国人民大学出版社，2008.

[10] 赵生明 . 新中国出版发行事业的摇篮：延安时期新华书店史略 [M]. 西安：太白文艺出版社，2017.

三、画册

[1] 军史资料图集编辑组 . 中国人民解放军画史资料图集 [M]. 北京：长城出版社，1981.

[2] 童小鹏，历史的脚印 [M]. 北京：文物出版社出版，1990.

[3] 中毅 . 延安画卷 [M]. 西安：陕西旅游出版社，1997.

[4] 延安革命纪念馆 . 延安革命史画卷 [M]. 北京：民族出版社，2000.

[5] 延安革命纪念馆 . 陕甘宁边区画卷：纪念陕甘宁边区政府成立 70 周年 [M]. 西安：陕西人民出版社，2008.

[6] 延安革命纪念馆，延安革命纪念馆陈列集萃 [M]. 北京：中国画报社，2011.

后　记

这本书终于脱稿了，四年来，我们利用业余时间，编纂资料、修改文字、编配历史照片，反复比对甄别，很多章节都是编写后又推倒重来，尽可能严肃认真地对待此项工作，虽然有很多缺憾，也算是尽力了。

本书第一编综述部分，选编自《中国新闻事业简史》的第六章和第七章，由苏雅琳和米晓蓉根据志书的叙述方式进行了一定程度的改写；第二编延安时期新闻领导机关、出版发行机构由苏东超、高延胜整理编写；第三编延安时期的党报党刊由苏东超、米晓蓉整理编写；第四编延安新华广播电台的创建与发展由苏雅琳、苏东超编写。第五编人物篇由苏雅琳、苏东超、高延胜、米晓蓉选编。第六编延安时期新闻出版广播大事记由苏雅琳、米晓蓉主要依据延安时期出版的《新中华报》《解放日报》等报纸杂志以及一些文献资料整理。本书的照片校对高延胜，统稿为苏雅琳、米晓蓉。

该书所有历史照片为几位编著者多年来的资料收藏，部分选自延安革命纪念馆不同时期出版的画册，还有部分为几位编者多年研究的收藏积累。历史照片的摄影者有：吴印成、石少华、徐肖冰、吴本立、马似友、童小鹏、侯波等。在此，向这些书的作者和照片的拍摄者表示崇高的敬意和衷心的感谢！需要说明的是，有些历史照片由于战争年代历经辗转，作者已无法查询，我们也向这些佚名的作者致谢。报纸照片及旧址照片拍摄为米晓蓉、苏雅琳、高延胜、苏东超。

特别鸣谢延安新闻纪念馆，在本书的成书过程中，给予了编写组大力支持和帮助。另外，知名作家花海洋也参与了历史照片的整理工作，在此，一并表示感谢！

尽管我们做了最大的努力，但由于我们水平有限，加之资料难以收全，难免挂一漏万。期待广大同仁与读者的指正。

《延安时期图志》(新闻出版卷)编写组

2021 年 10 月